Bruno Leoni

Freiheit und das Recht

Freiheit und das Recht

von Bruno Leoni

Übersetzt von Robert Grözinger
Herausgegeben von Karen Horn und Michael Zöller
mit einem Vorwort von Udo di Fabio

Lucius & Lucius · Stuttgart

Bibliografische Information der Deutschen Nationalbibliothek
Die Deutsche Nationalbibliothek verzeichnet diese Publikation in der Deutschen National-
bibliografie; detaillierte bibliografische Daten sind im Internet über http://dnb.d-nb.de ab-
rufbar

ISBN 978-3-8282-0599-4

© Lucius & Lucius Verlagsgesellschaft mbH Stuttgart 2014
   Gerokstraße 51 · D-70184 Stuttgart · www.luciusverlag.com

Layout: Claudia Rupp, Stuttgart
Druck und Bindung: BELTZ Bad Langensalza GmbH, Bad Langensalza

Inhalt

Zum Geleit

Karen Horn

Vorsitzende der Friedrich A. von Hayek-Gesellschaft

Michael Zöller

Em. o. Prof. der Universität Bayreuth

„Freedom and the Law" ist das wohl wichtigste Buch des italienischen Rechtswissenschaftlers und Philosophen Bruno Leoni. Es liefert eine systematische Auseinandersetzung mit der Frage, welche Art von Recht – das in der Tradition „gefundene" oder das kraft politischer Entscheidung „gesetzte" – sich mit dem Schutz der Freiheit am besten verträgt. Wer sich auf dieses Werk einlässt, das auch den großen Ökonomen und Sozialphilosophen Friedrich August von Hayek in seinem rechtsphilosophischen Denken inspiriert hat, muss damit rechnen, dass einige eingeübte Denkgewohnheiten wohltuend durcheinander geraten.

Bruno Leoni wurde 1913 in Ancona geboren. Er studierte Rechtswissenschaften an der Universität Turin. 1942 wurde er auf einen außerordentlichen Lehrstuhl für Rechtsphilosophie und Staatstheorie an der Universität Pavia berufen; dort lehrte er bis zu seinem Lebensende. Daneben arbeitete als Anwalt in Turin. Im zweiten Weltkrieg engagierte er sich in der Untergrundgruppe „A Force", die sich um die Rettung von Gefangenen und Soldaten kümmerte. Er war Gründer und Herausgeber des politikwissenschaftlichen Journals „Il Politico". Im Jahr 1967 folgte er auf Friedrich Lutz als Präsident der 1947 von Friedrich August von Hayek gegründeten Mont Pèlerin Society. Leoni wurde 1967 in Turin ermordet.

Sein Buch „Freedom and the Law" kam 1961 auf den Markt. Fünfzig Jahre später machte Alberto Mingardi, Direktor des 2003 gegründeten Istituto Bruno Leoni, es sich zur Aufgabe, das Werk auch im deutschsprachigen Raum zu verbreiten, und zu diesem Zweck ergab sich eine intensive Zusammenarbeit mit der Friedrich A. von Hayek-Gesellschaft. Nun liegt das Buch in deutscher Sprache vor – und die Dankesschulden der Herausgeber sind groß. Zunächst gebührt der Dank natürlich den Erben Bruno Leonis, denen die Rechte an dem Werk gehören und die uns freundlich die Veröffentlichung einer deutschen Übersetzung gestattet haben. Ein großer Dank geht an Robert Grözinger für die Übersetzung, die vom Istituto Bruno Leoni finanziert und unterstützt wurde. Der ehemalige Richter am Bundesverfassungsgericht Udo di Fabio hat ein einordnendes Vorwort beigesteuert, auch hierfür sei herzlich gedankt. Und schließlich ist natürlich dem Verleger Wulf von Lucius zu danken, der für intellektuelle Leckerbissen wie diesen immer wieder offen ist.

Ich erinnere mich an ein Gespräch, das ich mit einem alten Mann geführt habe, der in meinem Land Pflanzen züchtete. Ich bat ihn, mir einen großen Baum für meinen privaten Garten zu verkaufen. Er antwortete: „Jeder will jetzt große Bäume. Die Leute wollen sie sofort; sie wollen sich nicht mit der Tatsache belasten, dass Bäume langsam wachsen und dass es viel Zeit und Mühe braucht, sie aufzuziehen. Heute sind alle immer in Eile", schloss er traurig, „und ich weiß nicht, warum". Lord Keynes hätte ihm den Grund nennen können: Die Menschen glauben, dass sie langfristig alle tot sein werden. (Bruno Leoni)

Vorwort

Udo di Fabio

Richter des Bundesverfassungsgerichts a. D. (Zweiter Senat),
Leiter des Instituts für öffentliches Recht, Abteilung Staatsrecht, an der Universität Bonn

Der politische Liberalismus ist eine originäre Idee der Aufklärung. Danach ist die Freiheit der Person die normative Grundtatsache, von der sich jede soziale Realität in ihrer Legitimität ableitet. Mit seinem angeborenen Recht auf freie Entfaltung der Persönlichkeit steht der Mensch im Mittelpunkt der Rechtsordnung, seine Willensentscheidung ist der letzte Geltungsgrund für jedes vertragliche und staatliche Recht. Die ideologischen Konkurrenten des Liberalismus eines Adam Smith, David Ricardo oder John Stuart Mill waren der Konservatismus und der Sozialismus. Doch auch die geistesgeschichtlichen Konkurrenten setzten sich immer in Beziehung zum Liberalismus: Die einen wie Edmund Burke sprachen von den kommunitären Bedingungen jeder Freiheit, von Familie, Stand, Tradition, Religion oder Nation, die anderen wie Karl Marx prangerten die kalte Formalität des Liberalismus und die freiheitsverhindernde soziale Ungleichheit an und verlangten die Herstellung materieller Bedingungen „wirklicher Freiheit".

Im 20. Jahrhundert war der Liberalismus in die Defensive geraten. Seine Widersacher von Rechts und von Links schienen dynamischer und erfolgreicher. Neue Akzente setzte zwar der Wirtschaftsliberalismus der Wiener Schule, aber die großen normativen und verfassungsrechtlichen Entwürfe blieben bei dem, was das 18. und 19. Jahrhundert hervorgebracht hatte. Auch der italienische Rechtsphilosoph Bruno Leoni argumentiert aus dieser Defensive, wenn er die sozialistische Kritik am Privateigentum aufnimmt und zurückweist, aber auch der zum Teil rigiden Staatsablehnung entgegentritt, die manche der ihm nahe stehenden Wirtschaftsliberalen seiner Zeit an den Tag legten. In seinem 1961 in englischer Sprache publizierten bedeutendsten Werk „Freedom and the Law" betont Leoni die funktionelle Notwendigkeit einer staatlichen Rechtsordnung auch für eine so bedeutsame Institution wie den Markt, weil ansonsten der Dieb und der Räuber den rationalen Markt zerstören würden: ein Hinweis, der nicht erst seit der Weltfinanzkrise von 2008 als empirisch betätigt gelten darf.

Leonis Ausführungen zum Rechtsstaat sind vielleicht nicht immer auf dem heute üblichen theoretischen Niveau, aber sie sind anregend und nachdenkenswert. Dass Freiheit schwindet – so eine seiner Aussagen –, wenn Beamte das Gesetzesrecht dehnen oder sich darüber hinwegsetzen, ist eine alte Furcht und Erfahrung, die sich in einem richterrechtlich geprägten Land wie Deutschland heute aber ein Stück weit verlagert hat: weg von den Verwaltungsbeamten, die dank der Rechtschutzgarantie dicht überwacht werden, und hin zu den Richtern selbst. Wichtig ist auch die begründete These, dass die Ersetzung des Marktes durch eine staatlich gelenkte Wirtschaft das Gesetz in der Zahl erhöht, und zwar nicht mehr erlassen als ausgewogene Koordinationsordnung wie das Bürgerliche Recht, sondern als hoheitliche Interventions- und Lenkungsordnung, die auf Zwang und nicht auf Übereinkunft gründet.

Verwoben mit den rechtstheoretischen Beobachtungen sind Leonis allgemeine Überlegungen zum Freiheitsbegriff und die Benennung der auch heute üblichen Missverständnisse. Wer die „Abwesenheit von Mangel" als Freiheit begreift und Kollektive wie den Staat als verpflichtet ansieht, diese Voraussetzung der Freiheit a priori zu schaffen, der erliegt einer paternalistischen Verführung. Wäre das bedingungslose Grundeinkommen das erste angeborene Menschenrecht, so müsste zwangsläufig das Kollektiv, gegen das sich dieser Anspruch richtet, wichtiger sein als der einzelne Mensch. Die Verfassung der Freiheit verläuft umgekehrt: Am Anfang steht nicht der Versorgungsanspruch gerichtet an Politik und Staat, sondern das Vertrauen in das gewaltige Potential der Menschen, sich nach eigenem Plan zu entfalten. Wer das nicht kann, dem wird dann von der Gemeinschaft der Freien eine menschenwürdige Existenz gesichert. Wer scheitert, wer der Hilfe bedarf, dem wird aufgeholfen, er wird auf die Füße gestellt, damit er wieder laufen und dabei selbst die Richtung bestimmen kann – nicht als verwaltetes Objekt einer wohltätigen Bürokratie, sondern als aufrecht gehendes Subjekt des sozialen Rechtsstaates.

Die Lektüre Leonis lohnt vor allem wegen seiner luziden Ausführungen zum „Zwang". „Man ,zwingt' jemanden nicht, wenn man es lediglich unterlässt, etwas ihm zugunsten zu tun, was zu tun man nicht vereinbart hat." Jemand, der

erfolgreich ist und Besitz erlangt, benachteiligt damit nicht uno actu den weniger
Erfolgreichen oder den Besitzlosen. Prosperität ist kein Nullsummenspiel, in dem
jeder Reichtum Diebstahl wäre, wie der Anarchist Pierre-Joseph Proudhon einst
behauptete. Nicht jeder – so Leoni –, der der Förderung und Hilfe bedarf, ist ein
„Benachteiligter", wie die heute standardisierte sozialpolitische Sprechweise sug-
geriert. Zwang dagegen liegt vor, wenn Gesetze erlassen werden, auch die Gesetze
der Demokratie sind öffentliche Gewalt. Anders als im Common Law oder bei der
Rezeption des Römischen Rechts bedeutet die Positivierung des Gesetzesrechts im
modernen Parlamentsbetrieb eine stete Zunahme des Zwangs, unabhängig davon,
wie gut oder notwendig sich ein Gesetz darstellt. Dieser Hinweis wird von Leoni
vertieft durch die Betrachtung des parlamentsbezogenen Repräsentationsbegriffs.
Er erschüttert unseren seit Rousseaus „volonté générale" selbstverständlichen Glauben an die Legitimität des mit Mehrheit verabschiedeten Gesetzes als Ausdruck
des Volkswillens, indem er darauf hinweist, wie unwahrscheinlich und schwer
erträglich eigentlich die Vorstellung war und ist, der Einzelne müsse sich eine von
ihm sachlich abgelehnte Entscheidung als seinen Willen zurechnen lassen, nur
weil er in einer Versammlung sich repräsentiert sehen soll. Im Grunde erklärt und
bestätigt Leoni die zentrale Idee des freiheitlichen Verfassungsstaates, wenn er
sagt: „Aber wir sollten uns immer daran erinnern, dass immer dann, wenn individuelle Auswahl unnötigerweise von Mehrheitsherrschaft verdrängt wird, die Demokratie mit der individuellen Freiheit in Konflikt steht. Es ist diese spezielle Art
der Demokratie, die auf ein Minimum reduziert werden sollte, um ein Maximum
von Demokratie zu erhalten, die mit individueller Freiheit vereinbar ist." Deshalb
sind die Grundrechte auch in einer Demokratie als Abwehrrechte so wichtig und
werden vom Grundgesetz vor die Staatsstrukturprinzipien, vor das Staatsorgani-
sationsrecht gestellt.

Leonis Werk zeigt, dass der politische Liberalismus als geistige Quelle der Neuzeit
nicht abgedankt hat und nicht historisch überholt ist. Im Gegenteil: Er stellt die
eigentliche Matrix dar, in der sich die neuzeitliche Diskussion über Freiheit ent-
faltet: Man kann dieses normative Grundgerüst kritisieren, ergänzen, im Detail
korrigieren, aber man kann es nicht konzeptionell überschreiten, ohne die breite
Straße des humanistischen Rationalismus, der Aufklärung und des modernen
Verfassungsstaates zu verlassen.

Vorwort der dritten englischsprachigen Ausgabe

Arthur Kemp

Professor Emeritus für Wirtschaftswissenschaften, Claremont McKenna College,
Claremont, Kalifornien (Juni 1990)

In allem, was er tat, trat Bruno Leoni hingebungsvoll für jene Ideale ein, die wir liberal nennen. Er war ein bemerkenswert talentierter, intelligenter, fähiger, überzeugender, vielschichtiger Mensch, der wohl die Beschreibung „Universalgenie" verdient hätte, wäre da nicht die Tatsache, dass dieses Wort so oft missbraucht worden ist.

Der am 26. April 1913 geborene Bruno Leoni führte ein dynamisches, intensives, kraftstrotzendes und komplexes Leben als Akademiker, Jurist, Kaufmann, Amateur-Architekt, Musiker, Kunstexperte, Linguist und – vor allem anderen – als Verteidiger der Prinzipien der Freiheit des Einzelnen, an die er leidenschaftlich glaubte. Er war Professor der Rechtstheorie und der Staatstheorie an der Universität von Pavia, wo er außerdem Vorsitzender der Fakultät für Politikwissenschaften war, Leiter des Instituts für Politikwissenschaft und Gründer und Herausgeber der Vierteljahreszeitschrift *Il Politico*. Als ausgezeichneter Gastdozent bereiste er die ganze Welt und hielt dabei Vorlesungen an den Universitäten Oxford und Manchester (in England) sowie Virginia und Yale (in den USA), um nur einige zu nennen. Als praktizierender Anwalt hatte er sowohl sein Anwaltsbüro als auch seine Wohnung in Turin, wo er auch im Zentrum für methodologische Studien aktiv war. Gelegentlich fand er die Zeit, Kolumnen für *24 ore* zu schreiben, der Wirtschafts- und Finanzzeitung Mailands. Seine erfolgreichen Bemühungen, das Leben vieler Militärangehöriger der Alliierten während der deutschen Besatzung Norditaliens zu retten, brachte ihm nicht nur eine Armbanduhr mit der Inschrift „Für Bruno Leoni für ritterlichen Einsatz für die Alliierten, 1945" ein, sondern auch die ewige Dankbarkeit von mehr Personen, als zu erwähnen möglich ist. Im September 1967 wurde er auf dem Kongress der Mont Pèlerin Society, der in Vichy, Frankreich, abgehalten wurde, zu deren Präsident gewählt. Dies war die Krönung eines jahrelangen Dienstes als Sekretär der Gesellschaft, dem er einen Großteil seiner Zeit und Energien gewidmet hatte.

Bruno Leoni starb unter tragischen Umständen in der Nacht des 21. November 1967, auf dem Höhepunkt seiner Karriere, im Vollbesitz seiner Kräfte und in der Blütezeit seines Lebens. Die akademische Gemeinde der ganzen Welt ist ärmer ohne ihn, weil ihr jene versprochenen Errungenschaften und Werke, die er nicht mehr vollenden konnte, versagt wurden.

Für diejenigen, die sich dafür interessieren, den Tiefgang und die Breite seiner Interessen näher kennenzulernen, gibt es keinen besseren Ausgangspunkt als die Lektüre zweier Quellen. Eine Zusammenstellung der Werke Bruno Leonis, zusammen mit rührenden Nachrufen von seinen Freunden und Kollegen, befindet sich in einem Band mit dem Titel *Omaggio a Bruno Leoni*, zusammengestellt und bearbeitet von Dr. Pasquale Scaramozzino (Ed. A. Giuffre, Mailand 1969). Eine flüchtige Durchsicht wird selbst den größten Skeptiker von der Breite seiner Interessen und seiner akademischen Bildung überzeugen. Es gibt außerdem das von Professor Scaramozzio ausgezeichnet zusammengestelle Gesamtverzeichnis von *Il Politico*, der von ihm 1950 gegründeten multidisziplinären Vierteljahreszeitschrift.

Von 1954 bis 1959 hatte ich das Vergnügen, die Pflicht und die Ehre, sechs Konferenzen über Freiheit und Wettbewerb zu leiten, die am Claremont Men's College (jetzt Claremont McKenna College) in Claremont, Kalifornien abgehalten wurden. Der Zweck der Konferenzen war, ein Programm von hochkarätigen Vorlesungen in Ökonomie und Politikwissenschaft zu präsentieren, die für jene von besonderem Interesse sind, die als Mitglieder von Fakultäten amerikanischer Hochschulen und Universitäten verwandte Fächer lehren. Zu jeder dieser Konferenzen wurden drei bedeutende Gelehrte eingeladen, jeweils eine Analyse der Freiheit als Ausgangspunkt ökonomischer und politischer Prinzipien zu präsentieren; eine Analyse der Entwicklung der Mechanismen und die Wirkungsweise des freien Marktes; und eine Untersuchung der philosophischen Grundlagen, Eigenschaften, Stärken und Schwächen des privaten Wirtschaftssystems.

An jeder dieser Konferenzen nahmen ungefähr dreißig Kollegen teil, die aus einer langen Liste von Bewerbern und Kandidaten ausgewählt wurden – die meisten waren Professoren oder Dozenten der Ökonomie, Politikwissenschaft, Betriebswirtschaft, Soziologie und Geschichte. Einige waren Forschungsstipendiaten oder Autoren und hier und dort gab es sogar einen oder zwei akademische Dekane. Insgesamt nahmen ungefähr 190 Kollegen von 90 verschiedenen Hochschulen und Universitäten und aus 40 verschiedenen amerikanischen Bundesstaaten, aus Kanada und Mexiko an den sechs Konferenzen teil.

Die bedeutenden Gelehrten waren, neben Professor Bruno Leoni, Professor Ronald H. Coase, Professor Herrell F. De Graff, Professor Aaron Director, Professor Milton Friedman, Professor F. A. Hayek, Professor Herbert Heaton, Professor John Jewkes, Professor Frank H. Knight, Dr. Felix Morley, Jacques L. Rueff und Professor David McCord Wright.

Im Bemühen, sowohl die Qualität wie auch die Quantität internationaler intellektueller Kommunikation aufzubessern, wurde so weit wie möglich sichergestellt, dass in jeder Konferenz mindestens ein Vortragender die europäische akademische Tradition repräsentierte.

Ich hatte Bruno Leoni erstmals auf dem Treffen der Mont Pèlerin Society in St. Moritz, Schweiz, im September 1957 getroffen. Wir waren beide relativ neue Mitglieder der Gesellschaft, und wir beide präsentierten im Verlauf einer der Sitzungen formelle wissenschaftliche Arbeiten. Nach meiner Rückkehr in die Vereinigten Staaten überzeugte ich meine Kollegen davon, dass es wünschenswert sei, Bruno Leoni als Redner zur nächsten Konferenz einzuladen. Leoni sagte 1958 bereitwillig zu. Zusammen mit Milton Friedman und Friedrich von Hayek (die beide ihren zweiten Auftritt hatten) kam Leoni zur fünften Konferenz über Freiheit und Wettbewerb, die vom 15. bis 28. Juni abgehalten wurde. Es war ein eindrucksvolles Kollegium. Professor Hayeks Vorlesungen wurden letztlich in seine *Verfassung der Freiheit* integriert, die von Professor Friedman in seinen Band *Kapitalismus und Freiheit.* Aus Professor Leonis Vorlesungen wurde sein Buch „Freiheit und das Recht".

Kaum jemand, der an diesen Veranstaltungen teilnahm, hat sie vergessen. Die intellektuelle Stimulierung, die bis tief in die Nacht andauernden Diskussionen, die Kameradschaft – all das verband sich zu einem fast perfekten Ganzen. Leoni, ein überragender Linguist, der neben seiner Muttersprache auch Englisch, Französisch und Deutsch fließend sprach, trug seine Vorlesungen auf Englisch mit Hilfe handgeschriebener Notizen vor. Ich vermute, sie wurden zu ungewöhnlichen Tageszeiten und ganz sicher auf ungewöhnlichen Stücken Papier geschrieben. Sie wurden im Verlauf seiner zunehmenden Vertrautheit mit der Gruppe ständig abgeändert. Er brachte sogar ein kleines Buch mit, das seinem Vater gehört hatte – ein Wörterbuch des amerikanischen Slangs aus den 1920er Jahren. Die Vorträge sowie ein Teil der Diskussionen wurden auf Band aufgezeichnet.

Auf der Basis dieser Notizen und Bandaufzeichnungen habe ich, auf kräftiges Betreiben von F. A. (Baldy) Harper und mit finanzieller Unterstützung des William Volker Fund, den Entwurf von „Freiheit und das Recht" zusammengestellt. Später wurde ihm von einem professionellen Lektor ein letzter Schliff gegeben. Dieses Werk wurde mit ausdrücklicher Genehmigung des Autors hergestellt und behielt so weit wie möglich die Abfolge und Form der Vorträge bei. Der Inhalt dieses Bandes stimmt so weit mit der ursprünglichen Vortragsreihe überein, wie es die Beschränkungen des geschriebenen Wortes zulassen.

Die ursprünglichen Notizen, das Manuskript und die Tonbänder wurden am Institute for Humane Studies, Inc., in Menlo Park, Kalifornien, hinterlegt. Nach dessen Umzug zur George Mason Universität wurde das Material in der Hoover Institution of War, Revolution and Peace an der Stanford Universität eingelagert.

Die erste Ausgabe von „Freiheit und das Recht" wurde 1961 von der D. Van Nostrand Company in Princeton, New Jersey herausgegeben, als Teil der „William Volker Fund Series in the Humane Studies". Eine zweite, mit Ausnahme meines neuen Vorwortes praktisch unveränderte Ausgabe wurde vom Institute for Humane Studies finanziert und 1972 von der Nash Publishing Company in Los Angeles herausgegeben. Für diese Ausgabe habe ich im Vorwort einige meiner Bemerkungen in der Generalversammlung der Mont Pèlerin Society am 1. September 1986 in St. Vincent, Italien, über „das Vermächtnis Bruno Leonis" eingefügt.

Zwar sind die meisten Werke Leonis auf Italienisch geschrieben, „Freiheit und das Recht" gehört jedoch nicht dazu. Auf einer Versammlung der Mont Pèlerin Society fragte ein Herr aus Italien, ob eine Genehmigung für eine italienische Übersetzung erhältlich sei. Ich antwortete zustimmend und begeistert, aber soweit ich weiß, ist nichts daraus geworden. Es hat zwei Übersetzungen ins Spanische gegeben; eine wurde vom Centro de Estudios Sobre La Libertad 1961 in Buenos Aires herausgegeben, eine andere 1974 von der Biblioteca de la Libertad, Union Editorial in Madrid. In beiden Fällen wurde der Titel mit *La Libertad y la ley* übersetzt.

Seit der Erstveröffentlichung hat „Freiheit und das Recht", so sagt man mir, unter Rechts- und Wirtschaftswissenschaftlern erhebliche Beachtung genossen. 1986 zum Beispiel wurden unter der Leitung des Liberty Fund, Inc. zwei Konferenzen über das Buch abgehalten. Eine fand im Mai in Atlanta statt und die andere im September in Turin, Italien. Für erstere wurde eine bedeutende neue Abhandlung vorbereitet – „Bruno Leoni in Retrospect" von Peter H. Aranson – und anschließend in der Ausgabe vom Sommer 1988 der *Harvard Journal of Law and Public Policy*, gemeinsam mit „*Freedom and the Law*: A Comment on Professor Aranson's Article" von Leonard P. Liggio und Thomas G. Palmer veröffentlicht.

Nach Meinung vieler ist „Freiheit und das Recht" das unkonventionellste und anspruchsvollste aller Werke Leonis, das nach den Worten Professor F. A. Hayeks die „Kluft" zu überbrücken verspricht, „mit der das Studium des Rechts von dem der theoretischen Sozialwissenschaften getrennt wurde. ... Vielleicht wird die Fülle der Vorschläge, die dieses Buch enthält, nur jenen vollends bewusst sein, die bereits in dieser Richtung tätig gewesen sind. Bruno Leoni wäre der letzte, der bestritten hätte, dass es lediglich ein Wegweiser ist und dass noch viel Arbeit zu verrichten ist, bevor die Saat der neuen Ideen, die es so reichlich enthält, in all ihrer Herrlichkeit aufblühen kann."

Diese versprochene Brücke wurde leider nie fertig gestellt. Mit der Veröffentlichung dieser dritten Ausgabe von „Freiheit und das Recht", zusammen mit einigen inhaltlich verwandten Vorlesungen aus dem Jahr 1963, verbindet sich unsere sehnliche Hoffnung, dass die vielen Studenten und Kollegen, Freunde und Verehrer Bruno Leonis die darin enthaltenen Ideen und Anregungen über jenen Punkt hinaus erweitern und entwickeln werden, an dem seine Bemühungen so abrupt endeten.

Bruno Leoni war ein außergewöhnlicher Rechts- und Politikwissenschaftler und verfügte obendrein über ein umfangreiches ökonomisches Wissen. Mit einer Mischung aus Trauer und Freude erinnere ich mich an die vielen Facetten eines Bruno Leoni, den ich bewunderte, sehr mochte, und dessen Gegenwart ich genoss.

Bruno Leoni

Freiheit und das Recht

Einführung

Es scheint gegenwärtig das Schicksal der individuellen Freiheit zu sein, hauptsächlich von Ökonomen statt von Juristen oder Politikwissenschaftlern verteidigt zu werden.

Soweit die Juristen betroffen sind, ist der Grund dafür vielleicht, dass sie auf irgendeine Weise gezwungen sind, sich auf der Basis ihres fachlichen Wissens und somit in Begriffen der heutigen Rechtssysteme zu äußern. Wie Lord Bacon gesagt hätte: „Sie sprechen, als ob sie gebunden wären". Die gegenwärtigen Rechtssysteme, an die sie gebunden sind, scheinen der individuellen Freiheit einen immer kleiner werdenden Raum zu lassen.

Politikwissenschaftler andererseits scheinen oft dazu zu neigen, Politik als eine Art Fertigkeit zu verstehen, vergleichbar z. B. mit dem Ingenieurswesen, was die Vorstellung beinhaltet, dass Menschen von den Politikwissenschaftlern ungefähr so behandelt werden sollten wie Maschinen oder Fabriken durch Ingenieure. Die technische Vorstellung der Politikwissenschaft hat in Wirklichkeit wenig, wenn überhaupt, mit der Sache der individuellen Freiheit gemein.

Natürlich ist dies nicht die einzige Art, sich Politikwissenschaft als eine Technik vorzustellen. Politikwissenschaft kann auch (obwohl dies heutzutage immer seltener passiert) als ein Mittel dazu betrachtet werden, den Menschen zu ermöglichen, sich soweit wie möglich so zu verhalten, wie sie möchten, statt so, wie es bestimmte Technokraten angemessen finden.

Wissen über das Recht wiederum kann aus einer anderen Perspektive als der des Juristen betrachtet werden, der sich äußern muss, als ob er gebunden ist, wenn er einen Fall vor Gericht zu vertreten hat. Wenn er ausreichend in der Rechtswissenschaft bewandert ist, weiß ein Jurist sehr gut, wie das Rechtssystem seines Landes funktioniert (und in manchen Fällen auch, wie es nicht funktioniert). Wenn er überdies historische Kenntnisse hat, wird er leicht die unterschiedlichen Verfahren vergleichen können, mit denen aufeinander folgende Rechtssysteme innerhalb eines Landes funktioniert haben. Wenn er schließlich Kenntnisse darüber hat, wie andere Rechtssysteme in anderen Ländern funktionieren oder funktioniert haben, kann er viele wertvolle Vergleiche aufstellen, die üblicherweise jenseits des Erfahrungshorizonts sowohl des Ökonomen als auch des Politikwissenschaftlers liegen.

Tatsächlich ist Freiheit nicht nur ein ökonomisches oder politisches Konzept, sondern auch, und wahrscheinlich mehr als alles andere, ein juristisches Konzept, da sie notwendig einen ganzen Komplex rechtlicher Konsequenzen einbezieht.

Während bei jedem Unterfangen, die Freiheit neu zu definieren, der politische Ansatz im oben von mir skizzierten Sinne den ökonomischen Ansatz ergänzt, ist der rechtswissenschaftliche Ansatz eine Ergänzung beider.

Es fehlt jedoch noch etwas, wenn dieser Versuch erfolgreich sein soll. Im Verlauf der Jahrhunderte sind viele Definitionen der Freiheit aufgestellt worden, wovon manche als miteinander unvereinbar betrachtet werden könnten. Das Ergebnis ist, dass dem Wort nur mit einiger Zurückhaltung und nach vorherigen Untersuchungen sprachwissenschaftlicher Art ein unzweideutiger Sinn verliehen werden kann.

Jeder darf Freiheit so definieren, wie er will, aber sobald er möchte, dass wir seine Formulierung als unsere eigene übernehmen, muss er ein wirklich überzeugendes Argument vorbringen. Dieses Problem ist jedoch nicht spezifisch auf Aussagen über die Freiheit begrenzt; es ist eines, das mit jeder Art von Definition verknüpft ist, und es ist, glaube ich, ein unzweifelhaftes Verdienst der zeitgenössischen analytischen Schule der Philosophie, auf die Bedeutsamkeit dieses Problems hingewiesen zu haben. Um die Freiheit zu analysieren, muss daher der ökonomische, der politische und der rechtswissenschaftliche Ansatz mit dem philosophischen Ansatz kombiniert werden. Schon dies ist nicht leicht, doch folgen weitere Schwierigkeiten aus der Tatsache, dass ihre Daten nicht so eindeutig ermittelbar sind wie diejenigen der sogenannten Naturwissenschaften.

Trotzdem habe ich bei der Analyse der Freiheit diese soweit wie möglich zunächst als eine gegebene Tatsache betrachtet, nämlich als eine psychologische Einstellung. Ich habe dasselbe mit dem Begriff Zwang getan, der in gewissem Sinn das Gegenteil von Freiheit ist, aber ebenfalls eine psychologische Einstellung, sowohl von Seiten derjenigen, die den Zwang auszuüben versuchen, als auch derjenigen, die sich unter Zwang fühlen.

Man kann kaum leugnen, dass die Untersuchung psychologischer Einstellungen Unterschiede und Abweichungen untereinander enthüllt, so dass eine unzweideutige Theorie der Freiheit, und infolgedessen auch des Zwangs, in Bezug auf die feststellbaren Tatsachen schwierig zu formulieren ist.

Dies bedeutet, dass Menschen, auch in einem politischen System, das die Freiheit von Zwang verteidigt und bewahrt, unweigerlich Einschränkungen in dem Ausmaß hinnehmen müssen, wie ihre eigene Interpretation der Freiheit und infolgedessen auch des Zwangs von derjenigen abweicht, die in diesem System vorherrscht.

Jedoch scheint es, dass diese Interpretationen im allgemeinen nicht so weit auseinander gehen, dass jeder Versuch, eine Theorie der politischen Freiheit aufzustellen, von vornherein zum Scheitern verurteilt wäre. Es ist zulässig anzunehmen, dass zumindest innerhalb derselben Gesellschaft diejenigen, die versuchen, andere zu zwingen, und diejenigen, die versuchen zu vermeiden, sich von anderen zwingen zu lassen, ungefähr dieselbe Vorstellung von Zwang haben. Es kann daher gefolgert werden, dass sie ungefähr dieselbe Vorstellung davon haben, was die Abwesenheit von Zwang ist, und dies ist eine sehr wichtige Annahme für eine Theorie der Freiheit, die als Abwesenheit von Zwang begriffen wird, so wie im vorliegenden Buch vorgeschlagen.

Um Missverständnisse zu vermeiden, muss dazugesagt werden, dass eine Theorie der Freiheit als Abwesenheit von Zwang, so paradox das erscheinen mag, nicht die Abwesenheit von Zwang in allen Fällen predigt. Es gibt Fälle, in denen Menschen gezwungen werden müssen, wenn man die Freiheit anderer Menschen erhalten will. Dies ist nur zu offensichtlich, wenn Menschen gegen Mörder und Räuber geschützt werden müssen, auch wenn es nicht so offensichtlich ist, wenn sich dieser Schutz auf Zwänge und gleichzeitig auf Freiheiten bezieht, die nicht so einfach zu definieren sind.

Ein unvoreingenommenes Studium der Vorgänge in der gegenwärtigen Gesellschaft enthüllt nicht nur, dass gerade beim Versuch, die Freiheit zu schützen, der Zwang unentwirrbar mit ihr verbunden ist, sondern leider auch, dass einigen Lehrmeinungen zufolge die Freiheit um so mehr zunimmt, je mehr man den Zwang steigert. Wenn ich mich nicht irre, ist dies nicht nur ein offenkundiges Missverständnis, sondern auch ein für das Schicksal der individuellen Freiheit in unserer Zeit unheilvoller Sachverhalt.

Mit „Freiheit" meinen Menschen oft die Abwesenheit von Zwang und auch etwas anderes – zum Beispiel, wie ein bedeutender amerikanischer Richter gesagt hätte, „ausreichende wirtschaftliche Sicherheit, um ihrem Besitzer den Genuss eines zufriedenstellenden Lebens zu ermöglichen". Dieselben Menschen vermögen es sehr oft nicht, die möglichen Widersprüche zwischen den zwei unterschiedlichen Bedeutungen der Freiheit zu erkennen, wie auch die unangenehme Tatsache, dass man letztere nicht annehmen kann, ohne in gewissem Maße die erstere zu opfern, und umgekehrt. Ihre formvermengende Sicht der Freiheit basiert einfach auf einer sprachlichen Verwirrung.

Andere Menschen, die argumentieren, dass der Zwang in ihrer Gesellschaft erhöht werden muss, um „Freiheit" zu vergrößern, übergehen lediglich mit Stillschweigen die Tatsache, dass die „Freiheit", die sie meinen, nur ihre eigene ist, während der Zwang, den sie erhöhen wollen, ausschließlich auf andere Menschen angewandt werden soll. Das Endergebnis ist, dass die „Freiheit", die sie predigen, nur die Freiheit ist, andere Menschen zu zwingen, etwas zu tun, was diese niemals tun würden, wenn sie die Freiheit hätten, selbst eine Wahl zu treffen.

Heute dreht es sich bei Freiheit und Zwang mehr und mehr um die Gesetzgebung. Die außerordentliche Bedeutung der Technologie bei den Veränderungen, die in der gegenwärtigen Gesellschaft stattfinden, verstehen die Menschen im Allgemeinen voll und ganz. Andererseits scheinen sie nicht im selben Ausmaß die parallel dazu stattfindenden Veränderungen zu erkennen, die die Gesetzgebung bewirkt, oftmals ohne irgendeine zwangsläufige Verbindung zur Technologie. Was sie noch weniger zu erkennen scheinen ist, dass die Bedeutung der letzteren Veränderungen in der zeitgenössischen Gesellschaft ihrerseits von einer stillen Revolution in den gegenwärtigen Vorstellungen von der tatsächlichen Funktion der Gesetzgebung abhängt. Die wachsende Bedeutung der Gesetzgebung in fast allen Rechtssystemen der Welt ist, neben dem technischen und wissenschaftlichen Fortschritt, in der Tat wahrscheinlich eines der eindrucksvollsten Merkmale unserer Zeit. Während in den angelsächsischen Ländern das Gewohnheitsrecht und die ordentliche Gerichtsbarkeit gegenüber geschriebenem Recht und administrativer Amtsgewalt ständig an Boden verlieren, erlebt das Bürgerliche Recht in den kontinentaleuropäischen Ländern einen parallelen Prozess der Versenkung als Ergebnis von Tausenden von Rechtsvorschriften, die jährlich die Gesetzbücher füllen. Nur sechzig Jahre nach der Einführung des deutschen Bürgerlichen Gesetzbuches und wenig mehr als eineinhalb Jahrhunderte nach der Einführung des Code Napoléon scheint die Idee selbst, dass das Recht nicht mit Gesetzgebung identisch sein könnte, sowohl für Jurastudenten wie für Laien sonderbar zu sein.

Gesetzgebung scheint heute eine schnelle, rationale, und tief greifende Abhilfe gegen jede Art von Übel oder Schwierigkeit zu sein, verglichen z. B. mit Gerichtsentscheidungen, der Regelung von Auseinandersetzungen durch private Schiedsrichter, Konventionen, Bräuchen und ähnlichen Formen spontaner Schlichtungen auf Seiten von Individuen. Eine Tatsache, die fast immer unbemerkt bleibt, ist die, dass eine Heilung über den Weg der Gesetzgebung zu schnell sein kann, um effektiv zu sein; zu unvorhersehbar weitreichend, um insgesamt heilsam zu sein; und zu direkt mit den Ansichten und Interessen einer handvoll Personen (den Gesetzgebern) verbunden, wer immer sie sein mögen, um tatsächlich eine Abhilfe für alle Beteiligten zu sein. Selbst wenn all dies bemerkt wird, ist die Kritik normalerweise gegen bestimmte Gesetze gerichtet statt gegen die Gesetzgebung als solche, und nach einer neuen Heilung wird immer in „besseren" Gesetzen statt in etwas gänzlich anderem als der Gesetzgebung gesucht.

Die Fürsprecher der Gesetzgebung – beziehungsweise der Vorstellung vom Gesetzgebungsprozess als einem Allheilmittel – rechtfertigen diese Art ihrer vollständigen Gleichsetzung mit dem Recht in der modernen Gesellschaft, indem sie auf die vom technischen Fortschritt ständig herbeigeführten Veränderungen hinweisen. Industrielle Entwicklung, so wird uns gesagt, verursacht eine große Menge an Problemen, die zu lösen ältere Gesellschaften mit ihren Vorstellungen von Recht nicht die Mittel hatten.

Ich halte es für unbewiesen, dass die vielen neuen Probleme, auf die sich diese Fürsprecher aufgeblähter Gesetzgebung beziehen, wirklich vom technischen Fortschritt ausgelöst werden,[1] oder dass die moderne Gesellschaft, mit ihrer Vorstellung von der Gesetzgebung als einem Allheilmittel, besser in der Lage ist, diese Probleme zu lösen als ältere Gesellschaften, die das Recht niemals derart krass mit Gesetzgebung gleichsetzten.

Diese Fürsprecher einer aufgeblähten Gesetzgebung als einem angeblich notwendigen Pendant des wissenschaftlichen und technischen Fortschritts müssen auf die Tatsache aufmerksam gemacht werden, dass die Entwicklung der Wissenschaft und Technik einerseits und die der Gesetzgebung andererseits auf zwei völlig unterschiedlichen und sogar widersprüchlichen Ideen basieren. Tatsächlich wurde die Entwicklung von Wissenschaft und Technik am Anfang der Neuzeit gerade dadurch ermöglicht, dass Verfahren übernommen worden waren, die jenen gegenüber, die üblicherweise das Ergebnis der Gesetzgebung hervorbringen, in einem vollständigen Gegensatz standen. Wissenschaftliche und technische Forschung benötigte und benötigt immer noch individuelle Initiative und individuelle Freiheit, damit die von Individuen gezogenen Schlüsse und ausgearbeiteten Ergebnisse sich durchsetzen können, möglicherweise gegen eine vorherrschende Meinung. Gesetzgebung dagegen ist der Endpunkt in einem Prozess, in dem sich die vorherrschende Meinung immer durchsetzt, möglicherweise gegen individuelle Initiative und Freiheit. Während wissenschaftliche und technische Ergebnisse immer auf relativ kleine Minderheiten oder bestimmte Individuen zurückgehen, oft, wenn nicht immer, gegen den Widerstand unwissender oder gleichgültiger Mehrheiten, spiegelt die Gesetzgebung immer, besonders heutzutage, den Willen einer zufälligen Mehrheit innerhalb eines Ausschusses von Gesetzgebern wider, die nicht notwendigerweise gebildeter oder aufgeklärter sind als die Andersdenkenden. Wo sich Autoritäten und Mehrheiten durchsetzen, wie in der Gesetzgebung, müssen Individuen nachgeben, ohne Rücksicht darauf, ob sie Recht haben oder nicht.

Ein weiteres charakteristisches Merkmal des Gesetzgebungsprozesses in der modernen Gesellschaft (mit Ausnahme einiger weniger Fälle direkter Demokratie in kleinen politischen Gemeinden wie die Schweizer Landsgemeinde) ist die Annahme, dass die Gesetzgeber ihre Bürger im Gesetzgebungsprozess repräsentieren. Was immer dies zu bedeuten hat – und das werden wir auf den folgenden Seiten herauszufinden versuchen –, es ist offensichtlich, dass Repräsentation, wie die Gesetzgebung, den wissenschaftlichen und technischen Prozeduren völlig fremd ist.

---

[1] Die Ansicht scheint berechtigt zu sein, dass zum Beispiel das allgemeine Wahlrecht ebenso viele, wenn nicht mehr Probleme hervorgerufen hat als die Technik, obwohl durchaus eingeräumt werden kann, dass es viele Verknüpfungen zwischen der Entwicklung der Technik und dem allgemeinen Wahlrecht gibt.

Allein die Idee, dass ein Wissenschaftler oder Techniker bei der Ausübung wissenschaftlicher oder technischer Forschung von anderen Menschen „repräsentiert" werden sollte, erscheint so lächerlich wie die Vorstellung, dass wissenschaftliche Forschung nicht bestimmten Individuen übertragen werden sollte, die als solche handeln, selbst wenn sie in einem Team zusammenarbeiten, sondern einem Art Gesetzgebungsausschuss, der die Vollmacht hat, mittels Mehrheitsbeschluss eine Entscheidung zu finden. Dennoch wird eine Methode der Entscheidungsfindung, die im Bereich der Wissenschaft und Technik kurzerhand verworfen würde, auf dem Feld des Rechts zunehmend übernommen. Die resultierende Situation in der modernen Gesellschaft ist eine Art Schizophrenie, die, weit davon entfernt, angeprangert zu werden, bislang fast gar nicht wahrgenommen wurde.

Menschen verhalten sich, als ob ihr Bedarf an individueller Initiative und individueller Entscheidung fast gänzlich durch die Tatsache ihres persönlichen Zugangs zu den Vorteilen der wissenschaftlichen und technischen Errungenschaften gedeckt sei. Seltsamerweise scheinen ihre entsprechenden Bedürfnisse nach individueller Initiative und individueller Entscheidung in den politischen und rechtlichen Sphären von zeremoniellen und fast magischen Prozeduren wie Wahlen von „Repräsentanten" gedeckt zu sein, die aufgrund irgendeiner mysteriösen Inspiration wissen sollen, was ihre Wähler wirklich wollen und in der Lage sein sollen, demgemäß zu entscheiden. Es stimmt, dass Individuen, zumindest in der westlichen Welt, die Möglichkeit haben, in vielerlei Hinsicht wie Individuen zu entscheiden und zu handeln: im Handel (zumindest zu einem großen Teil), in der Rede, in den persönlichen Beziehungen und in vielen anderen Formen des sozialen Umgangs. Sie scheinen jedoch ein für alle mal ein System im Prinzip akzeptiert zu haben, worin eine handvoll Menschen, die sie kaum persönlich kennen, in der Lage sind, zu entscheiden, was jeder tun muss, und dies innerhalb sehr unscharf formulierter Grenzen oder in der Praxis gänzlich ohne Grenzen.

Die Tatsache, dass die Gesetzgeber, zumindest im Westen, noch immer davor zurückschrecken, in individuelle Bereiche wie die Redeweise, die Wahl eines Ehepartners oder auch eines Kleidungs- bzw. Reisestils einzugreifen, kann nicht darüber hinweg täuschen, dass sie tatsächlich die Macht dazu haben. In anderen Ländern zeigt sich gleichzeitig, wie weit die Gesetzgebung gehen kann. So erkennen die wenigsten Menschen, dass das Recht, ebenso wie die Sprache und die Mode, das Ergebnis der Konvergenz spontaner Handlungen und Entscheidungen einer großen Zahl von Individuen sein kann.

Die Tatsache, dass wir die Aufgabe der Entscheidung, wie wir zum Beispiel zu reden haben oder wie wir unsere Freizeit verbringen sollen, nicht anderen Menschen anvertrauen müssen, hilft uns heute nicht dabei, zu erkennen, dass wir dies auch bei sehr vielen anderen Handlungen und Entscheidungen, die wir in der Sphäre des Rechts treffen, nicht tun müssen. Unsere gegenwärtige Vorstellung von Recht ist eindeutig von der überwältigenden Bedeutung beeinflusst, die wir der Funktion der Gesetzgebung beimessen, das heißt, dem Willen anderer Menschen (wer immer sie sein mögen) in Bezug auf unser tägliches Verhalten. Auf den folgenden Seiten versuche ich, eine der wichtigsten Konsequenzen aus unseren Ideen in dieser Hinsicht klarzumachen. Wir sind in Wirklichkeit weit davon entfernt, über die Gesetzgebung die ideale Rechtssicherheit zu erlangen, in jenem praktischen Sinn, den dieses Ideal für jeden haben sollte, der für die Zukunft planen muss und der daher wissen muss, was die rechtlichen Konsequenzen seiner Entscheidungen sein werden. Während die Gesetzgebung fast immer „sicher" ist, das heißt, präzise und erkennbar, so lange sie „in Kraft" ist, können die Menschen nie sicher sein, dass die Gesetzgebung, die heute in Kraft ist, morgen oder sogar morgen früh in Kraft sein wird. Während das auf Gesetzgebung zentrierte Rechtssystem die Möglichkeit einschließt, dass andere Menschen (die Gesetzgeber) sich jeden Tag in unsere Handlungen einmischen dürfen, schließt es auch die Möglichkeit ein, dass sie die Art, wie sie sich einmischen, jeden Tag verändern könnten. Daraus resultiert, dass Menschen nicht nur daran gehindert werden, frei über ihre Handlungen zu entscheiden, sondern auch daran, die rechtlichen Auswirkungen ihres alltäglichen Verhaltens vorauszusehen.

Offenbar geht dies auf die aufgeblähte Gesetzgebung und auf die wachsende quasi-legislative oder pseudo-legislative Aktivität der Regierung zurück, so dass man nicht umhin kann, Autoren wie James Burnham in den Vereinigten Staaten, G. W. Keeton in England und F. A. Hayek beizupflichten, die über die Schwächung traditioneller legislativer Zuständigkeiten des Kongresses der Vereinigten Staaten oder über das „Ableben" des britischen Parlaments als Folge einer entsprechenden Ausdehnung quasi-legislativer Aktivitäten der Exekutive geklagt haben. Man kann jedoch nicht übersehen, dass die ständig wachsende Macht der Regierung auf gesetzliche Regelungen zurückgeht, die ihnen erlauben, sich wie Gesetzgeber zu verhalten und sich auf diese Weise, fast willkürlich, in private Angelegenheiten und Aktivitäten jeglicher Art einzumischen. Die paradoxe Situation unserer Zeit ist, dass wir von Menschen regiert werden, nicht, wie die klassische aristotelische Theorie argumentieren würde, weil wir nicht von Gesetzen regiert werden, sondern weil das Gegenteil der Fall ist. In dieser Situation wäre es von sehr geringem Nutzen, gegen solche Menschen an das Gesetz zu appellieren. Machiavelli selbst wäre nicht in der Lage gewesen, eine raffiniertere Einrichtung zu erfinden, um dem Willen eines Tyrannen Würde zu verleihen, der ein einfacher Beamter zu sein vorgibt, der innerhalb des Rahmens eines fehlerlosen Rechtssystems handelt. Wer die individuelle Handlungs- und Entscheidungsfreiheit schätzt, kann die Schlussfolgerung kaum vermeiden, dass an dem gesamten System etwas fehlerhaft sein muss.

Ich behaupte nicht, dass die Gesetzgebung gänzlich aufgegeben werden sollte. Dies ist wahrscheinlich zu keiner Zeit in keinem Land jemals geschehen. Ich behaupte jedoch, dass Gesetzgebung tatsächlich mit individueller Initiative und

Entscheidung unvereinbar ist, wenn sie eine Schwelle erreicht, die die gegenwärtige Gesellschaft längst weit überschritten zu haben scheint.

Mein ernst gemeinter Vorschlag ist, dass jene, die die individuelle Freiheit schätzen, den Platz des Individuums innerhalb des Rechtssystems als Ganzes neu beurteilen sollten. Es geht nicht mehr um die Frage der Verteidigung dieser oder jener spezifischen Freiheit – des Handels, der Rede, der Vereinigung mit anderen Menschen usw.; auch ist es keine Frage der Entscheidung, welche spezielle „gute" Art der Gesetzgebung wir anstelle einer „schlechten" übernehmen sollten. Es ist eine Frage der Entscheidung darüber, ob individuelle Freiheit im Prinzip verträglich ist mit dem gegenwärtigen System, das auf die Gesetzgebung zentriert ist und fast gänzlich mit ihr identifiziert wird. Diese Sichtweise mag radikal erscheinen. Ich bestreite nicht, dass sie das ist. Aber radikale Sichtweisen sind manchmal fruchtbarer als formvermengende Theorien, die mehr dazu dienen, die Probleme zu verdecken als sie zu lösen.

Glücklicherweise brauchen wir nicht in die Utopie zu flüchten, um Rechtssysteme zu finden, die sich von den gegenwärtigen unterscheiden. Sowohl aus der römischen als auch aus der englischen Geschichte können wir zum Beispiel eine gänzlich andere Lehre ziehen, als es die Fürsprecher der aufgeblähten Gesetzgebung der heutigen Zeit tun. Aufgrund ihrer Weisheit in Rechtsangelegenheiten äußert jeder heutzutage Lippenbekenntnisse zugunsten der Römer und in nicht geringerem Maße zugunsten der Engländer. Sehr wenige erkennen jedoch, worin diese Weisheit bestand, das heißt, wie unabhängig von der Gesetzgebung diese Systeme waren, insofern es das normale Leben der Menschen betraf, und wie groß infolgedessen die Sphäre der individuellen Freiheit sowohl in Rom als auch in England im Verlauf genau jener Jahrhunderte war, als ihre jeweiligen Rechtssysteme am stärksten aufblühten und am erfolgreichsten waren. Man wundert sich sogar, warum überhaupt noch jemand die Geschichte des römischen oder des englischen Rechts studiert, wenn dies in beiden Fällen vergessen oder ignoriert wird.

Die Römer und die Engländer hatten beide die Idee, dass das Recht viel mehr zu entdecken als in Kraft zu setzen ist und niemand die Macht hat, seinen eigenen Willen mit dem Gesetz des Landes gleichzusetzen. Die Aufgabe der „Entdeckung" des Rechts wurde in ihren Ländern jeweils den Rechtsgelehrten und den Richtern anvertraut – zwei Kategorien von Menschen, die, zumindest in einem gewissen Maße, mit den wissenschaftlichen Experten von heute vergleichbar sind. Diese Tatsache ist um so bemerkenswerter, wenn wir bedenken, dass die römischen Beamten einerseits und das britische Parlament andererseits im Prinzip fast über despotische Macht über ihre Bürger verfügten, was für das letztere noch immer gilt.

Jahrhundertelang war die Rechtstradition, selbst auf dem Kontinent, weit davon entfernt, sich auf die Gesetzgebung zu konzentrieren. Die Übernahme des Corpus Juris Justinians in den kontinentaleuropäischen Ländern führte zu einer eigentümlichen Aktivität auf Seiten der Juristen, deren Aufgabe es war, wieder herauszufinden, was das Recht war, und dies weitgehend unabhängig vom Willen der jeweiligen Herrscher jedes Landes. Somit wurde kontinentales Recht, ziemlich passend, „Juristenrecht" genannt und verlor niemals diese Eigenschaft, nicht einmal unter den absolutistischen Herrschaftssystemen, die der Französischen Revolution vorangingen. Selbst die neuzeitliche Gesetzgebung am Anfang des neunzehnten Jahrhunderts begann mit der sehr bescheidenen Idee der neuerlichen Abschätzung und Neuformulierung des Juristenrechts, indem es in den Gesetzbüchern neu geschrieben wurde, nicht aber im geringsten damit, es mit ihnen zu untergraben. Die Gesetzgebung war hauptsächlich als Zusammenstellung vergangener gerichtlicher Entscheidungen gedacht, und ihre Fürsprecher pflegten gerade ihre Vorteile als eine eindeutige und klar umrissene Kurzfassung zu betonen, verglichen mit der ziemlich chaotischen Masse individueller Rechtswerke seitens der Juristen. Parallel dazu gab es das Phänomen, dass auf dem Kontinent geschriebene Verfassungen primär angenommen wurden, um die Serie von Prinzipien schwarz auf weiß niederzuschreiben, die schon von englischen Richtern, insofern die englische Verfassung betroffen gewesen war, unsystematisch niedergeschrieben worden waren. Im neunzehnten Jahrhundert wurden in den kontinentalen Ländern Gesetzesbücher und Verfassungen als Mittel begriffen, das Recht als etwas darzustellen, dass keinesfalls identisch mit dem zufälligen Willen des Volkes war, das diese Gesetzesbücher und Verfassungen in Kraft setzte.

In der Zwischenzeit hatte die wachsende Bedeutung der Gesetzgebung in den angelsächsischen Ländern hauptsächlich dieselbe Funktion und hatte derselben Idee entsprochen, nämlich der Neuformulierung und Kurzfassung des existierenden Rechts, wie es durch die Gerichte im Verlauf der Jahrhunderte erarbeitet worden war.

Heute hat sich das Bild, sowohl in den angelsächsischen als auch in den kontinentalen Ländern, fast vollständig gewandelt. Normale Gesetzgebung und selbst Verfassungen und Gesetzesbücher werden zunehmend als der direkte Ausdruck des zufälligen Willens des Volkes dargestellt. Dahinter steckt die Vorstellung, die Funktion der Gesetzgebung sei es nicht etwa, festzuhalten, was das Recht als Ergebnis einer weltlichen Entwicklung ist, sondern was es als Folge einer völlig neuen Herangehensweise und beispielloser Entscheidungen sein sollte.

Während der Mann auf der Straße sich an diese neue Bedeutung der Gesetzgebung gewöhnt, passt er sich zunehmend der Vorstellung an, dass sie nicht einem „allgemeinen" Willen entspricht, das heißt, einem Willen, von dem man annehmen kann, dass er allen Bürgern innewohnt, sondern dass sie der Ausdruck eines speziellen Willens bestimmter Individuen ist, die genug Glück hatten, zu einem gegebenen Zeitpunkt eine zufällige Mehrheit von Gesetzgebern auf ihrer Seite zu haben.

Auf diese Weise wurde die Gesetzgebung einer sehr sonderbaren Entwicklung unterzogen. Sie erscheint nun zunehmend als eine Art Diktat, das die siegreichen Mehrheiten in den gesetzgebenden Versammlungen den Minderheiten aufzwingen, oft mit dem Ergebnis, seit langem bestehende individuelle Erwartungen umzustoßen und völlig präzedenzlose Erwartungen zu schaffen. Die unterliegenden Minderheiten wiederum fügen sich ihrer Niederlage nur deshalb, weil sie hoffen, früher oder später eine siegreiche Mehrheit zu werden und in der Lage zu sein, die der gegenwärtigen Mehrheit angehörenden Menschen auf ähnliche Weise zu behandeln. Tatsächlich können Mehrheiten mittels eines üblichen Vorgangs aufgebaut und niedergerissen werden, der jetzt von bestimmten amerikanischen Gelehrten analysiert wird – ein Vorgang, den amerikanische Politiker „log-rolling" nennen, und den wir „Stimmenhandel" nennen sollten. Wenn Gruppen in der Legislative nicht ausreichend repräsentiert sind, um ihren eigenen Willen irgendeiner anderen Gruppe mit abweichender Meinung aufzuzwingen, dann greifen sie auf den Stimmenhandel mit möglichst vielen neutralen Gruppen zurück, um ihr anvisiertes „Opfer" in eine Minderheitenposition zu versetzen. Jede der „neutralen" Gruppen, die heute bestochen wurden, ist wiederum bereit, andere Gruppen zu bestechen, um morgen anderen anvisierten „Opfern" ihren Willen aufzuzwingen. Auf diese Weise ändern sich Mehrheiten innerhalb der Legislative, aber es gibt immer „Opfer", so wie es immer Nutznießer der Einbußen dieser „Opfer" gibt.

Leider ist dies nicht der einzige schwerwiegende Nachteil der heutigen Aufblähung des Gesetzgebungsprozesses. Gesetzgebung erfordert immer eine Art Zwang und unvermeidbare Einschränkung jener Individuen, die ihr unterliegen. Der von einigen Gelehrten vor kurzem unternommene Versuch, die Wahlentscheidungen, die von Individuen in ihrer Eigenschaft als Mitglieder einer entscheidungstragenden Gruppe (wie etwa eines Wahlkreises oder eines Legislativ-Organs) treffen, mit den in anderen Bereichen menschlicher Handlung stattfinden Wahlentscheidungen (z. B. auf dem Markt) als gleichwertig zu betrachten, scheitert an der Missachtung des fundamentalen Unterschieds zwischen diesen zwei Arten der Auswahl.

Unbestreitbar hängt der Erfolg sowohl der individuellen Wahlentscheidung am Markt als auch der von Individuen als Gruppenmitgliedern getroffenen Entscheidungen vom Verhalten anderer Menschen ab. Zum Beispiel kann niemand kaufen, wenn keiner verkauft. Individuen, die Entscheidungen auf dem Markt treffen, haben jedoch immer die Freiheit, ihre Entscheidung – zum Teil oder in Gänze – zu verwerfen, wenn ihnen deren mögliche Folgen nicht gefallen. Sogar diese Möglichkeit, so armselig das erscheinen mag, wird Individuen verweigert, die als Mitglieder einer Gruppe, ob im Wahlkreis oder in der Legislative oder andernorts, ihre Entscheidungen zu treffen versuchen. Was der siegreiche Teil der Gruppe entscheidet, gilt als Entscheidung der Gruppe als Ganzes; und wenn die unterlegenen Mitglieder die Gruppe nicht verlassen, haben sie nicht einmal die Freiheit, die Ergebnisse einer Entscheidung abzulehnen, wenn sie sie nicht mögen.

Die Befürworter aufgeblähter Gesetzgebung mögen der Meinung sein, dass dies ein unvermeidliches Übel ist, wenn Gruppen überhaupt etwas entscheiden und ihre Entscheidungen wirksam sein sollen. Die Alternative wäre, die Gruppen in eine zunehmende Zahl kleiner Fraktionen aufzuteilen und zuletzt in Individuen. In diesem Fall könnten die Gruppen nicht mehr als Einheiten funktionieren. Somit ist der Verlust individueller Freiheit der Preis, der für die behaupteten Vorteile zu bezahlen ist, welche diese Gruppen zusammenhalten.

Ich bestreite nicht, dass Gruppenentscheidungen oft nur um den Preis des Verlusts der Wahlfreiheit des Individuums und gleichzeitig der Freiheit, die Auswahl zu verweigern, erreicht werden können. Worauf ich hinweisen will ist, dass Gruppenentscheidungen sehr viel seltener diesen Preis wert sind, als es einem oberflächlichen Beobachter erscheinen würde.

Das Ersetzen einer spontanen Anwendung von Verhaltensregeln, die keine Gesetzesform haben, durch eine Gesetzgebung ist nicht zu rechtfertigen, es sei denn, es wird bewiesen, dass erstere unsicher oder unzureichend sind, oder dass sie irgendein Unheil auslösen, das ein Gesetz verhindern könnte, während die Vorteile des vorherigen Systems erhalten blieben. Diese einleitende Festlegung ist für zeitgenössische Gesetzgeber einfach undenkbar. Im Gegenteil, sie scheinen zu glauben, dass die Gesetzgebung immer in sich gut ist, und dass die Beweislast auf der Seite derjenigen liegt, die dem widersprechen. Meine bescheidene Empfehlung ist, dass ihre Folgerung, ein Gesetz (selbst ein schlechtes Gesetz) sei besser als nichts, durch mehr Beweise untermauert werden sollte, als es der Fall ist.

Nur wenn wir, andererseits, vollständig erkennen, wie viel Zwang im tatsächlichen Prozess der Gesetzgebung mit enthalten ist, sind wir in einer Lage, entscheiden zu können, wie weit wir bei der Einführung irgendeines Gesetzgebungsprozesses gehen sollten, wenn wir gleichzeitig versuchen, die individuelle Freiheit zu erhalten.

Es erscheint unzweifelhaft, dass wir auf dieser Basis die Anwendung der Gesetzgebung ablehnen sollten, wenn sie lediglich als Mittel dazu verwendet wird, Minderheiten zu unterwerfen, um sie als Verlierer im Feld zu behandeln. Auch erscheint es unzweifelhaft, dass wir den Gesetzgebungsprozess ablehnen sollten, wenn es für beteiligte Individuen möglich ist, ihre Ziele zu erreichen, ohne dass dies von der Entscheidung einer Gruppe abhängt – und zwar ohne dass andere gezwungen werden, etwas zu tun, was sie ohne Zwang niemals tun würden. Schließlich erscheint es offensichtlich, dass, wenn Zweifel aufkommen über die Ratsamkeit des Gesetzgebungsprozesses im Vergleich mit einer anderen Vorgehensweise, die zum Ziel hat, die Regeln für unser Verhalten zu bestimmen, die Übernahme eines Gesetzgebungsprozesses das Ergebnis einer sehr genauen Prüfung sein sollte.

Wenn wir die Gesetzgebung dieser Art von Prüfung unterzögen, die ich hier vorschlage, wäre ich neugierig, wie viel davon übrig bliebe.

Eine völlig andere Sache ist es, festzustellen, wie solch eine Prüfung vonstatten gehen könnte. Ich behaupte nicht, dass dies einfach zu bewältigen wäre. Zu viele Interessengruppen sind offensichtlich bereit, die Aufblähung des Gesetzgebungsprozesses in der gegenwärtigen Gesellschaft zu verteidigen. Jedoch, wenn ich mich nicht irre, wird jeder früher oder später mit dem Problem einer resultierenden Situation konfrontiert werden, die nichts zu verheißen scheint außer immerwährender Unruhe und allgemeiner Unterdrückung.

In der gegenwärtigen Gesellschaft scheint ein sehr altes Prinzip verletzt worden zu sein – ein Prinzip, das schon im Evangelium und, viel früher, in der konfuzianischen Philosophie formuliert wurde: „Was Du nicht willst, dass man Dir tu, das füg auch keinem anderen zu." Ich kenne keine andere Aussage in der modernen Philosophie der Freiheit, die so treffend prägnant klingt wie diese. Sie mag langweilig erscheinen im Vergleich zu den geistig anspruchsvollen, manchmal in unbekannten mathematischen Symbolen gekleideten, Formeln, die man in sowohl in der Ökonomie als auch in der Politikwissenschaft heutzutage so sehr zu mögen scheint. Dennoch scheint das konfuzianische Prinzip immer noch für die Wiederherstellung und für die Erhaltung von individueller Freiheit in der Gegenwart anwendbar zu sein.

Zwar ist es schwierig herauszufinden, was die Menschen nicht von anderen erleiden wollen. Doch scheint es einfacher als festzustellen, was Menschen gerne alleine oder in Zusammenarbeit mit anderen tun würden. Der gemeinsame Wille, begriffen als der jedem Mitglied einer Gemeinschaft gemeine Wille, ist viel leichter in der „negativen", schon im konfuzianischen Prinzip dargestellten Weise bestimmbar als auf irgendeine andere „positive" Weise. Niemand würde bestreiten, dass eine Umfrage unter einer beliebigen Gruppe, die mit dem Ziel durchgeführt würde, festzustellen, was ihre Mitglieder von anderen nicht erleiden wollen, ein eindeutigeres und präziseres Resultat erbrächte als eine Umfrage, die sich auf andere Wünsche bezieht. In der Tat kann die gefeierte, von John Stuart Mill vertretene „Selbstschutz"-Regel nicht nur auf das konfuzianische Prinzip reduziert werden, sondern es wird tatsächlich nur durch eine solche Reduktion anwendbar. Schließlich kann niemand entscheiden, was für irgendein bestimmtes Individuum in einer gegebenen Gemeinschaft schädlich ist oder nicht, ohne sich auf das Urteil jedes einzelnen Mitglieds dieser Gesellschaft zu verlassen. Es ist Sache aller, zu definieren, was schädlich ist, und dies ist es tatsächlich, was keiner von anderen erleiden will. Die Erfahrung zeigt, dass in allen Gruppen die Mehrheit in dem übereinstimmt, was „nicht getan werden sollte". Auch Menschen, die bereit wären, anderen solche Dinge anzutun, geben zu, dass sie keineswegs von anderen auf diese Weise behandelt werden möchten.

Auf diese simple Wahrheit hinzuweisen, heißt noch nicht, zu behaupten, es gebe dabei keinen Unterschied zwischen Gruppen oder Gesellschaften. Noch weniger bedeutet es, dass im Verlauf der Geschichte die Gefühle und Überzeugungen solcher Gruppen oder Gesellschaften gleich geblieben wären. Aber kein Historizismus und kein Relativismus kann uns von der Erkenntnis abhalten, dass in jeglicher Gesellschaft Gefühle und Überzeugungen bezogen auf Handlungen, die nicht getan werden sollten, viel homogener und leichter zu identifizieren sind als alle anderen Arten von Gefühlen und Überzeugungen. Gesetze, die Menschen vor dem schützen, was sie nicht wollen, dass es andere Menschen ihnen antun, sind wahrscheinlich leichter zu bestimmen und allgemein erfolgreicher als jegliche Art von Gesetzen, die auf anderen „positiven" Wünschen derselben Individuen beruhen. Tatsächlich sind solche Wünsche normalerweise nicht nur weit weniger homogen und miteinander vereinbar als die „negativen" Wünsche, sondern sind auch oft sehr schwer zu bestimmen.

Sicher hat es, wie einige Theoretiker betonen, „immer eine Wechselbeziehung gegeben zwischen dem Staatsapparat, der gesetzgeberische Veränderungen produziert, und der sozialen Meinung der Gemeinschaft, in der sie zu wirken bestimmt sind".[2] Es bleibt nur das Problem. dass diese Wechselbeziehung bei der Aufdeckung der „sozialen Meinung der Gemeinschaft" (was immer dies bedeutet) und erst recht bei der Offenbarung der tatsächlichen Meinung der betroffenen Menschen eine geringe Rolle spielt. Oft gibt es weder so etwas wie eine „gesellschaftliche Meinung" noch irgendeinen überzeugenden Grund, den privaten Meinungen von Gruppen und Individuen, die zufällig in der Lage sind, ein Gesetz in Kraft zu setzen, diese Bezeichnung („gesellschaftliche Meinung") zu verleihen.

Die Behauptung, dass Gesetzgebung immer dann „notwendig" sei, wenn andere Methoden der „Entdeckung" der Volksmeinung scheiterten, wäre auch nur eine andere Art des Ausweichens. Wenn andere Methoden scheitern, ist dies noch kein Grund zu unterstellen, dass für die Gesetzgebung nicht das Gleiche gelte. Entweder nehmen wir an, es gebe keine „gesellschaftliche Meinung" über die betreffende Angelegenheit, oder sie existiere, sei aber schwer zu entdecken. Im ersten Falle setzt die Einführung einer Gesetzgebung voraus, dass dies eine gute Alternative zu dem Fehlen einer „gesellschaftlichen Meinung" bilde; im letzteren Falle bedeutet es, die Gesetzgeber wüssten, wie man die ansonsten unerkennbare gesellschaftliche Meinung herausfinde. In beiden Fällen muss die eine wie die andere Annahme sorgfältig belegt werden, bevor man eine Gesetzgebung einführt, doch ist es nur zu offenkundig, dass niemand dies versucht, am wenigsten die Gesetzgeber. Die Angemessenheit oder gar Notwendigkeit der Alternative (also der Gesetzgebung) wird selbst von den Theoretikern, die es besser wissen sollten, als selbstverständlich behandelt. Sie führen gerne an, dass das, „was früher als mehr oder weniger technisches Juristenrecht betrachtet werden konnte, heute ein dringendes Gebot der Wirtschafts- und Sozialpolitik sein könnte", also nach gesetzlicher Regulie-

---

[2] W. Friedmann, *Law in a Changing Society* (London: Stevens & Sons, 1959), S. 7.

rung verlange.[3] Dabei bleibt im Dunkeln, wie man die Dringlichkeit jeweils fest-
stellt und was der Hinweis auf eine „gesellschaftliche Meinung" bedeute, während
als selbstverständlich vorausgesetzt wird, dass ein Gesetz zu einer befriedigenden
Lösung führe. Nötig erscheint nur, ein solches in Kraft zu setzen – sonst nichts.

Aus der vernünftigen Voraussetzung, dass keine Gesellschaft dasselbe Fundament
von Überzeugungen hat wie eine andere, und dass darüber hinaus auch innerhalb
einer Gesellschaft die Überzeugung und Gefühle nicht ohne weiteres übereinstimmen, haben die Fürsprecher einer aufgeblähten Gesellschaft den merkwürdigen
Schluss gezogen, die Entscheidungen wirklicher Menschen außer acht zu lassen
und sie durch die jederzeitige, zufällige Entscheidung einer beliebigen Handvoll
Gesetzgebern zu ersetzen.

Gesetzgebung wird auf diese Art als ein sicheres Mittel zur Einführung von
Homogenität und von Regeln verstanden, wo es zuvor keine gab. Somit scheint
Gesetzgebung „rational" zu sein oder, wie Max Weber es gesagt hätte, „eine der
charakteristischen Komponenten eines Prozesses der Unterordnung unter die Vernunft ... der in alle Sphären des gemeinschaftlichen Handelns eindringt". Doch
wie Weber selbst betonte, kann durch die Ausweitung der Gesetzgebung und der
sie unterstützenden Androhung von Zwang nur ein begrenztes Maß an Erfolg
erzielt werden. Dies liegt nicht nur an der Tatsache, dass, laut Weber, „die dras-
tischsten Zwangsmaßnahmen und Strafen mit Sicherheit dort versagen, wo die
Untertanen widerspenstig bleiben" und dass „die Macht des Gesetzes über das
Wirtschaftsverhalten, verglichen mit Bedingungen zuvor, in vielerlei Hinsicht eher
schwächer als stärker geworden ist". Gesetzgebung mag eine negative Wirkung auf
die Effektivität der Regeln und auf die Homogenität der Gefühle und Überzeugungen haben, die in einer gegebenen Gesellschaft schon vorherrschen – und in
vielen Fällen ist das heute tatsächlich so. Denn Gesetzgebung kann auch absichtlich oder versehentlich Homogenität zerrütten, indem etablierte Regeln vernichtet
und existierende Bräuche und Übereinkünfte aufgehoben werden, die bis dahin
freiwillig akzeptiert und eingehalten wurden. Noch zerrüttender ist die Tatsache,
dass allein die Möglichkeit der Aufhebung von Übereinkünften und Bräuchen
durch hinzukommende Gesetzgebung langfristig dazu beiträgt, Menschen zu
veranlassen, sich nicht auf irgendeine existierende Konvention zu verlassen oder
irgendwelche akzeptierten Vereinbarungen einzuhalten. Andererseits verhindert
die ständige Veränderung der Regeln, die durch die aufgeblähte Gesetzgebung
herbeigeführt wird, dass sie die Sammlung von nichtgesetzlichen Regeln (Gepflogenheiten, Konventionen, Vereinbarungen), die in diesem Prozess zufällig zerstört
werden, erfolgreich und dauerhaft ersetzen kann. Es zeigt sich, dass das, was als
„rationaler" Prozess betrachtet werden konnte, letzten Endes genau das Gegenteil
bewirkt.

---

[3]   Ebd., S. 30.

Diese Tatsache kann nicht einfach ignoriert werden, indem man sagt, dass die Idee einer „beschränkten" Sphäre staatlicher Normen „heute ihre Gültigkeit und Bedeutung in der zunehmend industrialisierten und gegliederten Gesellschaft unserer Zeit verloren hat".[4]

Wohl ist die Entwicklung über die Missbilligung der Kodifizierung und der schriftlichen Gesetzgebung hinweggegangen, die Savigny zu Beginn des 19. Jahrhunderts geäußert hat, und das Gleiche gilt für Eugen Ehrlich, der hundert Jahre später dem „lebendigen Gesetz des Volkes" statt den von „Repräsentanten" geschaffenen Gesetzen vertrauen wollte. Jedoch sind Savignys und Ehrlichs kritische Urteile nicht nur bis heute unwiderlegt, auch die ernsthaften Probleme, die sie in ihrer jeweiligen Zeit ansprachen, sind keineswegs beseitigt, sondern erweisen sich in der Gegenwart als immer schwieriger zu lösen oder zu ignorieren.

Dies liegt sicherlich, unter anderem, an dem derzeitigen konventionellen Glauben an die Vorzüge „repräsentativer" Demokratie, der Tatsache zum Trotz, dass die „Repräsentation" sogar jenen Experten ein sehr zweifelhafter Prozess zu sein scheint, die nicht so weit wie gehen würden, wie Schumpeter zu sagen, dass eine repräsentative Demokratie eine „Täuschung" sei. Dieser Glaube mag einen davon abhalten, zu erkennen, dass „Repräsentation", je zahlreicher die Menschen sind, die man zu „repräsentieren" versucht, und je zahlreicher die Angelegenheiten sind, bei denen man sie zu repräsentieren versucht, umso weniger eine Bedeutung hat, die sich auf den tatsächlichen Willen tatsächlicher Menschen bezieht, abgesehen von dem Willen derjenigen Menschen, die zu „Repräsentanten" ernannt worden sind.

Der Beweis – schon in den frühen zwanziger Jahren von Ökonomen wie Max Weber, B. Brutzkus und, vollständiger, von Professor Ludwig von Mises erbracht –, dass eine Zentralverwaltungswirtschaft, die von einem Ausschuss von Direktoren geführt wird, die die Marktpreise unterdrücken und ohne sie arbeiten, nicht funktioniert, weil die Direktoren ohne die ständigen Signale des Marktes nicht wissen können, wie groß die Nachfrage oder das Angebot sein wird, ist bislang mit keinem akzeptablen Argument durch dessen Gegner wie Oskar Lange, Fred M. Taylor, H. D. Dickinson und anderen Unterstützern einer pseudo-wettbewerblichen Lösung des Problems widerlegt worden. In der Tat mag dieser Beweis als der in unserer Zeit wichtigste und dauerhafteste von Ökonomen geleistete Beitrag für die Sache der individuellen Freiheit betrachtet werden. Jedoch können die daraus gezogenen Schlussfolgerungen nur als spezieller Fall einer generelleren Erkenntnis betrachtet werden, dass kein Gesetzgeber in der Lage wäre, alleine, ohne eine ständige Mitwirkung aller betroffenen Menschen, die Regeln aufzustellen, die das tatsächliche Verhalten aller in den endlosen Beziehungen, die jeder mit jedem

---

4 Ebd., S. 4.

hat, beherrschen. Keine öffentlichen Meinungsumfragen, keine Referenden, keine Konsultationen würden die Gesetzgeber in eine Lage versetzen, diese Regeln zu ermitteln, ebenso wenig wie eine ähnliche Vorgehensweise die Direktoren einer Zentralverwaltungswirtschaft in eine Lage versetzen würde, die gesamte Nachfrage und das gesamte Angebot aller Güter und Dienstleistungen zu ermitteln. Darüber hinaus sollte tatsächliches Verhalten nicht mit der Äußerung von Meinungen verwechselt werden, wie sie sich aus öffentlichen Umfragen und ähnlichen Befragungen ergeben, genauso wenig wie der verbale Ausdruck von Wünschen und Bedürfnissen mit der „effektiven" Nachfrage am Markt verwechselt werden darf.

Die unausweichliche Schlussfolgerung ist, dass, um die originale, vernünftige Bedeutung des Wortes „Repräsentation" wiederherzustellen, eine drastische Reduzierung entweder in der Zahl jener, die „repräsentiert" werden, oder in der Zahl der Angelegenheiten, bei der sie angeblich repräsentiert werden, stattfinden sollte, oder beides.

Die Zahl der Repräsentierten zu vermindern, ist kaum mit der individuellen Freiheit zu vereinbaren, solange wir voraussetzen, dass sie berechtigt sind, zumindest ihren eigenen Willen als Wähler auszudrücken. Andererseits erhöht eine Reduzierung der Angelegenheiten, in denen Menschen zu repräsentieren wären, umgekehrt die Zahl der Angelegenheiten, über die Menschen als Individuen freie Entscheidungen treffen können, ohne überhaupt „repräsentiert" zu werden. Letztere Reduzierung scheint somit der einzige übrig gebliebene Pfad zu sein, der gegenwärtig in Richtung individueller Freiheit eingeschlagen werden kann. Ich bestreite nicht, dass jene, die es gewohnt sind, sich den Repräsentationsprozess zunutze zu machen, entweder als Repräsentanten oder als Mitglieder repräsentierter Gruppen, bei einer derartigen Reduzierung etwas zu verlieren haben. Es ist jedoch offensichtlich, dass sie in all jenen Fällen, in denen sie die beabsichtigten „Opfer" eines unbeschränkten Gesetzgebungsprozesses gewesen wären, entsprechend viel zu gewinnen hätten. Das Ergebnis dürfte am Ende so vorteilhaft für die Sache der individuellen Freiheit sein, wie es, laut Hobbes, vorteilhaft für alle Menschen ist, davon abgehalten zu werden, in das Leben und Eigentum anderer einzugreifen, damit sie sich aus dem bedauernswerten Zustand erheben können, den er als „Krieg aller gegen alle" beschreibt.

Tatsächlich ist das, womit wir heute oft konfrontiert werden, nichts weniger als ein potentieller Gesetzeskrieg aller gegen alle, ausgefochten auf dem Weg der Gesetzgebung und der Repräsentation. Die Alternative kann nur ein Zustand sein, in dem ein solcher Gesetzeskrieg nicht länger stattfinden kann, oder wenigstens nicht so ausgeweitet oder so gefährlich, wie er es heute zu tun droht.

Natürlich würde eine einfache Reduzierung des von der Gesetzgebung gedeckten Bereiches das Problem der rechtlichen Organisation unserer Gesellschaft im Hinblick auf die Erhaltung der individuellen Freiheit nicht vollständig lösen, ebenso wenig wie die Gesetzgebung heute dieses Problem durch die tatsächliche, schrittweise Unterdrückung dieser Freiheit löst.

Gepflogenheiten, stillschweigende Regeln, die Einbeziehung von Konventionen, generelle Kriterien, die sich auf passende Lösungen spezieller rechtlicher Probleme beziehen, auch mit Blick auf mögliche Meinungsänderungen der Menschen zu jeder gegebenen Zeit und auf den materiellen Hintergrund dieser Meinungen – all dieses ist noch zu entdecken. Man kann sehr wohl sagen, dass dies ein unbestreitbar schwieriger, manchmal schmerzlicher, und sehr oft langer Prozess ist. So war es schon immer. Der Erfahrung unserer Vorfahren zufolge war die übliche Art, dieser Schwierigkeit zu begegnen – worauf wir schon hingewiesen haben – nicht nur in angelsächsischen Ländern, sondern überall im Westen, speziell ausgebildete Personen wie Anwälte oder Richter mit diesem Prozess zu betrauen. Die Eigenschaft der Aktivität dieser Menschen selbst und das Ausmaß ihrer persönlichen Initiative beim Finden rechtlicher Lösungen sind noch offene Fragen. Es kann nicht bestritten werden, dass Anwälte und Richter Menschen wie alle anderen sind und nur über begrenzte Ressourcen verfügen. Ebenso unterliegen sie auch der Versuchung, die unparteiische Haltung eines Wissenschaftlers durch ihren eigenen Willen zu ersetzen, wenn der Fall undurchsichtig ist oder ihre eigenen, tief verwurzelten Überzeugungen betroffen sind.

In der Vergangenheit jedoch ist die Stellung von Anwälten und Richtern in den westlichen Ländern, wie auch die anderer Würdenträger in ähnlichen Gesellschaften, eine fundamental andere als die von Gesetzgebern gewesen, zumindest in drei sehr wichtigen Beziehungen. Erstens haben Richter oder Anwälte oder andere in ähnlicher Position nur zu intervenieren, wenn sie von den betroffenen Personen darum gebeten werden, und ihre Entscheidung ist nur zu fällen und wird nur wirksam, zumindest in zivilrechtlichen Angelegenheiten, mittels einer fortwährenden Zusammenarbeit der Parteien selbst und innerhalb ihrer Grenzen. Zweitens wird die Entscheidung von Richtern hauptsächlich in Bezug auf die streitenden Parteien wirksam, nur gelegentlich erstreckt sie sich auf dritte Parteien und praktisch nie auf Menschen, die keine Verbindung zu den betroffenen Parteien haben. Drittens werden solche Entscheidungen von Seiten der Richter und Anwälte sehr selten ohne Bezug auf Entscheidungen anderer Richter und Anwälte in ähnlichen Fällen getroffen, und daher kommen sie in indirekter Zusammenarbeit mit allen anderen betroffenen Parteien sowohl in der Vergangenheit als auch in der Gegenwart zustande.

All dies bedeutet, dass die Urheber dieser Entscheidungen keine echte Macht über andere Bürger haben jenseits dessen, was diese Bürger ihnen selbst, aufgrund des Ersuchens um eine Entscheidung in einem bestimmten Fall, zu geben bereit sind.

Es bedeutet auch, dass eben diese Macht weiter begrenzt ist aufgrund des unvermeidbaren Bezugs jeder Entscheidung zu Entscheidungen, die in ähnlichen Fällen von anderen Richtern gefällt wurden.[5] Schließlich bedeutet es, dass der ganze Prozess als eine Art riesige, kontinuierliche, und hauptsächlich spontane Zusammenarbeit zwischen den Richtern und den Gerichteten beschrieben werden kann, mit der der Wille des Volkes in einer Serie bestimmter Fälle entdeckt wird – eine Zusammenarbeit, die in vielerlei Hinsicht mit jener verglichen werden kann, die zwischen allen Teilnehmern in einem freien Markt existiert.

Wenn wir in der gegenwärtigen Gesellschaft die Stellung von Richtern und Anwälten mit der Stellung von Gesetzgebern vergleichen, können wir leicht erkennen, wie viel mehr Macht letztere über die Bürger haben und wie viel weniger genau, unparteiisch und verlässlich ihr Versuch ist, wenn überhaupt, den Willen des Volkes zu „interpretieren".

In dieser Hinsicht ähnelt ein auf Gesetzgebung zentriertes Rechtssystem wiederum – wie wir schon festgestellt haben – einer zentralen Planwirtschaft, in der alle relevanten Entscheidungen von einer Handvoll Direktoren getroffen werden, deren Wissen über die Gesamtsituation verhängnisvoll beschränkt ist und deren Respekt vor den Wünschen des Volkes, wenn er überhaupt vorhanden ist, dieser Beschränkung unterworfen ist.

Keine ehrwürdigen Titel, keine pompösen Zeremonien, kein Enthusiasmus der applaudierenden Massen können die simple Tatsache überdecken, dass die Gesetzgeber und die Direktoren einer zentralen Planwirtschaft nur bestimmte Individuen wie du und ich sind, die über 99 Prozent dessen, was in Bezug auf reale Transaktionen, Vereinbarungen, Einstellungen, Gefühle und Überzeugungen der Menschen um sie herum vorgeht, unkundig sind. Es gehört zu den Paradoxien unserer Zeit, dass der traditionelle religiöse Glaube kontinuierlich der Wissenschaft und Technik weicht, weil man eine sachlich kühle Einstellung und leidenschaftsloses Denken für erforderlich hält, während gleichzeitig diese Einstellung und Denkweise im Bereich der rechtlichen und politischen Fragen ständig ihrerseits zurückgeht. Die Mythologie unserer Zeit ist nicht religiös, sondern politisch, und ihre Hauptmythen scheinen einerseits die „Repräsentation" des Volkes zu sein und andererseits der Anspruch der politischen Führungspersönlichkeiten, im Besitz der Wahrheit zu sein und entsprechend zu handeln.

Ebenso paradox ist es, dass dieselben Ökonomen, die gegenwärtig für den freien Markt plädieren, sich nicht darum zu kümmern scheinen, ob ein freier Markt wirklich in einem auf Gesetzgebung ausgerichteten Rechtssystem lange bestehen

---

[5]   Die besondere Stellung der obersten Gerichtshöfe in dieser letzteren Hinsicht ist nur eine Einschränkung des oben betonten allgemeinen Prinzips, und wir werden später darauf zurückkommen.

könnte. Tatsache ist, dass Ökonomen sehr selten Juristen sind, und umgekehrt, und dies ist wahrscheinlich eine Erklärung dafür, warum ökonomische Systeme einerseits und Rechtssysteme andererseits üblicherweise getrennt voneinander analysiert werden und selten in Bezug zueinander gestellt werden. Dies ist wahrscheinlich der Grund, weshalb die exakte Beziehung zwischen der Marktwirtschaft und einem auf Richtern und / oder Anwälten statt einem auf Gesetzgebung zentrierten Rechtssystem sehr viel weniger klar erkannt wird, als es sein sollte, obwohl die gleichfalls exakte Beziehung zwischen einer Planwirtschaft und der Gesetzgebung wiederum zu offensichtlich ist, um von Gelehrten und dem Volk in seiner Gesamtheit ignoriert zu werden.

Wenn ich mich nicht irre, gibt es mehr als eine Analogie zwischen der Marktwirtschaft und einem Richterrecht oder einem Juristenrecht, genauso wie es mehr als eine Analogie gibt zwischen einer Planwirtschaft und der Gesetzgebung. Wenn man bedenkt, dass die Marktwirtschaft in Rom und in den angelsächsischen Ländern am erfolgreichsten innerhalb des Rahmens jeweils eines Juristenrechts und eines Richterrechts waren, scheint die Schlussfolgerung angemessen zu sein, dass dies nicht einfach ein Zufall war.

All dies bedeutet natürlich nicht, dass Gesetzgebung nicht nützlich ist – abgesehen von solchen Fällen, in denen es eine Frage der Feststellung dessen ist, was entsprechend den gemeinsam geteilten Gefühlen und Überzeugungen von Menschen „nicht getan werden sollte" – in Fällen, wo es ein weit verbreitetes Interesse geben mag, klar umrissene Verhaltensregeln zu haben, selbst wenn die betroffenen Menschen über den Inhalt solcher Regeln noch keine Entscheidung getroffen haben. Es ist weithin bekannt, dass Menschen manchmal lieber irgendeine Regel haben wollen als überhaupt keine. Dies kann in vielen möglichen Fällen passieren. Eben dieser Bedarf nach irgendeiner klar umrissenen Regel war wahrscheinlich der Grund, weshalb Menschen geneigt scheinen, wie Karl Hildebrand über die archaischen römischen Rechtsvorschriften oder Eugen Ehrlich über Justinians Corpus Juris im Mittelalter schrieb, manchmal eine eher rigide oder veraltete oder anderweitig unbefriedigende Regel zu akzeptieren, bis sie eine geeignetere finden.

Das Problem unserer Zeit jedoch scheint genau das Gegenteil zu sein: nicht das der Zufriedenheit mit ungeeigneten Regeln aufgrund einer fundamentalen Knappheit und einem „Hunger nach Regeln", sondern das der Beseitigung einer Unmenge von schädlichen oder zumindest nutzlosen Regeln aufgrund einer riesigen Schwemme und, sozusagen, eines unverdaulichen Übermaßes davon.

Andererseits kann nicht bestritten werden, dass das Juristenrecht und das Richterrecht dazu neigen, sich die Eigenschaften der Gesetzgebung, einschließlich ihrer unwillkommenen, anzueignen, wenn Juristen oder Richter berechtigt sind, in einem Fall abschließend zu entscheiden. So etwas scheint im Verlauf der postklassischen Periode des römischen Rechts passiert zu sein, als die Kaiser gewissen

Rechtsgelehrten die Macht übertrugen, rechtliche Meinungen (ius respondendi) herauszugeben, die für Richter in gegebenen Umständen bindend wurden. In unserer Zeit resultiert der Mechanismus der richterlichen Gewalt in bestimmten Ländern, in denen „Oberste Gerichte" eingerichtet sind, in der Auferlegung der persönlichen Meinung der Mitglieder dieser Gerichte, oder einer Mehrheit von ihnen, auf alle anderen betroffenen Menschen, wenn es einen großen Unterschied zwischen der Meinung Ersterer und den Überzeugungen Letzterer gibt. Aber, wie ich im Kapitel 8 zu betonen versuche, liegt dies keineswegs in der Natur des Juristenrechts oder des Richterrechts. Es weicht eher davon ab und läuft darauf hinaus, den Gesetzgebungsprozess unter dem trügerischen Etikett des Juristen- oder Richterrechts auf der höchsten Stufe zu etablieren. Aber das ist nicht zwingend und deshalb hindert es uns auch nicht daran, den Willen des Volkes auf dem Wege der Rechtsprechung zu ermitteln. Schließlich kann die gegenseitige Kontrolle auch in diesem Bereich ebenso angewendet werden wie in anderen Teilen des politischen Systems.

Noch eine abschließende Bemerkung ist erforderlich. Womit ich mich hier befasse, sind hauptsächlich allgemeine Prinzipien. Ich biete keine speziellen Lösungen für spezielle Probleme an. Ich bin jedoch überzeugt, dass solche Lösungen nach Maßgabe der von mir vorgeschlagenen Prinzipien sehr viel leichter gefunden werden können als durch die Anwendung anderer Prinzipien.

Andererseits wird kein abstraktes Prinzip von sich aus wirksam; Menschen müssen immer etwas tun, um es wirksam werden zu lassen. Dies trifft auf die von mir in diesem Buch vorgebrachten Prinzipien nicht weniger zu als auf jegliche andere. Ich strebe nicht an, die Welt zu verändern, sondern will lediglich einige bescheidene Ideen unterbreiten, die, wenn ich mich nicht irre, sorgfältig und angemessen in Betracht gezogen werden sollten, bevor gefolgert wird, wie es die Fürsprecher aufgeblähter Gesetzgebung tun, dass die Verhältnisse unabänderlich seien, und dass sie, wenn auch nicht optimal, doch die unvermeidliche Antwort auf unsere Bedürfnisse in der gegenwärtigen Gesellschaft seien.

Kapitel 1
Welche Freiheit?

Abraham Lincoln sprach 1864 in einer Rede in Baltimore davon, dass es schwierig sei, den Begriff der Freiheit zu definieren. Auch der Bürgerkrieg zwischen den Nord- und Südstaaten sei in gewisser Weise auf unterschiedliche Vorstellungen von Freiheit zurückzuführen. „Es hat in der Welt", sagte er, „niemals eine gute Definition des Wortes ‚Freiheit' gegeben. … Wenn wir dasselbe Wort verwenden, meinen wir nicht dieselbe Sache."[6]

Tatsächlich ist es nicht leicht, „Freiheit" zu definieren oder sich vollständig bewusst zu sein, was wir tun, wenn wir sie definieren. Wenn wir „Freiheit" definieren wollen, müssen wir zunächst das Ziel unserer Definition bestimmen. Ein „realistischer" Ansatz beseitigt das Ausgangsproblem: „Freiheit" ist einfach „da" und es geht nur darum, sie mit den geeigneten Worten zu beschreiben.

Ein Beispiel einer „realistischen" Definition der Freiheit ist jene, die Lord Acton am Anfang seiner *History of Freedom* formulierte: „Mit Freiheit meine ich die Sicherheit, dass jeder Mensch in seinem Bestreben, das zu tun, was er für seine Pflicht hält, vor dem Einfluss der Behörden und der Mehrheiten, des Brauchs und der Meinung geschützt ist." Viele Kritiker würden sagen, dass es keinen Grund gibt, „Freiheit" nur als jene Sicherheit zu bezeichnen, dass jeder Mensch in seinem Bestreben, das zu tun, was er für seine *Pflicht* hält, geschützt wird und nicht zum Beispiel sein *Recht* oder sein *Vergnügen*; auch gibt es keinen Grund dafür zu sagen, dass dieser Schutz nur vor Mehrheiten und den Behörden gelten sollte und nicht vor Minderheiten und individuellen Bürgern.

Als Lord Acton im Jahr 1877 in Bridgenorth seine berühmten Vorlesungen über die Geschichte der Freiheit hielt, war die Respektierung religiöser Minderheiten, durch die Behörden wie auch durch die Mehrheit, tatsächlich noch immer eines der großen politischen Themen im Vereinigten Königreich. Mit der Aufhebung solch diskriminierender Gesetze wie des Corporation Act von 1661 und des Test Act von 1673 und, im Jahr 1870, mit der Zulassung der protestantischen Nonkonformisten und der Katholiken (der Papisten, wie sie genannt wurden) an den Universitäten von Oxford und Cambridge hatten die sogenannten Freikirchen gerade nach zwei Jahrhunderten eine Schlacht gewonnen. Zuvor hatten diese Universitäten nur solche Studenten zugelassen, die der reformierten Anglikanischen Kirche angehörten. Lord Acton, wie man weiß, war selber Katholik und aus diesem Grund war er, sehr gegen seinen Willen, daran gehindert worden, Cambridge

---

[6] Zitiert in Maurice Cranston, *Freedom* (London: Longmans, Green & Co., 1953), S. 13.

zu besuchen. Die „Freiheit", an die er dachte, war die Freiheit, die Franklin De-
lano Roosevelt im berühmtesten seiner Wahlsprüche „Religionsfreiheit" nannte.
Als Katholik gehörte Lord Acton einer religiösen Minderheit zu einer Zeit an, als
der Respekt vor religiösen Minderheiten in England sich gegen die Feindseligkeit
der anglikanischen Mehrheiten und gegen solche Gesetze der legalen Amtsgewalt,
wie zum Beispiel den Corporation Act, zu behaupten begannen. Was er mit „Freiheit" meinte, war somit religiöse Freiheit. Sehr wahrscheinlich war dies auch das,
was die Mitglieder der Freikirchen im Vereinigten Königreich und viele andere
Menschen im Viktorianischen Zeitalter mit „Freiheit" meinten – ein Begriff, der
damals offensichtlich mit, unter anderem, rechtlichen Formalitäten wie dem Corporation Act oder dem Test Act verbunden war. Aber was Lord Acton in seinen
Vorlesungen machte, war, seine Idee der Freiheit als Freiheit *an sich* darzustellen.
So etwas kommt ziemlich häufig vor. Die Geschichte politischer Ideen führt eine
Reihe von Definitionen wie diejenige Lord Actons auf.

Ein vorsichtiger Ansatz zur Definition von „Freiheit" würde mit einer einleitenden Fragestellung beginnen. „Freiheit" ist in allererster Linie ein Wort. Ich würde
nicht so weit gehen zu sagen, sie sei *nur* ein Wort, wie es mehrere Repräsentanten
der zeitgenössischen analytischen Schule in der von ihnen selbst so genannten
philosophischen Revolution wohl behaupten würden. Bei Denkern, die mit der
Behauptung beginnen, dass etwas einfach ein Wort sei, und daraus schließen, dass
es nichts als ein Wort sei, fällt mir der Spruch ein, dass man das Kind nicht mit
dem Bade ausschütten soll.

Aber die Tatsache, dass „Freiheit" zunächst ein Wort ist, verlangt, so denke ich,
nach einigen einleitenden sprachwissenschaftlichen Bemerkungen.

Die sprachwissenschaftliche Analyse hat besonders nach dem Zweiten Weltkrieg
in bestimmten Bereichen zunehmende Aufmerksamkeit erfahren, besonders nach
dem Zweiten Weltkrieg, aber sie ist noch nicht sehr beliebt. Viele Menschen
mögen sie nicht oder kümmern sich nicht um sie. Gelehrte, die sich nicht mit
philosophischen oder philologischen Gegenständen befassen, neigen mehr oder
weniger zur Auffassung, dass dies eine nutzlose Tätigkeit ist. Auch von der zeitgenössischen analytischen Schule der Philosophen können wir wenig Zuspruch erwarten. Nachdem sie ihre Aufmerksamkeit sprachwissenschaftlichen Problemen
gewidmet und letztere ins Zentrum ihrer Forschung gerückt haben, scheinen sie
mehr geneigt, die genaue Bedeutung der Wörter, die zum Vokabular der Politik
gehören, insgesamt zu zerstören, statt sie zu analysieren. Darüber hinaus ist die
sprachwissenschaftliche Analyse nicht leicht. Aber dennoch erscheint sie mir in
diesen Zeiten der Begriffsverwirrung besonders wichtig.

Wenn wir etwas zu definieren oder einfach zu benennen versuchen, was allgemein
als „materieller" Gegenstand gilt, ist es nicht schwer, verstanden zu werden. Sollte
eine Unsicherheit über die Bedeutung unserer Wörter auftauchen, würde es zur

Vermeidung von Missverständnissen ausreichen, einfach auf den von uns benannten oder definierten Gegenstand zu zeigen. Somit würden sich zwei verschiedene Wörter, die sich auf denselben Gegenstand beziehen und jeweils von uns und unseren Zuhörern gebraucht werden, als gleichbedeutend erweisen. Wir könnten ein Wort durch ein anderes ersetzen, egal, ob wir dieselbe Sprache wie unser Zuhörer sprechen (wie im Falle von Synonymen) oder verschiedene Sprachen (wie im Falle von Übersetzungen).

Diese einfache Methode des Deutens auf materielle Gegenstände ist die Grundlage aller Unterhaltung zwischen Menschen, die verschiedene Sprachen sprechen, oder zwischen Menschen, die eine Sprache sprechen, und solchen, die sie noch nicht sprechen – z. B. Kinder. Es war dies, was es den europäischen Forschungsreisenden ermöglichte, sich bei den Einwohnern anderer Weltteile verständlich zu machen, und es macht immer noch Tausenden amerikanischen Touristen möglich, ihre Ferien beispielsweise in Italien zu verbringen, ohne ein Wort Italienisch zu kennen. Trotz dieser Unkenntnis können sie sich mit italienischen Kellnern, Taxifahrern und Gepäckträgern durchaus verständigen, weil beide Dinge wie Essen, Gepäck usw. zeigen können. Natürlich ist es nicht immer möglich, auf die Gegenstände zu deuten, doch wenn zwei unterschiedliche Wörter sich auf die gleichen materiellen Gegenstände beziehen, erweisen sie sich als leicht austauschbar. Naturwissenschaftler einigen sich ziemlich leicht auf Wörter, um neu entdeckte Phänomene zu beschreiben. Normalerweise wählen sie griechische oder lateinische Wörter aus, und ihre Methode ist erfolgreich, denn im Zweifelsfalle kann man erklären, was gemeint ist.

Dies ruft die Weisheit der Antwort in Erinnerung, die ein alter konfuzianischer Pädagoge seinem himmlischen Schüler gab, einem sehr jungen chinesischen Kaiser, den er nach dem Namen von Tieren fragte, die sie während eines Spaziergangs beobachtet hatten. Der junge Kaiser antwortete: „Es sind Schafe". „Der Sohn des Himmels hat völlig Recht", sagte der Pädagoge höflich. „Ich muss nur hinzufügen, dass diese Art Schafe normalerweise Schweine genannt werden."

Leider taucht eine viel größere Schwierigkeit auf, sobald wir versuchen, immaterielle Dinge zu definieren, wenn unser Zuhörer die Bedeutung des von uns verwendeten Wortes nicht kennt. In solch einem Fall können wir ihm keinen Gegenstand zeigen. Unsere Verständigung ist von ganz anderer Art und es ist notwendig, auf völlig andere Wege zurückzugreifen, um einen gemeinsamen Nenner, wenn es überhaupt einen gibt, zwischen unserer und seiner Sprache zu finden. Diese Tatsache, so banal und selbstverständlich sie erscheint, wird wahrscheinlich nicht beachtet, oder zumindest nicht ausreichend betont, wenn wir über die Verwendung unserer Sprache nachdenken. Wir sind so daran gewöhnt, unser Vokabular zu verwenden, dass wir die Bedeutung vergessen, die wir am Anfang unseres Lernprozesses dem Zeigen von Gegenständen zumaßen. Wir neigen dazu, unsere linguistischen Errungenschaften hauptsächlich als in Büchern gelesene Definitionen zu begreifen. Da indes viele dieser Definitionen sich auf materielle Gegenstände beziehen, verhalten wir uns oft, als wären nicht-materielle Gegenstände einfach „da" und als ginge es nur darum, ihnen eine Bezeichnung zu geben.

Dies erklärt gewisse metaphysische Neigungen unter jenen altgriechischen Philosophen, die nicht-materielle Gegenstände – Gerechtigkeit zum Beispiel – so behandelten, als seien sie sichtbaren, materiellen Gegenständen ähnlich. Es erklärt auch die jüngeren Versuche, das „Recht" oder den „Staat" so zu definieren, als seien sie reale Gebilde wie die Sonne oder der Mond. Wie Professor Glanville Williams 1945 in einem Aufsatz zur Kontroverse um das Wort „Recht" betonte, behauptete der englische Jurist John Austin, der gefeierte Gründer der Jurisprudenz, dass seine Definition von „Recht" dem „richtig definierten Recht" entsprach, ohne den geringsten Zweifel daran zu haben, dass es ein derartiges Ding wie „das richtig definierte Recht" gibt. In unserer Zeit hat der bekannte Professor Hans Kelsen Ähnliches vorgetragen. In seiner *General Theory of Law and the State* (1947) behauptete er, und damit prahlt er noch immer, gemeinhin entdeckt zu haben, dass das, was gemeinhin „Staat" genannt wird, nichts weiter als die gesetzliche Ordnung sei.

Der naive Glaube, nicht-materielle Gegenstände leicht definieren zu können, verschwindet, sobald wir versuchen, *rechtliche* Begriffe wie „trust", „equity" oder „common law" in das Italienische oder Französische zu übersetzen. In all diesen Fällen sind wir nicht nur nicht in der Lage, einen materiellen Gegenstand zu zeigen, der es einem Italiener oder einem Franzosen oder einem Deutschen erlauben würde, das von uns Gemeinte zu verstehen, sondern wir können auch kein italienisches, französisches oder deutsches Wörterbuch finden, das entsprechende Wörter enthielte. Also erscheint es uns, als sei bei der Übertragung von einer Sprache in die andere etwas verlorengegangen. In Wahrheit ist nichts verlorengegangen. Das Problem ist vielmehr, dass weder die Franzosen noch die Italiener noch die Deutschen genau diese Art von Konzepten kennen, wie sie durch die englischen Wörter „trust", „equity" und „common law" ausgedrückt werden. In einem gewissen Sinn sind „trust", „equity" und „common law" *reale Gebilde*, da aber weder die Amerikaner noch die Engländer sie einfach den Franzosen oder Italienern zeigen können, fällt es diesen schwer, jene zu verstehen.

Es ist diese Tatsache, die es immer noch praktisch unmöglich macht, ein englisches oder amerikanisches juristisches Buch ins Deutsche oder Italienische zu übersetzen. Oft fehlt einfach das entsprechende Wort. Statt einer Übersetzung wäre es notwendig, eine lange, schwerfällige und komplizierte *Erklärung* des historischen Ursprungs vieler Institutionen zu liefern und ihre gegenwärtige Funktionsweise in angelsächsischen Ländern sowie der entsprechenden Funktion ähnlicher Institutionen in Kontinentaleuropa, soweit vorhanden, zu beschreiben. Die Europäer wiederum können die Amerikaner und Engländer nicht auf irgendetwas

Materielles hinweisen, um einen *conseil d'état*, eine *préfecture*, eine *cour de cassation*, einen *corte costituzionale*, oder ähnliches darzustellen. Diese Wörter sind oft so fest in einem bestimmten historischen Umfeld verwurzelt, dass wir in der Sprache anderer Umfelder keine entsprechenden Wörter finden können.

Natürlich haben rechtsvergleichende Forscher verschiedentlich versucht, die Kluft zwischen der europäischen und der angelsächsischen Rechtstradition zu über-brücken. Zum Beispiel gibt es in dem vom London Institute of Advanced Legal Studies kürzlich herausgegebenen *Bibliographical Guide to the Law of the United Kingdom* einen Aufsatz, der sich hauptsächlich an ausländische Gelehrte richtet. Aber ein Aufsatz ist eben kein Wörterbuch.

Somit ist wechselseitige Unkenntnis das Ergebnis verschiedener Institutionen in verschiedenen Ländern und historische Unkenntnis wiederum das Ergebnis des institutionellen Wandels innerhalb des einzelnen Landes. Wie Sir Carleton Kemp Allen uns in seinem kürzlich erschienen Buch *Aspects of Justice* (1958) erinnert, sind die meisten englischen Berichte über mittelalterliche Fälle unlesbar, nicht nur, weil sie – wie er so geistreich formuliert – in „dog Latin" und „bitch French" geschrieben sind, sondern auch, weil den Engländern (und allen anderen) die ent-sprechenden Institutionen fehlen.

Leider ist dies nicht die einzige Schwierigkeit, die daraus resultiert, dass man bei der Definition rechtlicher Konzepte nicht auf materielle Gegenstände zeigen kann. Wörter, die scheinbar gleich klingen, können gänzlich unterschiedliche Be-deutungen haben, indem sie sich auf verschiedene Orte und Zeiten beziehen.

Dies ist oft der Fall bei nicht-fachspezifischen Wörtern oder bei Wörtern mit ur-sprünglich fachspezifischer Verwendung, die jedoch ziemlich unbekümmert in die alltägliche Sprache eingeführt wurden, ohne dass man auf ihre fachspezifische Bedeutung achtete oder diese überhaupt erkannte. Wenn es bedauerlich ist, dass streng fachspezifische Wörter, wie zum Beispiel die juristischen, überhaupt nicht in entsprechende Wörter anderer Sprachen übersetzt werden können, so ist es noch bedauerlicher, dass nicht-fachspezifische oder halb-fachspezifische Wörter nur zu leicht in andere Wörter derselben Sprache oder in verwandte, ähnlich lautende Wörter anderer Sprachen übersetzt werden können. Im ersten Fall tritt eine Ver-wechslung von Wörtern auf, die in Wirklichkeit keine Synonyme sind, während im zweiten Fall Menschen, die verschiedene Sprachen sprechen, glauben, dass die Bedeutung, die sie einem Wort in ihrer Sprache geben, einer anderen Bedeutung entspricht, die Sie mit einem scheinbar ähnlichen Wort Ihrer Sprache verbinden.

Viele Begriffe, die zur Sprache der Ökonomie und zur Sprache der Politik gehö-ren, sind in dieser Hinsicht typisch. Der deutsche Philosoph Hegel sagte einmal, dass jeder die Eignung einer rechtlichen Institution bestimmen kann, ohne ein Anwalt zu sein, genau wie jeder, ohne ein Schuster zu sein, entscheiden kann, ob seinen Füßen ein Paar Schuhe passt oder nicht. Dies scheint nicht auf *alle* rechtlichen Institutionen zuzutreffen. Wenige Menschen reagieren misstrauisch oder neugierig auf rechtliche Institutionen wie Verträge oder Beweise. Aber viele Menschen glauben, dass politische und wirtschaftliche Institutionen gerade sie etwas angehen. Sie schlagen zum Beispiel vor, dass Regierungen diese oder jene Politik annehmen oder ablehnen sollten, um, sagen wir, die wirtschaftliche Lage eines Landes zu verbessern oder die Bedingungen des internationalen Handels zu verändern oder beides.

All diese Menschen sprechen eine „normale Sprache", was viele Wörter mit einschließt, die ursprünglich solch fachspezifischem Vokabular wie der Sprache des Rechts oder der Ökonomie angehörten. Diese Sprachen verwenden Begriffe auf eine bestimmte und unzweideutige Weise. Aber sobald solche fachspezifischen Wörter in die normale Sprache eingeführt werden, verwandeln sie sich schnell in *nicht-fachspezifische* oder *halb-fachspezifische* Wörter (ich verwende das Wort „halb" wie im Ausdruck „halbfertig"), weil sich niemand darum kümmert, ihre ursprüngliche Bedeutung in den Fachsprachen zu erkennen oder sich auf eine neue Bedeutung für sie in der normalen Sprache festzulegen.

Wenn zum Beispiel Menschen in Amerika von „Inflation" reden, meinen sie normalerweise einen Anstieg der Preise. Bis vor kurzem meinten Menschen mit „Inflation" (und in Italien meinen sie das immer noch) eine Vermehrung des innerhalb eines Landes umlaufenden Geldes. Folglich wird die sprachliche Verwirrung, die aus der mehrdeutigen Verwendung eines ursprünglich fachspezifischen Wortes entstehen kann, von jenen Ökonomen zutiefst bedauert, die wie Professor Ludwig von Mises behaupten, dass der Preisanstieg die Folge einer Erhöhung der in einem Land umlaufenden Geldmenge ist. Diese Ökonomen sehen in der Verwendung desselben Wortes „Inflation" zur Beschreibung anderer Dinge den Auslöser für die Verwechslung einer Ursache mit ihrer Wirkung und für den Einsatz ungeeigneter Gegenmittel.

Ein weiteres bemerkenswertes Beispiel solcher Verwirrung bietet der Gebrauch des Begriffes „Demokratie". Dieses Wort gehört zur Sprache der Politik und der Geschichte der politischen Institutionen, aber auch zur Alltagssprache, und dies ist der Grund, weshalb gegenwärtig zwischen den Menschen, die dasselbe Wort mit völlig unterschiedlichen Bedeutungen verwenden, sehr viele Missverständnisse entstehen – zum Beispiel zwischen dem Mann auf der Straße in Amerika und den politischen Herrschern Russlands.

Ein besonderer Grund, weshalb die Bedeutungen halb-fachspezifischer Wörter dazu tendieren, durcheinandergebracht zu werden, ist meiner Meinung nach, dass innerhalb fachspezifischer Sprachen (wie jener der Politik) die Bedeutung dieser Wörter ursprünglich mit anderen Fachbegriffen verknüpft war, die oft nicht in die normale Sprache eingeführt worden sind, aus dem simplen Grund, dass sie nicht einfach oder gar nicht übersetzt werden konnten. Somit sind die Anwendungen, die der ursprünglichen Verwendung des Wortes eine unmissverständliche Bedeutung gaben, verlorengegangen.

„Demokratie" zum Beispiel war ein Begriff, der in Griechenland zur Zeit des Perikles zur Sprache der Politik gehörte. Wir können seine Bedeutung nicht ohne Bezug auf solche Fachbegriffe wie *polis, demos, ecclesia, isonomia* und so weiter verstehen, ebenso wenig wie wir die Bedeutung der zeitgenössischen Schweizer „Demokratie" ohne Bezug auf solche Fachbegriffe wie *Landsgemeinde, Referendum* etc. verstehen können. Wir stellen fest, dass Wörter wie *ecclesia, polis, Landsgemeinde* und *Referendum* normalerweise in anderen Sprachen ohne Übersetzung angegeben werden, weil es keine hinreichenden Wörter gibt.

Ohne ihre ursprüngliche Verknüpfung mit Fachbegriffen treiben halb-fachspezifische oder nicht-fachspezifische Begriffe in der normalen Sprache oft ankerlos umher. Ihre Bedeutung kann sich, abhängig von den Sprechern, verändern, obwohl ihr Klang immer derselbe ist. Verschlimmert wird die Sache dadurch, dass mehrere Bedeutungen desselben Wortes sich als in mancher Hinsicht wechselseitig unvereinbar erweisen können, und dies ist eine beständige Quelle nicht nur von Missverständnissen, sondern auch von Kontroversen oder Schlimmerem.

Politische und ökonomische Angelegenheiten sind die Hauptopfer dieser sprachlichen Verwirrung, wenn zum Beispiel mehrere, durch verschiedene Bedeutungen desselben Wortes implizierte Verhaltensarten sich als wechselseitig unvereinbar erweisen und Versuche unternommen werden, ihnen allen einen Platz im selben rechtlichen und politischen System einzuräumen.

Ich sage nicht, dass diese Verwirrung, die eine der offensichtlichsten Eigenschaften in der Gegenwartsgeschichte der Länder des Westens ist, nur eine sprachliche ist, aber sie ist *auch* eine sprachliche. Menschen wie Ludwig von Mises und F. A. Hayek haben bei mehreren Gelegenheiten auf die nicht nur für Ökonomen, sondern auch für Politikwissenschaftler bestehende Notwendigkeit der Beseitigung sprachlicher Verwirrungen hingewiesen. Die Zusammenarbeit bei der Eliminierung semantischer Verwirrung in der Sprache der Politik ebenso wie in jener der Ökonomie ist eine sehr wichtige Aufgabe für gelehrte Menschen. Natürlich ist, wie Professor Mises klar erkennt, diese Verwirrung nicht immer zufällig, sondern entspricht in vielen Fällen den boshaften Plänen jener, die versuchen, den vertrauten Klang eines beliebten Wortes wie „Demokratie" auszunutzen, um andere davon zu überzeugen, neue Verhaltensweisen anzunehmen.[7] Aber wahrscheinlich ist dies nicht die einzige Erklärung für ein komplexes Phänomen, das sich überall auf der Welt manifestiert.

---

[7] Beweise für eine geplante derartige Sprachverwirrung kann im *Guide to Communist Jargon* von R. N. Carew-Hunt (London: Geoffrey Bles, 1957) gefunden werden.

Mir fällt dabei ein, was Leibniz einmal über die Art und Weise sagte, wie unsere Zivilisation durch die Tatsache bedroht ist, dass nach der Erfindung der Druckerpresse zu viele Bücher geschrieben und verbreitet und zu wenige tatsächlich von jedem Individuum gelesen werden könnten, mit dem wahrscheinlichen Ergebnis, dass die Welt in eine neue Ära der Barbarei gestürzt werden könnte.

In der Tat haben viele Autoren, hauptsächlich Philosophen, viel zur sprachlichen Verwirrung beigetragen. Einige von ihnen haben Wörter aus der normalen Sprache entnommen und ihnen merkwürdige Bedeutungen gegeben. In vielen Fällen haben sie sich nicht die Mühe gemacht, zu erklären, was sie eigentlich bei der Verwendung eines Wortes meinten, oder sie legten ziemlich willkürliche Definitionen vor, die von denen in Wörterbüchern gegebenen abwichen, aber von ihren Lesern und Schülern akzeptiert wurden. Diese Praxis hat, zumindest in gewissem Umfang, zur Verwirrung der in der normalen Sprache akzeptierten Bedeutungen beigetragen.

In vielen Fällen wurden diese Definitionen, die angeblich genauer und tiefgründiger waren als die üblichen, einfach als Ergebnis einer Erforschung der Natur dieses mysteriösen „Gegenstandes", den die Autoren definieren wollten, präsentiert. Aufgrund der Verbindungen zwischen ethischen und politischen Themen einerseits und ökonomischen und ethischen Themen andererseits haben einige Philosophen, bewusst oder nicht, zur begrifflichen Verwirrung und zum widersprüchlichen Sprachgebrauch beigetragen.

Alles, was ich über dieses Thema gesagt habe, trifft auch auf das Wort „Freiheit" und sein lateinisches Synonym „libertas" sowie auf gewisse abgeleitete Begriffe wie „liberal" und „Liberalismus" zu.

Wenn wir von Freiheit sprechen, sei es umgangssprachlich oder in der Terminologie der Ökonomie und der Politik, zu der das Wort gehört, können wir nicht auf einen materiellen Gegenstand deuten. Darüber hinaus hat dieses Wort, abhängig vom historischen Umfeld, in welchem es in der normalen Sprache und in den Fachsprachen der Politik und der Ökonomie verwendet worden ist, unterschiedliche Bedeutungen. Wir können zum Beispiel die Bedeutung des lateinischen Begriffs *libertas* nicht verstehen, wenn wir nicht Bezug auf derartige Fachbegriffe der römischen Sprache wie *res publica* oder *jus civitatis* nehmen oder auf irgendeinen anderen Fachbegriff wie *manus* (der die Macht der *patres familias* über ihre Ehefrauen, Sklaven, Ländereien, ihr bewegliches Eigentum usw. bezeichnete) oder *manumissio*, der die rechtliche Handlung bezeichnete – oder eher die rechtliche Zeremonie –, die den Status eines Sklaven verwandelte, so dass er ein *libertus* wurde. Indes können wir die Bedeutung von „freedom" in der Sprache der Politik des modernen England nicht verstehen, ohne auf andere Fachbegriffe wie *habeas corpus* oder die *rule of law* Bezug zu nehmen, die, soweit ich weiß, nie in exakt entsprechende Wörter anderer Sprachen übersetzt worden sind.

Ungeachtet seiner fachlichen Bedeutungen wurde das Wort „Freiheit" sehr früh in die normalen Sprachen westlicher Länder eingeführt. Dies bedeutete früher oder später eine Trennung des Wortes an sich von mehreren Fachbegriffen, die zur rechtlichen oder politischen Sprache dieser Länder gehörten. Schließlich scheint es, dass das Wort „Freiheit" in den vergangenen hundert Jahren unverankert zu treiben begann (wie ein zeitgenössischer Autor sagen könnte). Veränderte Bedeutungen sind von einer Vielzahl verschiedener Menschen an verschiedenen Orten nach Belieben eingeführt worden. Philosophen haben viele neue Bedeutungen vorgeschlagen, die mit den in den normalen Sprachen des Westens schon akzeptierten Bedeutungen unvereinbar sind. Schlaue Menschen haben versucht, die positiven Konnotationen dieses Wortes auszunutzen, um andere dazu zu bringen, ihr entsprechendes Verhalten aufzugeben oder gar das Gegenteil zu tun. Verwirrungen entstanden, deren Anzahl und Bedenklichkeit zugenommen haben, während die verschiedenen Verwendungen des Wortes „Freiheit" in Philosophie, Ökonomie, Politik, Moral usw. zahlreicher und ernsthafter geworden sind.

Eben jenes Wort *free*, um ein triviales Beispiel zu nehmen, könnte in seiner Verwendung im normalen Englisch dem französischen Wort *libre* oder dem italienischen *libero* entsprechen – oder auch nicht. Natürlich verbinden die Italiener und die Franzosen mit diesem Wort mehrere Bedeutungen, die den englischen und amerikanischen entsprechen, wenn zum Beispiel gesagt wird, dass der schwarze Amerikaner nach dem Bürgerkrieg „free" wurde – also nicht länger im Zustand der Sklaverei gehalten wurde. Jedoch verwenden weder die Franzosen noch die Italiener jemals *libre* oder *libero* in derselben Art, wie die Engländer und die Amerikaner „free" verwenden, um zum Beispiel etwas zu bezeichnen, das gratis ist.

Es ist üblich geworden, besonders in modernen Zeiten, von der Freiheit als einem der grundlegenden Prinzipien guter politischer Systeme zu sprechen. Die Bedeutung von „Freiheit", wie sie verwendet wird, um dieses Prinzip zu definieren, oder einfach zu benennen, ist nicht im Geringsten in der normalen Sprache jedes Landes identisch. Wenn z.B. Oberst Nasser oder die algerische *fellagha* heute von ihren „Freiheiten" oder der „Freiheit" ihrer Länder sprechen, beziehen sie sich nur, jedenfalls auch, auf etwas gänzlich anderes als das, was die „Founding Fathers" in der Unabhängigkeitserklärung und den ersten zehn Zusatzartikeln der amerikanischen Verfassung meinten. Manche Amerikaner übersehen dies. Ich kann Verfassern wie Chester Bowles nicht zustimmen, der in seinem kürzlich erschienenen Buch, *New Dimensions of Peace* (London, 1956), offenbar behauptet, dass es in dieser Hinsicht kaum einen oder keinen Unterschied gibt zwischen der politischen Einstellung der englischen Siedler in den amerikanischen Kolonien der britischen Krone und jener von solchen Völkern wie den Afrikanern, den Indern oder den Chinesen, die jetzt die „Freiheit" in ihren entsprechenden Ländern rühmen.

Die englischen und amerikanischen politischen Systeme wurden und werden bis zu einem gewissen Umfang von allen Völkern der Welt nachgeahmt. Europäische Nationen haben einige sehr attraktive Imitationen dieser Systeme hervorgebracht, und dies geht auf die Tatsache zurück, dass ihre Geschichte und ihre Zivilisation jenen der Englisch sprechenden Völker einigermaßen ähnelten. Viele europäische Länder, die nun wiederum von ihren früheren Kolonien in der ganzen Welt nachgeahmt werden, haben etwas in ihr politisches System eingeführt, das dem englischen Parlament oder der amerikanischen Verfassung ähnelt. Sie bilden sich ein, dass sie jetzt eine politische „Freiheit" von der Art haben, wie sie die Engländer oder Amerikaner genießen oder in der Vergangenheit genossen haben. Leider bedeutet „Freiheit" als politisches Prinzip, selbst in Ländern, die, wie Italien, die älteste europäische Zivilisation beherbergen, etwas anderes als das, was sie bedeuten würde, wenn sie tatsächlich, wie in England und den Vereinigten Staaten, mit der Institution des *habeas corpus* oder mit den ersten zehn Zusatzartikeln der amerikanischen Verfassung verknüpft wäre. Die Regeln mögen fast identisch erscheinen, aber sie funktionieren nicht auf dieselbe Weise. Weder die Bürger noch die Amtsträger interpretieren sie, wie es die Engländer oder die Amerikaner tun, und die resultierende Praxis ist in vielerlei Hinsicht eine wesentlich andere.

Ich kann für das, was ich hier meine, kein besseres Beispiel finden als die Tatsache, dass Kriminalfälle in England und den USA in „einem zügigen und öffentlichen Prozess" entschieden werden müssen – und tatsächlich so behandelt werden (wie es der sechste Zusatzartikel der amerikanischen Verfassung gebietet). In anderen Ländern, einschließlich Italien, ungeachtet bestimmter Artikel (z. B. 272) im italienischen *Codice di Procedura Penale*, die mehrere Vorschriften enthalten, die sich auf Untersuchungshäftlinge beziehen, kann ein Mensch, der sich für ein Verbrechen verantworten muss, bis zu ein oder zwei Jahren im Gefängnis bleiben. Wenn er endlich schuldig gesprochen und verurteilt worden ist, muss er vielleicht sofort freigelassen werden, weil er schon die gesamte Zeit seines Strafmaßes im Gefängnis verbracht hat. Wenn er freigesprochen wird, kann ihm natürlich keiner die im Gefängnis verbrachten Jahre ersetzen. Manchmal wird einem erzählt, dass die Anzahl der in Italien vorhandenen Richter nicht ausreichend ist und dass die Organisation von Gerichtsverhandlungen nicht so effizient ist, wie sie sein könnte, aber die öffentliche Meinung ist offensichtlich nicht aufmerksam oder aktiv genug, um diese Fehler des Gerichtssystems zu verurteilen, die nicht so eindeutig als unvereinbar mit dem Prinzip der politischen Freiheit empfunden werden, wie sie der öffentlichen Meinung in England und den Vereinigten Staaten erscheinen würden.

Als ein Begriff, der ein generelles politisches Prinzip bezeichnet, kann „Freiheit" also in unterschiedlichen politischen Systemen nur scheinbar ähnliche Bedeutungen haben. Man muss also betonen, dass dieses Wort unterschiedliche Bedeutungen haben kann und unterschiedliche Hintergründe in verschiedenen Zeiten in der Geschichte desselben Rechtssystems, und es kann, was sogar noch bemerkenswerter ist, gleichzeitig im selben System unter verschiedenen Umständen und für verschiedene Menschen Unterschiedliches bedeuten.

Ein Beispiel für den ersten Fall ist die Geschichte der Wehrpflicht in den angelsächsischen Ländern. Bis vor relativ kurzer Zeit wurde die Wehrpflicht vom englischen und vom amerikanischen Volk, zumindest in Friedenszeiten, als unvereinbar mit der politischen Freiheit angesehen. Freilich betrachteten Kontinentaleuropäer wie die Franzosen oder die Deutschen (oder die Italiener seit der zweiten Hälfte des neunzehnten Jahrhunderts) es fast als selbstverständlich, dass sie die Wehrpflicht als notwendige Eigenschaft ihres politischen Systems zu akzeptieren hatten, ohne sich überhaupt zu fragen, ob Letzteres daher immer noch als „frei" bezeichnet werden könne. Mein Vater – der Italiener war – erzählte mir gelegentlich, dass er, als er im Jahr 1912 erstmals England besuchte, seine englischen Freunde fragte, warum sie keine Wehrpflicht hatten, obwohl sie mit der Tatsache konfrontiert waren, dass Deutschland eine furchteinflößende Militärmacht geworden war. Er bekam immer die gleiche stolze Antwort: „Weil wir ein freies Volk sind." Wenn mein Vater die Engländer oder die Amerikaner wieder besuchen könnte, würde der Mann auf der Straße ihm nicht sagen, dass diese Länder wegen der Wehrpflicht nicht mehr „frei" sind. Die Bedeutung der politischen Freiheit hat sich in der Zwischenzeit in diesen Nationen einfach geändert. Aufgrund dieser Veränderungen sind Verknüpfungen, die als selbstverständlich betrachtet wurden, inzwischen verlorengegangen, und Widersprüche tauchen auf, die den Fachleuten merkwürdig genug erscheinen, die aber andere Menschen unbewusst oder sogar bereitwillig als Bestandteile ihres politischen oder ökonomischen Systems akzeptieren.

Die beispiellose legale Macht, die heute den Gewerkschaften in den Vereinigten Staaten und im Vereinigten Königreich erteilt worden ist, gibt ein gutes Beispiel für das, was ich mit „Widersprüchen" in dieser Hinsicht meine. Mit den Worten des Lordoberrichters von Nordirland, Lord MacDermott, in seinen vor kurzem erschienenen *Hamlin Lectures* (1957), versetzte der „Trade Disputes Act" von 1906 „die Gewerkschaftsbewegung im Hinblick auf die in ihrem Namen begangenen widerrechtlichen Handlungen in dieselbe privilegierte Position, die die britische Krone bis vor zehn Jahren genoss." Dieses Gesetz gewährte einer Reihe von Handlungen Schutz, die beim Anbahnen einer Einigung oder einer Vereinigung von zwei oder mehr Personen unter Erwägung oder Förderung einer Tarifauseinandersetzung zuvor immer strafbar gewesen waren – zum Beispiel Handlungen, die den Bruch eines Dienstvertrages herbeiführen, oder das Einmischen in Handel, Geschäft oder Beschäftigung irgendeiner anderen Person oder in das Recht einer anderen Person, ihr Kapital oder ihre Arbeitskraft so einzusetzen, wie sie es wünscht. Wie Lord MacDermott betont, ist dies eine sehr großzügige Bestimmung und kann verwendet werden, um Handlungen zu umfassen, die außerhalb

der betroffenen Branche oder der Beschäftigung unternommen werden und die
für Dritte, die keinen Anteil an dem Disput haben, unweigerlich Verluste oder
Härten verursachen müssen. Ein anderes Gesetz, der Trade Union Act von 1913,
der im Jahr 1927 durch ein anderes Gesetz, den Trade Disputes and Trade Union
Act, außer Kraft gesetzt, aber mit dem Trade Disputes and Trade Union Act im
Jahr 1946, als die Labour Partei wieder das Regierungsamt übernommen hatte,
wieder vollständig in Kraft gesetzt wurde, verlieh den britischen Gewerkschaften
eine enorme politische Macht über ihre Mitglieder und auch über das gesamte
politische Leben dieses Landes, indem es den Gewerkschaften erlaubte, das Geld
ihrer Mitglieder für Zwecke auszugeben, die nicht direkt mit dem Gewerbe zu tun
hatten, und sogar ohne die Mitglieder selbst zu fragen, wie diese tatsächlich das
Geld ausgegeben haben wollten.

Vor der Verabschiedung dieser Gewerkschaftsgesetze gab es keinen Zweifel daran,
dass die Bedeutung politischer „Freiheit" in England mit dem gleichen rechtlichen
Schutz verbunden war, der jedem gegen den Zwang eines jeden gewährt wurde,
sein Kapital oder seine Arbeit so einzusetzen, wie es ihm beliebte. Seit der Inkraftsetzung dieser Gesetze in Großbritannien gibt es diesen Schutz nicht mehr
und zweifellos hat sich die Bedeutung von Freiheit verändert. Wenn Sie jetzt ein
Bürger der britischen Inseln sind, haben Sie die „Freiheit", im Umgang mit Individuen ihr Kapital und ihre Arbeitskraft einzusetzen, aber Sie haben diese Freiheit
nicht mehr im Umgang mit Menschen, die einer Gewerkschaft angehören oder
im Namen von Gewerkschaften handeln.

In den Vereinigten Staaten setzte die Bundesregierung aufgrund des Adamson Act
aus dem Jahr 1916, wie Orval Watts in seiner brillanten Studie *Union Monopoly*
schreibt, zum ersten Mal ihre Polizeigewalt ein, um das zu tun, was die Gewerkschaften wahrscheinlich „nicht ohne einen langen und teuren Kampf hätten erreichen können". Der nachfolgende Norris-LaGuardia Act aus dem Jahr 1932, in gewissem Sinn das amerikanische Gegenstück zum englischen Trade Union Act aus
dem Jahr 1906, schränkte den Gebrauch einstweiliger Verfügungen durch Bun-
desrichter bei Arbeitskämpfen ein. Einstweilige Verfügungen in englischem und
amerikanischem Recht sind gerichtliche Anordnungen, dass gewisse Menschen
gewisse Dinge nicht tun dürfen, die einen Verlust verursachen würden, der später
nicht durch ein Entschädigungsverfahren geheilt werden könnte. Wie Watts betonte, „sind einstweilige Verfügungen nicht das Gesetz. Sie wenden lediglich die
Prinzipien der Gesetze an, die schon in den Gesetzesbüchern enthalten sind, und
Gewerkschaften setzen sie oft zu diesem Zweck gegen Arbeitgeber und gegen riva-
lisierende Gewerkschaften ein." Ursprünglich wurden einstweilige Verfügungen
von den Bundesrichtern normalerweise zugunsten von Arbeitgebern erteilt, wenn
eine große Zahl von fast mittellosen Menschen mit ungesetzlicher Absicht und
ungesetzlichen Handlungen Schaden verursachen konnten, wie beispielsweise die
Zerstörung von Eigentum. Amerikanische Gerichte haben früher auf ähnliche

Weise geurteilt wie die englischen Gerichte vor dem Jahr 1906. Das englische Gesetz von 1906 wurde als „Abhilfe" zugunsten der Gewerkschaften gegen die Urteile der englischen Gerichte erdacht, genauso wie es die Absicht des Norris-LaGuardia Act aus dem Jahr 1932 war, die Gewerkschaften vor den Anweisungen amerikanischer Gerichte zu schützen. Auf den ersten Blick könnte man meinen, dass die amerikanischen und englischen Gerichte gegen die Gewerkschaften voreingenommen waren. Viele Menschen in den Vereinigten Staaten und in England behaupteten das. In Wirklichkeit wandten die Gerichte lediglich dieselben Prinzipien gegen die Gewerkschaften an, die sie immer noch gegen alle anderen Menschen anwenden, die sich zusammenschließen, um zum Beispiel Eigentum zu schädigen. Die Richter konnten nicht zulassen, dass dieselben Prinzipien, deren Funktion es war, Menschen vor dem Zwang durch andere zu schützen, außer Acht gelassen werden konnten, wenn diese Anderen Gewerkschaftsfunktionäre oder -mitglieder waren. Der Begriff „Freiheit von Zwang" hatte für die Richter eine offensichtliche, fachspezifische Bedeutung, die das Erteilen von einstweiligen Verfügungen zum Schutz von Arbeitgebern, wie auch jedes anderen vor dem Zwang durch andere Menschen verständlich machte.

Dennoch war nach der Verabschiedung des Norris-La Guardia Act jeder in diesem Land „frei" von den von anderen verursachten Zwängen, mit Ausnahme der Fälle, wo Gewerkschaftsfunktionäre oder -mitglieder Arbeitgeber zwingen wollten, ihre Forderungen anzunehmen, indem sie den Arbeitgebern selbst Schaden androhten oder tatsächlich zufügten. Somit hat der Ausdruck „Freiheit von Zwang" im besonderen Fall der einstweiligen Verfügungen in Amerika und ebenso in England seit der Verabschiedung des amerikanischen Norris-La Guardia Act von 1932 und des Englischen Trade Disputes Act von 1906 seine Bedeutung verändert. Im Jahr 1935 verschlimmerte der amerikanische Wagner Labor Relations Act die Situation noch mehr, nicht nur, indem er die Bedeutung von „Freiheit" für diejenigen Bürger, die Arbeitgeber waren, weiter einschränkte, sondern auch, indem er die Bedeutung des Wortes „Beeinträchtigung" in aller Offenheit veränderte und damit eine sprachliche Verwirrung einführte, die in einem sprachlichen Überblick über das Wort „Freiheit" eine Erwähnung verdient. Wie Watts es darstellte, „soll keiner die legitimen Aktivitäten eines jeden anderen *beeinträchtigen*, wenn *beeinträchtigen* die Anwendung von Zwang, Betrug, Einschüchterung, Freiheitsbeschränkung oder Beschimpfung bedeutet". Somit beeinträchtigt ein Lohnempfänger nicht die Angelegenheiten der Eigentümer von General Motors, wenn er für Chrysler arbeitet. Aber, wie Watts in seinem Aufsatz betont, wenn wir die im Wagner Act verwendeten Kriterien anwenden wollten, um festzustellen, wann ein Arbeitgeber die gewerkschaftlichen Aktivitäten der Arbeitnehmer „beeinträchtigt", könnten wir nicht sagen, dass er sie nicht beeinträchtigt, wenn er, zum Beispiel bei der Einstellung, Nicht-Gewerkschaftsmitgliedern den Vorzug vor Gewerkschaftsmitgliedern gibt. Dieser Gebrauch des Begriffs „Beeinträchtigung" führt dazu, dass

Gewerkschaftler angeblich niemanden beeinträchtigen, wenn sie die Arbeitgeber mit rechtswidrigen Mitteln nötigen, ihre Forderungen anzunehmen, dass aber umgekehrt Arbeitgeber sie beeinträchtigen, wenn sie überhaupt niemanden zu etwas zwingen.[8]

Dies erinnert uns an einige merkwürdige Definitionen wie die von Proudhon aufgestellte („Eigentum ist Diebstahl") oder an die Geschichte von Akakij Akakiewitsch in Gogols berühmter Erzählung *Der Mantel*, in dem ein Räuber einem armen Mann den Mantel wegnimmt und ihm sagt: „Du hast mir meinen Mantel gestohlen!" Wenn wir die Verknüpfungen in Betracht ziehen, die das Wort „Freiheit" in der normalen Sprache mit dem Wort „Einmischung" hat, können wir eine gute Vorstellung von dem Ausmaß erhalten, inwieweit eine Veränderung wie jene, die wir gesehen haben, nun die eigentliche Bedeutung des Wortes „Freiheit" beeinflussen kann.

Wenn wir fragen, was „Freiheit von Zwang" in gegenwärtigen politischen und rechtlichen Systemen wie dem amerikanischen oder dem englischen tatsächlich bedeutet, stehen wir vor enormen Schwierigkeiten. Um ehrlich zu sein, müssen wir sagen, dass es mehr als eine rechtliche Bedeutung von „Freiheit von Zwang" gibt, und zwar abhängig davon, wer die Menschen sind, die gezwungen werden.

Diese Situation ist mit größter Wahrscheinlichkeit mit einer sprachlichen Veränderung des in der normalen Sprache dem Wort „Freiheit" gegebenen Sinns verbunden, der riesige Lobby- und Propagandagruppen seit kurzem Vorschub geleistet haben und immer noch überall in der Welt Vorschub leisten. Professor Mises bringt es auf den Punkt, wenn er sagt, dass die Fürsprecher des gegenwärtigen Totalitarismus versucht haben, die Bedeutung des Wortes „Freiheit" (wie sie zuvor in der westlichen Zivilisation mehr oder weniger allgemein akzeptiert war) in ihr Gegenteil zu verkehren, indem das Wort „Freiheit" auf den Zustand von Individuen unter einem System angewendet wurde, in dem sie, abgesehen vom Recht, Befehlen zu gehorchen, keine Rechte haben.

Diese sprachliche Revolution wiederum ist wahrscheinlich mit den Spekulationen gewisser Philosophen verbunden, die Gefallen daran finden, „Freiheit" im Gegensatz zu allen üblichen Bedeutungen des Wortes in der normalen Sprache als etwas zu definieren, das Zwang bedeutet. Somit konnte Bosanquet, der englische Schüler Hegels, in seiner *Philosophical Theory of the State* sagen, dass „wir ohne Widerspruch davon sprechen können, dass wir gezwungen sind, frei zu sein". Ich stimme

---

[8] Ein kürzlich erschienener Aufsatz von Roscoe Pound, dem ehemaligen Dekan der Harvard Law School, mit dem Titel „Legal Immunities of Labor Unions" bietet eine detaillierte Beschreibung der Immunitäten, die diese Organisationen gegenwärtig im amerikanischen Recht genießen. Der Aufsatz ist in *Labor Unions and Public Policy* (Washington, D.C.: American Enterprise Association, 1958) abgedruckt.

Maurice Cranston zu, wenn er in seinem jüngeren Aufsatz über dieses Thema behauptet, dass solche Definitionen von Freiheit hauptsächlich auf einer Theorie des „zweigeteilten Menschen" basieren, also auf dem Menschen als „Geist-Körper-Einheit", die gleichzeitig rational und „irrational" ist. Freiheit würde somit eine Art Zwang des rationalen Teils des Menschen gegen den irrationalen Teil bedeuten. Aber diese Theorien sind oft streng mit der Vorstellung eines Zwangs verbunden, der von selbsternannten „rationalen" Menschen im Namen, aber irgendwann gegen den Willen des angeblich „irrationalen" Volkes physisch angewandt werden kann. Platos Theorien scheinen mir in dieser Hinsicht das notorischste Beispiel zu sein. Seine philosophische Vorstellung eines zweigeteilten Menschen ist streng mit seiner politischen Vorstellung einer Gesellschaft verbunden, in der rationale Menschen die anderen regieren sollten, wenn notwendig ohne die Zustimmung Letzterer – wie Chirurgen, sagt er, die schneiden und brennen, ohne sich um die Schreie ihrer Patienten zu kümmern.

All die Schwierigkeiten, auf die ich hingewiesen habe, warnen uns, dass wir das Wort „Freiheit" nicht verwenden und gleichzeitig richtig verstanden werden können, ohne zunächst die Bedeutung, die wir mit dem Wort verbinden, klar zu definieren. Der realistische Ansatz der Definition von „Freiheit" kann nicht zum Erfolg führen. Es gibt so etwas wie „Freiheit" nicht ohne die Menschen, die von ihr sprechen. Mit anderen Worten, wir können „Freiheit" nicht auf dieselbe Art und Weise definieren, wie wir ein materielles Objekt definieren, auf das jeder zeigen kann.

Kapitel 2
„Freiheit" und „Zwang"

Eine vorsichtigere als die realistische Annäherung an das Problem der Definition von „Freiheit", die wir hier zurückgewiesen haben, schlösse eine vorausgehende Untersuchung über den Wesensinhalt und Zweck einer solchen Definition mit ein. Es ist üblich, „stipulative" [*Anm. d. Übers.: sprachwiss. Fachbegriff, etwa: „vereinbarte"*] von „lexikografischen" Definitionen zu unterscheiden. Beide beschreiben die einem Wort zugehörige Bedeutung; aber mit *ersterem* ist eine Bedeutung gemeint, die der Autor der Definition des fraglichen Wortes anzunehmen vorschlägt, während letzteres die Bedeutung meint, die normale Menschen dem Wort im alltäglichen Gebrauch geben.

Seit dem Zweiten Weltkrieg ist ein neuer Trend in der Sprachwissenschafts-Philosophie entstanden. Er erkennt die Existenz von Sprachen an, deren Zweck ein nicht nur beschreibender oder gar überhaupt kein beschreibender ist – Sprachen, die die Denkschule des sogenannten Wiener Kreises als völlig falsch und sinnlos verurteilt hätte. Die Anhänger dieser neuen Bewegung erkennen auch nichtbeschreibende (manchmal auch „überzeugende" genannte) Sprachen an. Das Ziel der überzeugenden Definitionen ist nicht die Beschreibung von Dingen, sondern die Abänderung der traditionellen Bedeutung von Wörtern mit positiven Konnotationen, um Menschen zu veranlassen, gewisse Überzeugungen oder Verhaltensweisen anzunehmen. Es ist offensichtlich, dass mehrere Definitionen von „Freiheit" auf diese Weise mit dem Ziel konstruiert werden können und konstruiert worden sind, Menschen zu veranlassen, zum Beispiel den Befehlen eines Herrschers zu folgen. Die Formulierung solcherart überzeugender Definitionen wäre keine angemessene Aufgabe für den Gelehrten. Allerdings ist der Gelehrte berechtigt, stipulative Definitionen von „Freiheit" zu konstruieren. Indem er das tut, kann ein Forscher gleichzeitig dem Vorwurf aus dem Weg gehen, zum Zweck der Täuschung zweifelhafte Definitionen zu verwenden und sich der Notwendigkeit der Herausarbeitung einer lexikografischen Definition entledigt zu haben, deren Schwierigkeiten wegen der schon erwähnten Vielfalt der dem Wort „Freiheit" tatsächlich gegebenen Bedeutungen offensichtlich sind.

Stipulative Definitionen können oberflächlich betrachtet als Lösung des Problems erscheinen. Die Vereinbarung scheint gänzlich von uns oder höchstens auch einem Partner abzuhängen, der mit uns über das, was wir definieren wollen, einer Meinung ist. Wenn die Anhänger der sprachwissenschaftlichen Schule von stipulativen Definitionen sprechen, betonen sie die Beliebigkeit solcher Formulierungen. Dies wird zum Beispiel mit dem Hinweis auf den Enthusiasmus nachgewiesen, mit dem die Fürsprecher stipulativer Definitionen eine Autorität zitieren, die nicht

wirklich ein Philosoph ist – zumindest kein offizieller. Dieser oft zitierte Herr ist
Lewis Carroll, der brillante Autor von *Alice in Wunderland* und *Alice hinter den
Spiegeln*, der die unmöglichen und kultivierten Charaktere beschreibt, denen Alice
auf ihren Reisen begegnet. Einer von diesen, Humpty Dumpty, konnte Wörter
dazu veranlassen, das zu sagen, was er sie zu sagen wünschte, und er zahlte ihnen
für diesen Dienst eine Art Lohn.

> „,Wenn ich ein Wort verwende', sagte Humpty Dumpty mit einer ziemlich höh-
> nischen Stimme, ,bedeutet es genau das, was ich es zu bedeuten wünsche – nicht
> mehr und nicht weniger.'
>
> ,Die Frage ist', sagte Alice, ,ob Sie in der Lage sind, den Wörtern so viele verschie-
> dene Bedeutungen zu geben.'
>
> ,Die Frage ist', sagte Humpty Dumpty, ,wer der Herr sein soll – das ist alles'."[9]

Wenn analytische Philosophen von stipulativen Definitionen sprechen, denken sie
hauptsächlich an jene der Logik oder der Mathematik, wo jeder anscheinend die
Freiheit hat, den Anfang zu setzen, wann und wo immer es ihm gefällt, vorausge-
setzt, er definiert präzise die Begriffe, die er in seiner Beweisführung anwendet.
Ohne die komplizierten Fragen nach dem Wesen mathematischer oder logischer
Vorgehensweisen zu berühren, fühlen wir uns dennoch verpflichtet, eine warnen-
de Stimme dagegen zu erheben, diese Vorgehensweisen mit denen derjenigen von
Menschen zu verwechseln, die über Angelegenheiten wie „Freiheit" sprechen. Ein
Dreieck ist sicherlich ein Konzept, unabhängig davon, ob dieses Konzept auch
etwas anderes ist – zum Beispiel ein Objekt der Erfahrung, der Intuition oder
ähnliches. Während „Freiheit" ein Konzept ist, ist es auch etwas, an das viele
Menschen als Lebensinhalt glauben, wofür zu kämpfen sie sich bereiterklären,
ohne das sie angeblich nicht leben können. Ich glaube nicht, dass Menschen um
Dreiecke kämpfen würden. Vielleicht einige Mathematiker. Aber viele Menschen
sagen, dass sie bereit sind, um Freiheit ebenso zu kämpfen, wie sie bereit sind, um
ein Stück Land zu kämpfen oder darum, das Leben ihrer Lieben zu schützen.

Dies soll keine Lobeshymne auf die Freiheit sein. Die hier dargestellten Fakten
können leicht in der Geschichte vieler Länder überprüft oder im alltäglichen Leben beobachtet werden. Die Tatsache, dass Menschen bereit sind, für das, was
sie ihre „Freiheit" nennen, zu kämpfen, steht im Zusammenhang mit der Tatsache, dass sie ebenfalls sagen, dass sie ihre „Freiheit" „bewahrt" oder „verloren"
oder „wiedererlangt" haben, wohingegen sie niemals sagen, dass sie Dreiecke oder
ähnliche geometrische Konzepte „bewahrt" oder „verloren" oder „wiedererlangt"
haben. Indes kann man nicht tatsächlich auf „Freiheit" zeigen; sie ist kein materieller Gegenstand. Selbst als materieller Gegenstand betrachtet, könnte „Freiheit"

---

[9]   Lewis Carroll (Charles Lutwidge Dodgson), „Through the Looking Glass", in *The Lewis
      Carroll Book*, Hrsg. Richard Herrick (New York: Tudor Publishing Co., 1944), S. 238.

nicht dasselbe für jeden sein, da es verschiedene Bedeutungen für „Freiheit" gibt. Dennoch können wir wahrscheinlich sagen, dass „Freiheit", zumindest für jeden Menschen, der über sie spricht, eine Realität, ein eindeutiger Gegenstand ist. „Freiheit" kann denjenigen, die sie loben, als eine förderliche Situation erscheinen, oder auch der Inbegriff von Erfahrungen jenseits der Sinneswahrnehmungen, also eine Empfänglichkeit für nicht-materielle Gegenstände wie Werte, Glauben und so weiter. Kurzum, „Freiheit scheint ein Objekt psychologischer Erfahrung zu sein". Dies bedeutet, dass sie gewöhnlichen Menschen nicht einfach als Begriff erscheint, sondern mithin als etwas, worauf man sich einigen muss.

Unter diesen Umständen frage ich mich, ob es möglich ist oder nicht, „Freiheit" stipulativ zu definieren. Natürlich ist jede Definition bis zu einem Grade stipulativ, da sie eine gewisse Übereinkunft darüber mit enthält, wie ein Wort zu verwenden ist. Selbst lexikographische Definitionen schließen keine Stipulationen aus hinsichtlich der Art, wie beschrieben wird, was zum Beispiel Menschen in Frankreich oder England oder in beiden Ländern oder in der ganzen Welt mit einem bestimmten Wort des üblichen Gebrauchs meinen. Zum Beispiel können wir eine Stipulation über die Sprachen vornehmen, die bei der Erarbeitung einer lexikographischen Definition in Betracht gezogen werden sollen, oder über die Wahl, die zwischen den Bedeutungen desselben Wortes getroffen werden soll, wenn Wörterbücher mehrere Bedeutungen präsentieren. Aber in all diesen Fällen vergessen wir nie, dass es einige Verwendungen gibt, die in gewöhnlichen Wörterbüchern dargestellt werden und die nicht durch Stipulation verändert werden können, ohne die Bedeutungen der Wörter zu missachten, wie sie von anderen Menschen tatsächlich verwendet werden.

Stipulationen sind schlicht Werkzeuge, mit denen anderen etwas, was wir sie wissen lassen wollen, vermittelt wird. Mit anderen Worten, sie sind ein Mittel zur Kommunikation oder Übertragung von Informationen, aber die Information selbst kann nicht stipuliert werden. Wir können stipulieren, dass schwarz „weiß" genannt wird und weiß „schwarz", aber wir können keine Stipulationen über die tatsächlichen sensorischen Erfahrungen machen, die wir kommunizieren und denen wir willkürlich die Namen „schwarz" oder „weiß" geben. Eine Stipulation ist insofern möglich und nützlich, als es einen *gemeinsamen Nenner* gibt, der ihre Kommunikation zum Erfolg führt. Dieser gemeinsame Nenner kann eine Intuition in der Mathematik oder eine sensorische Erfahrung in der Physik sein, aber er selbst ist niemals wiederum der Gegenstand einer Stipulation. Wenn eine Stipulation auf einer anderen Stipulation zu fußen scheint, wird das Problem, einen gemeinsamen Nenner zu finden, der das Funktionieren der Stipulation ermöglicht, einfach verschoben; es kann nicht eliminiert werden. Dies wäre die Machtgrenze Humpty Dumptys, wenn Humpty Dumpty nicht eine Phantasiefigur in einem Kinderroman wäre, sondern ein realer Mensch, der Stipulationen mit anderen Menschen über die Verwendung eines Wortes vornimmt.

Es wäre daher von geringem Nutzen, eine stipulative Definition von „Freiheit"
vorzunehmen, die anderen Menschen nicht dieselbe Art von Information vermittelt, die in der tatsächlichen Bedeutung des Wortes, wie es bereits verstanden wird,
vorhanden ist. Und es ist fraglich, ob die Theoretiker, wenn sie von stipulativen
Definitionen sprechen, tatsächlich an so etwas wie „Freiheit" dachten.

Wenn somit eine stipulative Definition von „Freiheit" eine Bedeutung haben soll,
muss sie irgendeine Information vermitteln. Es ist zweifelhaft, ob eine Information, die nur vom Autor der Definition gekannt werden kann, für andere Menschen, die den Inhalt dieser Information nicht kennen, von irgendeinem Interesse
wäre. Als gänzlich persönliche Information wäre dies für andere von geringem
Belang. Tatsächlich wäre es unmöglich, sie anderen Menschen zu offenbaren. Mit
einer ausschließlich stipulativen Definition von „Freiheit" könnte dieses Defizit
nicht vermieden werden. Wenn politische Philosophen eine stipulative Definition
von „Freiheit" vorgeschlagen haben, wollten sie nicht nur Informationen über ihre
persönlichen Gefühle und ihren persönlichen Glauben vermitteln, sondern andere
auch an Gefühle und einen Glauben erinnern, die sie mit den Adressaten gemein
zu haben meinen. Auch in diesem Sinn befassen sich die von politischen Philosophen gelegentlich vorgebrachten Definitionen von „Freiheit" mehr oder weniger
mit lexikalischen Bestimmungen des Wortes.

Somit muss eine wirklich effektive Definition von „Freiheit" letztlich eine lexikographische sein, ungeachtet der Schwierigkeiten, die mit einer solchen Vorgehensweise verbunden sind.

Um zusammenzufassen: „Freiheit" ist ein Wort, das Menschen in ihrer gewöhnlichen Sprache verwenden, um besondere Arten psychologischer Erfahrungen zu
beschreiben. Diese Erfahrungen sind zu unterschiedlichen Zeiten und an unterschiedlichen Orten verschieden und sind auch mit abstrakten Konzepten und
Fachbegriffen verbunden, aber sie können nicht einfach mit abstrakten Konzepten identifiziert oder auf ein einfaches Wort reduziert werden. Es ist schließlich
möglich und wahrscheinlich, auch nützlich oder sogar notwendig, eine stipulative
Definition von „Freiheit" zu formulieren, aber Stipulationen können nicht ohne
eine lexikographische Untersuchung auskommen, weil nur letztere die Bedeutungen offenlegen kann, die Menschen tatsächlich beim gewöhnlichen Gebrauch mit
dem Wort verbinden.

„Freiheit" ist im Übrigen ein Wort mit positiven Konnotationen. Vielleicht mag es
nützlich sein, hinzuzufügen, dass das Wort „Freiheit" gut klingt, weil Menschen
es verwenden, um ihre positive Einstellung im Hinblick auf das darzustellen, was
sie „frei sein" nennen. Wie Maurice Cranston in seinem oben zitierten Aufsatz
Freedom (London, 1953) beobachtete, verwenden Menschen niemals solche Aus-
drücke wie „ich bin frei", um zu sagen, dass ihnen etwas fehlt, das ihnen ihrer
Meinung nach gut tut. Niemand sagt, zumindest im Gespräch über alltägliche

Angelegenheiten, „ich bin frei von Geld" oder „ich bin frei von guter Gesundheit". Andere Wörter werden verwendet, um die Ansicht von Menschen über die Abwesenheit guter Dinge auszudrücken: sie sagen, es fehlt ihnen etwas; und dies trifft, soweit ich weiß, auf alle europäischen Sprachen der Gegenwart wie auch der Vergangenheit zu. Mit anderen Worten, „frei" von einer Sache zu sein, bedeutet „ohne eine Sache zu sein, die nicht gut für uns ist", während das Fehlen einer Sache bedeutet, ohne eine Sache zu sein, die gut ist.

Natürlich bedeutet Freiheit wenig, wenn sie nur mit dem Ausdruck „von etwas" ergänzt wird, und wir erwarten, dass Menschen uns auch sagen, was die Handlung ist, die sie zu tun frei sind. Aber das Vorhandensein einer negativen Bedeutung im Wort „Freiheit" und in bestimmten verwandten Wörtern wie „frei", scheint unzweifelhaft. Diese negative Bedeutung ist auch in Wörtern enthalten, die vom Begriff „libertas" abgeleitet sind, der einfach eine lateinische Entsprechung von „Freiheit" ist, und kein Wort mit einem anderen Sinn.[10] Zum Beispiel ist „liberal" ein Wort, das in Europa und in Amerika eine negative Einstellung gegenüber „Zwang" bezeichnet, ungeachtet der Eigenschaft des „Zwanges" selbst, die ihrerseits von amerikanischen und europäischen „Liberalen" sehr unterschiedlich aufgefasst wird.

Somit sind „Freiheit" und „Zwang" in der gewöhnlichen Sprache gegensätzliche Begriffe. Natürlich kann man „Zwang" oder eine Art von „Zwang" mögen, wie die russischen Armeeoffiziere, von denen Tolstoi behauptete, dass sie das Militärleben mochten, weil es sich als eine Art „befohlener Müßiggang" herausstellte. Weit mehr Menschen in der Welt mögen „Zwang", als wir es uns wahrscheinlich vorstellen. Aristoteles machte eine scharfsinnige Bemerkung, als er am Anfang seiner Abhandlung über die Politik sagte, dass Menschen in zwei allgemeine Kategorien aufgeteilt sind, in jene, die zum Herrschen geboren wurden, und in jene, die geboren wurden, um Herrschern zu gehorchen. Aber selbst wenn man „Zwang" mag, wäre es ein Wortmissbrauch, wenn man sagte, dass „Zwang" Freiheit *ist*. Dennoch ist die Idee, dass „Zwang" eng mit Freiheit verbunden ist, mindestens so alt wie die Geschichte der politischen Theorien der westlichen Welt.

Ich glaube, der Hauptgrund hierfür ist der, dass niemand von sich behaupten kann, „frei von" anderen Menschen zu sein, wenn letztere „frei" sind, ihn in irgendeiner Art und Weise zu zwingen. Mit anderen Worten, jeder ist „frei", wenn er andere Menschen auf irgendeine Weise zwingen kann, davon Abstand zu nehmen, ihn in irgendeiner Hinsicht zu zwingen. In diesem Sinn sind „Freiheit" und „Zwang" unweigerlich miteinander verknüpft, und dies gerät vermutlich zu häufig in Vergessenheit, sobald Menschen von „Freiheit" reden. Aber „Freiheit" selbst ist in der gewöhnlichen Sprache niemals Zwang, und der mit Freiheit unweigerlich verknüpfte

---

[10] Ungeachtet der entgegengesetzten Meinung von Sir Herbert Read (zitiert bei Maurice Cranston, op. cit, S. 44).

Zwang ist nur ein negativer Zwang; also ein Zwang, der allein zu dem Zweck
auferlegt wird, um wiederum andere Menschen dazu zu veranlassen, auf Zwang zu
verzichten. Dies alles ist nicht lediglich eine Wortspielerei. Es ist eine sehr verkürzte
Beschreibung der Bedeutung von Wörtern in der gewöhnlichen Sprache politischer
Gesellschaften, wenn Individuen eine wie auch immer geartete Macht haben, respektiert zu werden oder, wie man sagen könnte, wenn sie eine Macht der negativen
Art haben, die ihnen das Recht gibt, „frei" genannt zu werden.

In diesem Sinn können wir sagen, dass der „freie Markt" auch unweigerlich die
Idee eines „Zwanges" insofern mit enthält, als alle Mitglieder einer Marktgesellschaft die Macht haben, Menschen wie Räubern oder Dieben gegenüber Zwang
auszuüben. So etwas wie einen „freien Markt" mit irgendeiner von oben hinzuge-
fügten Zwangsmacht gibt es nicht. Ein freier Markt wurzelt in einer Situation, in
der die mit den Markttransaktionen Beschäftigten eine gewisse Macht haben, die
Feinde des freien Marktes unter Zwang zu setzen. Dieser Punkt wird vermutlich
von jenen Autoren nicht ausreichend betont, die, indem sie ihre Aufmerksamkeit
auf den „freien Markt" konzentrieren, ihn am Ende als die wahre Antithese des
regierungsseitigen Zwanges behandeln.

Somit sagt zum Beispiel Professor Mises, ein Autor, den ich für seine unnachgie-
bige Verteidigung des „freien Marktes" auf der Grundlage klarer und zwingender
Argumentation und einer hervorragenden Beherrschung der betroffenen Angelegenheiten sehr bewundere, dass „Freiheit ein Begriff ist, der zur Beschreibung des
gesellschaftlichen Zustandes der individuellen Mitglieder einer Marktgesellschaft
verwendet wird, in der die Macht der unverzichtbaren hegemonialen Ketten, der
Staat, gebändigt ist, damit der Betrieb des Marktes nicht gefährdet wird".[11] Wir
erkennen hier, dass er die hegemonialen staatlichen Ketten als „unverzichtbar"
eingestuft hat, aber mit Freiheit meint er, wie er ebenfalls sagt, die „Ausübung
einer der Polizeimacht auferlegten Zügelung",[12] ohne genau hinzuzufügen, was
meiner Meinung nach aus Sicht eines Freihändlers hinzuzufügen angemessen gewesen wäre, nämlich dass Freiheit auch bedeutet, dass der Ausübung der Macht
eines jeden anderen, in den freien Markt einzugreifen, Beschränkungen auferlegt
werden. Sobald wir diese Bedeutung von Freiheit zulassen, sind die hegemonialen
Ketten des Staates nicht nur etwas zu Bändigendes, sondern auch, und ich würde
sagen zuallererst, etwas, was wir nutzen, um die Handlungen anderer Menschen
zu bändigen.

Dass jede ökonomische Handlung in der Regel auch eine rechtliche Handlung
ist, deren Ergebnisse von der Obrigkeit durchgesetzt werden können, wenn zum

---

[11] Ludwig von Mises, *Human Action: A Treatise on Economics* (New Haven: Yale University
Press, 1949), S. 281.
[12] Ebd.

Beispiel die Transaktionsparteien sich nicht so verhalten, wie man es von ihnen auf der Grundlage ihrer gemeinsamen Vereinbarung erwartet, ist eine Tatsache, die Ökonomen nicht leugnen, aber auch nicht direkt in Betracht ziehen. Wie Professor Lionel Robbins in seinem *The Nature and Significance of Economics* zeigte, sind Untersuchungen von Ökonomen über die Verbindung zwischen Ökonomie und das Recht noch ziemlich außergewöhnlich, und die Verbindung selbst wird, obwohl unstrittig, ziemlich vernachlässigt. Viele Ökonomen haben über den Unterschied zwischen produktiver und unproduktiver Arbeit debattiert, aber wenige haben das untersucht, was Professor Lindley Frazer in *Economic Thought and Language* „missproduktive" Arbeit nennt – d. h. Arbeit, die für den Arbeiter, nicht aber für jene, für – oder *gegen* – die er arbeitet, nützlich ist. „Missproduktive" Arbeit beispielsweise von Bettlern, Erpressern, Räubern und Dieben bleibt außerhalb des Betätigungsfeldes der Ökonomie, wahrscheinlich, weil die Ökonomen es als selbstverständlich betrachten, dass „missproduktive" Arbeit normalerweise ungesetzlich ist. Auf diese Weise erkennen Ökonomen an, dass die nützlichen Einrichtungen, die sie normalerweise in Betracht ziehen, nur jene sind, die mit dem existierenden Recht der meisten Länder vereinbar sind. Somit wird die Verbindung zwischen der Ökonomie und dem Recht angedeutet, aber sie wird selten von Ökonomen als ein spezielles, ihren Untersuchungen würdiges Objekt angesehen. Sie untersuchen zum Beispiel den Austausch von Gütern, nicht aber den Austausch von Handlungen, der den Austausch von Gütern möglich macht, reguliert und gelegentlich zu diesem Zweck vom Recht aller Länder durchgesetzt wird. Daher erscheint ein freier Markt als etwas „Natürlicheres" als die Regierung oder zumindest unabhängig von der Regierung, wenn nicht tatsächlich etwas, das notwendigerweise „gegen" die Regierung zu erhalten ist. Tatsächlich ist ein Markt nicht „natürlicher" als die Regierung selbst, und beide sind nicht natürlicher als zum Beispiel Brücken. Menschen, die diese Tatsache ignorieren, sollten ein Verspaar ernst nehmen, das einst in einem Kabarett im Montmartre gesungen wurde:

> „Voyez comme la nature a eu un bon sens bien profond
> A faire passer les fleuves justement sous les ponts."

(Seht, wie die Natur den tiefen, guten Verstand besessen hat,
Die Flüsse dazu zu veranlassen, dass sie genau unter den Brücken fließen.)

Sicher, die ökonomische Theorie hat nicht die Tatsache ignoriert, dass es die Regierung ist, die den Menschen die praktische Möglichkeit einräumt, Zwang durch andere Menschen auf dem Markt zu entgehen. Robbins betonte dies treffend in seinem Aufsatz *The Theory of Economic Policy in English Political Economy* (London, 1952), wobei er feststellte, dass „wir eine völlig verzerrte Sicht" von der Bedeutung der Doktrin dessen bekämen, was Marshall das „System ökonomischer Freiheit" nannte, „wenn wir sie nicht in Verbindung mit der Theorie des Rechts und der Funktionen der Regierung betrachten, die ihre Autoren (von Smith an) ebenfalls vertraten". Wie Robbins sagt, „war die Idee einer Freiheit *im luftleeren Raum* ihren Vorstellungen völlig fremd". Aber Professor Robbins wies in *Economic Planning and International Order* (London, 1937) auch darauf hin, dass die klassischen Ökonomen der Tatsache zu wenig Aufmerksamkeit schenkten, dass der internationale Handel nicht einfach als Ergebnis der Theorie komparativer Kosten entstehen konnte, sondern eine Art internationaler rechtlicher Organisation bedurfte, um die Feinde des internationalen Handels abzuwehren, die zu einem gewissen Maß mit solchen Feinden des freien Marktes innerhalb einer Nation wie Räubern oder Dieben vergleichbar sind.

Gerade die Tatsache, dass Zwang in irgendeiner Weise unweigerlich mit „Freiheit" verknüpft ist, erzeugte oder begünstigte indes zumindest die Idee, dass „zunehmende Freiheit" in solchen Gesellschaften irgendwie mit „zunehmendem Zwang" in Übereinstimmung gebracht werden könnte. Diese Idee war wiederum mit einer Verwirrung über die Bedeutung der Begriffe „Zwang" und „Freiheit" verbunden, die hauptsächlich nicht auf Propaganda, sondern auf die Unsicherheiten zurückgeht, die im gewöhnlichen Gebrauch dieser Wörter um ihre Bedeutung herum entstehen kann.

Professor Mises sagt, dass „Freiheit" ein menschliches Konzept ist. Wir müssen hinzufügen, dass es insofern menschlich ist, als immer irgendeine Präferenz von menschlicher Seite mit einbezogen ist, wenn wir diesen Begriff in der gewöhnlichen Sprache verwenden. Das bedeutet aber nicht, dass man nur sagen kann, dass ein Mensch „frei" von der Macht anderer Menschen ist. Man kann auch sagen, dass ein Mensch „frei" von einer Krankheit, von Angst, von Mangel ist, da diese Redewendungen in der gewöhnlichen Sprache verwendet werden. Dies hat manche Menschen darin bestärkt, „Freiheit vom Zwang anderer Menschen" mit zum Beispiel „Freiheit von Mangel" gleichzusetzen, ohne zu sehen, dass die letztere Art von „Freiheit" möglicherweise nichts mit der ersteren zu tun hat. Ein Forschungsreisender könnte in der Wüste, wohin er alleine gehen wollte, hungern, ohne von irgendeinem anderen gezwungen zu werden. Nun ist er nicht „frei von Hunger", aber er ist, wie schon zuvor, vollständig „frei von Zwang oder Einschränkung" durch andere Menschen.

Mehrere Denker der Antike wie auch der Neuzeit haben die Tatsache, dass einige Menschen nicht frei von Hunger oder von Krankheit sind, mit der Tatsache zu verknüpfen versucht, dass andere Menschen in derselben Gesellschaft nicht frei von Zwang durch ihre Mitmenschen sind. Natürlich ist der Zusammenhang offensichtlich, wenn jemand ein Sklave anderer Menschen ist, die ihn schlecht behandeln und ihn zum Beispiel an Hunger sterben lassen. Aber der Zusammenhang ist überhaupt nicht offensichtlich, wenn Menschen nicht Sklaven anderer sind. Einige Denker jedoch haben fälschlicherweise geglaubt, dass, wenn es jemandem an etwas

mangelt, das er braucht oder sich einfach wünscht, ihm genau diese Sache ungerechterweise von den Menschen, die sie haben, „vorenthalten" worden ist.

Die Geschichte ist derart voll von Beispielen der Gewalt, des Raubes, der Eroberung
von Land und so weiter, dass viele Denker sich zur Aussage berechtigt fühlten, der
Ursprung des Privateigentums sei einfach die Gewalt. Und daher sei es, sowohl in der
Gegenwart als auch in primitiven Zeiten, als unabänderbar illegitim zu betrachten.
Die Stoiker zum Beispiel hatten die Vorstellung, dass alles Land der Welt ursprünglich allen Menschen gemeinschaftlich gehörte. Sie nannten diesen legendären Zustand *communis possessio originaria*. Gewisse christliche Kirchenväter, insbesondere
in den lateinischen Ländern, beteten diese Annahme nach. Somit konnte St. Ambrosius, der berühmte Erzbischof von Mailand, im fünften Jahrhundert n. Chr. schreiben, dass, während die Natur für das gemeinschaftliche Eigentum an allen Dingen
gesorgt habe, Privateigentumsrechte das Ergebnis einer widerrechtlichen Aneignung
waren. Er zitiert die Stoiker, die, wie er sagt, behaupteten, dass alles auf der Erde
und in den Meeren für den gemeinsamen Nutzen aller Menschen erschaffen war.
Ein Schüler des St. Ambrosius, der Ambrosiaster genannt wird, sagt, dass Gott den
Menschen alles gemeinsam gab und dass dies für die Sonne und den Regen ebenso
gelte wie für Land. Dasselbe wurde von St. Zeno von Verona (nach dem eine der
großartigsten Kirchen der Welt benannt ist) bezüglich der urzeitlichen Menschen
gesagt: „Sie hatten kein Privateigentum, aber ihnen gehörte alles gemeinschaftlich,
wie die Sonne, die Tage, die Nächte, der Regen, das Leben und der Tod, da ihnen all
diese Dinge gleichermaßen, ohne irgendeine Ausnahme, durch göttliche Vorsehung
gegeben worden waren." Und derselbe Heilige fügt hinzu, offensichtlich unter dem
Einfluss der Idee, dass Privateigentum das Ergebnis von Zwang und Tyrannei sei:
„Der Privateigentümer ist ohne Zweifel dem Tyrannen ähnlich, da er für sich allein
die vollständige Kontrolle über Dinge hat, die mehreren anderen Menschen nützlich
wären." Fast dieselbe Idee kann einige Jahrhunderte später in den Werken gewisser
Kirchenrechtler gefunden werden. Zum Beispiel sagt der Autor der ersten Syste-
matisierung der Kirchengesetze, des sogenannten *decretum Gratiani*: „Wer immer
entschlossen ist, mehr Dinge zu behalten, als er braucht, ist ein Räuber."

Moderne Sozialisten, einschließlich Marx, haben einfach eine überarbeitete Version
eben dieser Idee produziert. Zum Beispiel unterscheidet Marx zwischen verschiedenen Phasen in der Geschichte der Menschheit: eine erste Phase, in der die Produk-
tionsverhältnisse die der Kooperation gewesen waren, und eine zweite Phase, in der
einige Menschen erstmals die Kontrolle über die Produktionsfaktoren erwarben,
womit eine Minderheit in die Lage versetzt wurde, von der Mehrheit gefüttert zu
werden. Der alte Erzbischof von Mailand würde mit weniger komplizierten und
effektiveren Worten sagen: „Die Natur ist die Ursache für ein gemeinschaftliches
Recht an den Dingen; widerrechtliche Aneignung ist die Ursache für ein privates
Recht."

Natürlich können wir fragen, wie es möglich ist, von „Dingen, die allen gemeinschaftlich gehören" zu sprechen. Wer verfügte, dass alle Dinge allen Menschen
„gemeinschaftlich" gehörten, und warum? Die übliche, von den Stoikern und ihren Schülern, den christlichen Kirchenvätern in den ersten Jahrhunderten nach
Christus, gegebene Antwort war, dass, genau wie der Mond, die Sonne und der
Regen allen Menschen gemeinschaftlich gehörten, es keinen Grund für die Behauptung gebe, dass andere Dinge, wie zum Beispiel Land, nicht auch gemeinschaftliches Eigentum seien. Diese Fürsprecher des Kommunismus befassten sich
nicht mit einer sprachlichen Analyse des Wortes „gemeinschaftlich". Sonst hätten
sie festgestellt, dass Land nicht im selben Sinn wie die Sonne und der Mond allen
Menschen „gemeinschaftlich" gehören kann, und dass daher die gemeinschaftliche Kultivierung des Landes durch Menschen nicht ganz dasselbe ist wie ihre
Nutzung des Mond- oder Sonnenlichts oder der frischen Luft, wenn sie einen Spa-
ziergang machen. Moderne Ökonomen erklären den Unterschied mit dem Hinweis, dass keine Knappheit an Mondlicht herrscht, während Land dagegen knapp
ist. Trotz des Gemeinplatzes dieser Aussage ist die behauptete Analogie zwischen
knappen Gegenständen wie Ackerland und reichlich vorhandenen Dingen wie
Mondlicht in den Augen vieler Menschen ein guter Grund für die Behauptung
gewesen, dass die „Armen" von den „Reichen" „gezwungen" worden sind, und
dass letztere unzulässigerweise den ersteren gewisse Dinge vorenthalten, die ursprünglich allen Menschen „gemeinsam" gehörten. Die sprachliche Verwirrung
im Gebrauch des von den Stoikern und den frühen christlichen Kirchenvätern
in diesem Zusammenhang eingeführten Wortes „gemeinschaftlich" ist von den
modernen Sozialisten aller Art aufrechterhalten worden und liegt, glaube ich, am
Ursprung der besonders in neuerer Zeit manifestierten Tendenz, das Wort „Freiheit" in einer zweideutigen Weise zu verwenden, die „Freiheit von Mangel" mit
„Freiheit von Zwang durch andere Menschen" verbindet.

Diese Verwirrung steht wiederum in Zusammenhang mit einer anderen. Wenn
ein Lebensmittelhändler oder ein Arzt oder ein Rechtsanwalt auf Kunden oder
Klienten wartet, wird er sich wahrscheinlich hinsichtlich seines Lebensunterhalts
von den letzteren abhängig fühlen. Das entspricht völlig der Wahrheit. Aber wenn
kein Kunde oder Klient erscheint, wäre es ein Missbrauch der Sprache, zu behaupten, dass die Kunden oder Klienten, die nicht erscheinen, den Lebensmittelhändler oder den Arzt oder den Rechtsanwalt dazu zwingen, an Hunger zu sterben. Tatsächlich hat niemand gegen ihn einen Zwang ausgeübt, ganz einfach aus
dem Grund, dass niemand erschienen ist. Um die Angelegenheit so einfach wie
möglich begrifflich darzustellen: Die Kunden oder Klienten existierten überhaupt
nicht. Wenn wir jetzt annehmen, dass ein Klient erscheint und dem Arzt oder
Anwalt eine sehr kleine Honorarzahlung anbietet, ist es nicht möglich zu sagen,
dass dieser bestimmte Klient den Arzt oder Anwalt „zwingt", die Honorarzahlung anzunehmen. Wir können einen Menschen verachten, der schwimmen kann

und der einen anderen Menschen, den er im Fluss ertrinken sieht, nicht rettet; aber die Behauptung, durch seine unterlassene Rettung des ertrinkenden Mannes „zwinge" er letzteren zu ertrinken, wäre ein Missbrauch der Sprache. In diesem Zusammenhang muss ich einem berühmten deutschen Juristen des neunzehnten Jahrhunderts, Rudolph von Jhering zustimmen, der über die Ungerechtigkeit des von Portia zugunsten Antonios und gegen Shylock vorgebrachten Arguments in Shakespeares *Der Kaufmann von Venedig* entrüstet war. Wir dürfen Shylock verachten, aber wir können nicht sagen, dass er Antonio oder irgendjemand anderen „zwang", mit ihm eine Vereinbarung zu treffen – eine Vereinbarung, die unter den entsprechenden Umständen den Tod des letzteren bedeutete. Was Shylock wollte, war lediglich, Antonio im Hinblick auf seine Vereinbarung zu zwingen, nachdem er sie unterschrieben hatte. Ungeachtet dieser offensichtlichen Erwägungen neigen Menschen oft dazu, Shylock auf dieselbe Weise zu beurteilen, wie sie einen Mörder beurteilen würden, und Wucherer so zu verurteilen, als seien diese Räuber oder Piraten, obwohl weder Shylock noch irgendeinem anderen gewöhnlichen Wucherer wirklich vorgeworfen werden kann, irgendwen zu zwingen, zu ihm zu gehen und ihn um Geld zum Wucherzins zu bitten. Trotz dieses Unterschiedes zwischen „Zwang" im Sinne einer Handlung, die tatsächlich unternommen wird, um jemanden gegen seinen Willen zu schaden, und dem Verhalten wie demjenigen Shylocks haben viele Menschen, insbesondere in den vergangenen hundert Jahren in Europa, eine semantische Verwirrung in die gewöhnliche Sprache gebracht, deren Ergebnis es ist, dass ein Mensch, der sich niemals verpflichtet hat, eine bestimmte Handlung zugunsten anderer Menschen auszuführen, und der daher nichts zu ihren Gunsten tut, aufgrund seiner angeblichen „Unterlassung" kritisiert wird. Ihm wird Schuld zugeschoben, als ob er andere „gezwungen" hätte, etwas gegen ihren Willen zu tun. Dies stimmt meiner Meinung nach nicht mit dem ordentlichen Gebrauch der gewöhnlichen Sprache in all jenen Ländern überein, die mir bekannt sind. Man „zwingt" jemanden nicht, wenn man es lediglich unterlässt, etwas ihm zugunsten zu tun, was zu tun man nicht vereinbart hat.

Alle sozialistischen Theorien der sogenannten Ausbeutung der Arbeiter durch die Arbeitgeber – und, allgemein, der „Besitzlosen" durch die „Besitzenden" – basieren letztlich auf dieser sprachlichen Verwirrung. Wenn selbsternannte Historiker der industriellen Revolution im neunzehnten Jahrhundert in England über die „Ausbeutung" der Arbeiter durch die Arbeitgeber sprechen, implizieren sie genau diese Idee, dass die Arbeitgeber „Zwang" gegen die Arbeiter ausübten, um sie dazu zu bewegen, niedrige Löhne für harte Arbeit zu akzeptieren. Als Gesetze wie der Trade Disputes Act von 1906 in England den Gewerkschaften das Privileg einräumten, Arbeitgeber mit unrechtmäßigen Handlungen zu zwingen, ihre Forderungen zu akzeptieren, war die dahinter stehende Idee, dass die Arbeitnehmer die schwächere Partei seien und sie daher von Arbeitgebern „gezwungen" werden könnten, niedrige Löhne statt hoher Löhne zu akzeptieren. Das mit dem Trade

Disputes Act gewährte Privileg basierte auf einem den europäischen Liberalen jener Zeit bekannten Prinzip und entsprach auch der in der gewöhnlichen Sprache akzeptierten Bedeutung von „Freiheit", dass man „frei" ist, wenn man andere Menschen zwingen kann, davon Abstand zu nehmen, einen selbst zu zwingen. Das Problem war, dass, während der den Gewerkschaften im Gesetz als Privileg gewährte Zwang die übliche Bedeutung dieses Wortes in der normalen Sprache hatte, der „Zwang" durch die Arbeitgeber, den zu verhindern das Privileg konzipiert worden war, nicht in dem Sinn verstanden wurde, den dieses Wort in der gewöhnlichen Sprache hatte und immer noch hat. Wenn wir die Angelegenheit von dieser Seite betrachten, müssen wir Sir Frederick Pollock zustimmen, der in seinem *Law of Torts* schrieb, dass „Rechtswissenschaft offensichtlich nichts mit der gewaltsamen empirischen Operation am Staatskörper zu tun hat", die vorzunehmen der britische Gesetzgeber mit dem Trade Disputes Act von 1906 als angemessen betrachtet hatte. Wir müssen auch sagen, dass der übliche Gebrauch der Sprache nichts mit der Bedeutung von „Zwang" zu tun hat, aufgrund derer es in den Augen der britischen Gesetzgeber angemessen erschien, dem Staatskörper eine derart gewaltsame Operation zuzufügen.

Vorurteilslose Historiker wie Professor T. S. Ashton haben gezeigt, dass die allgemeine Lage der armen Schichten der englischen Bevölkerung nach den napoleonischen Kriegen auf Ursachen zurückging, die nichts mit dem Verhalten von Unternehmern des neuen industriellen Zeitalters in jenem Land zu tun hatten, und dass ihr Ursprung bis weit zurück in die Frühgeschichte Englands zurückverfolgt werden kann. Außerdem haben Ökonomen durch das Vorbringen triftiger Argumente theoretischer Natur und durch die Untersuchung statistischer Daten oft gezeigt, dass gute Löhne vom Verhältnis der Menge investierten Kapitals zur Anzahl der Arbeiter abhängen.

Aber das ist nicht der wesentliche Punkt unseres Arguments. Wenn man dem „Zwang" solch verschiedene Bedeutungen gibt wie jene, die wir gerade gesehen haben, kann man leicht den Schluss ziehen, dass die Unternehmer zur Zeit der industriellen Revolution in England Menschen „zwangen", zum Beispiel dazu, alte und gesundheitsgefährdende Häuser zu bewohnen, nur weil sie für ihre Arbeiter keine ausreichende Zahl neuer und guter Häuser bauten. Gleichermaßen könnte man behaupten, dass jene Industriellen, die keine großen Investitionen in Maschinen tätigen, ungeachtet der Rendite, die sie erzielen können, ihre Arbeiter „zwingen", sich mit niedrigen Löhnen zufriedenzugeben. Tatsächlich wird diese sprachliche Verwirrung von mehreren Propaganda- und Lobbygruppen gefördert, die ein Interesse daran haben, verfälschende Definitionen von „Freiheit" und „Zwang" zu formulieren. Als Ergebnis davon kann Menschen die Schuld für den „Zwang" zugeschoben werden, den sie angeblich gegen andere Menschen ausüben, mit denen sie nie irgendetwas zu tun hatten. So behauptete die Propaganda Mussolinis und Hitlers vor und während des Zweiten Weltkrieges unter anderem, dass die Menschen anderer Länder, die so weit von Italien und Deutschland entfernt lebten wie beispielsweise in Kanada oder in den Vereinigten Staaten, die Italiener und die Deutschen „zwangen", sich mit ihren geringen materiellen Ressourcen und ihren vergleichsweise kleinen Territorien zufriedenzugeben, obwohl Kanada oder die Vereinigten Staaten nicht eine einzige Quadratmeile deutschen oder italienischen Bodens annektiert hatten. Auf gleiche Weise wurde uns nach dem letzten Weltkrieg von vielen Menschen – insbesondere von Angehörigen der italienischen „Intelligenzia" – erzählt, dass die reichen Landbesitzer Süditaliens direkt für die Misere der armen Arbeiter dort verantwortlich waren, oder dass die Einwohner Norditaliens für die Wirtschaftskrise des tiefen Südens verantwortlich waren, obwohl kein Beweis ernsthaft erbracht werden konnte, der belegte, dass der Wohlstand gewisser Landbesitzer im südlichen Italien die Ursache der Arbeiterarmut war oder dass der von den Menschen Norditaliens genossene annehmbare Lebensstandard die Ursache für die Abwesenheit eines solchen Standards im Süden war. Die all diesen Vorstellungen zugrunde liegende Annahme war, dass die „Besitzenden" Süditaliens die „Besitzlosen" „zwangen", geringe Löhne zu bekommen, genauso wie die Einwohner Norditaliens jene im Süden „zwangen", mit landwirtschaftlichen Einkommen zufrieden zu sein, statt Industrien aufzubauen. Ich muss auch darauf hinweisen, dass viele der von herrschenden Gruppen in gewissen früheren Kolonien wie Indien und Ägypten den Völkern des Westens (einschließlich der Vereinigten Staaten) gegenüber erhobenen Forderungen, ebenso wie die von ihnen dem Westen gegenüber an den Tag gelegten Einstellungen, einer ähnlichen sprachlichen Verwirrung zugrunde liegen.

Im Ergebnis führt dies zu gelegentlichen Meutereien, Aufständen und allen Arten feindseliger Handlungen derjenigen Menschen, die sich „unter Zwang" fühlen. Ein weiteres, nicht weniger wichtiges Ergebnis ist die Reihe von Handlungen, Gesetzen und Vorschriften auf nationaler wie auf internationaler Ebene, die dazu bestimmt sind, angeblich „gezwungenen" Menschen zu helfen, diesem „Zwang" durch gesetzlich durchgesetzte Vorrichtungen, Privilegien, Zuschüsse, Immunitäten usw. entgegenzuwirken.

Somit verursacht eine Verwirrung der Wörter eine Verwirrung der Gefühle und beide reagieren wechselseitig aufeinander, wobei die Angelegenheiten noch weiter durcheinander gebracht werden.

Ich bin nicht so naiv wie Leibniz, der annahm, dass viele politische und ökonomische Fragen nicht über Dispute (*clamoribus*), sondern durch eine Art Abrechnung (*calculemus*) geklärt werden könnten, über die es allen betroffen Menschen möglich sein würde, sich zumindest im Prinzip über die auf dem Spiel stehenden Angelegenheiten zu einigen. Aber ich behaupte, dass eine sprachliche Klarstellung wahrscheinlich nützlicher ist als gemeinhin angenommen, wenn die Menschen nur in eine Lage versetzt würden, aus ihr einen Nutzen zu ziehen.

Kapitel 3
Freiheit und die Rule of Law

Es ist nicht leicht zu erklären, was man in den englischsprechenden Ländern unter „Rule of Law" versteht, und auch in England und Amerika hat der Begriff in den vergangenen Jahrzehnten einen etwas altmodischen Klang angenommen. Dennoch repräsentiert er eine Idee, die (wie z. B. Professor Hayek betont) „den Geist, wenn nicht die Praxis aller westlichen Nationen vollständig erobert hatte", so dass „wenige Menschen daran zweifelten, dass er dazu bestimmt war, bald die Welt zu beherrschen".[13]

Die vollständige Geschichte dieses Wandels kann noch nicht geschrieben werden, da sie noch nicht abgeschlossen ist. Sie ist kompliziert, fragmentarisch, weitschweifig und bleibt denen verborgen, die nur Zeitungen, Magazine oder Romane lesen und mit juristischen Angelegenheiten oder Formalitäten wie der Übertragung judikativer Amtsgewalt und legislativer Gewalt wenig anfangen können. Aber es ist eine Geschichte, die alle Länder des Westens betrifft, die einen Anteil nicht nur an jenem juristischen Ideal hatten und noch haben, der mit dem Ausdruck „Rule of Law" gekennzeichnet wird, sondern auch einen Anteil an dem mit dem Wort „Freiheit" bezeichneten politischen Ideal.

Ich würde nicht so weit gehen wie Professor Hayek im oben erwähnten Vortrag und sagen, dass „das Schicksal unserer Freiheit in der fachspezifischen Diskussion über das Verwaltungsrecht entschieden wird". Ich würde es vorziehen zu sagen, dass dieses Schicksal auch an vielen anderen Orten entschieden wird – in Parlamenten, auf den Straßen, in den Wohnungen und letztlich auch in den Köpfen der einfachen Arbeiter und der hochgebildeten Menschen wie Wissenschaftlern und Universitätsprofessoren. Ich stimme Professor Hayek zu, dass wir es in dieser Hinsicht mit einer Art stiller Revolution zu tun haben. Aber ich würde weder mit ihm noch mit Professor Ripert aus Frankreich übereinstimmen, dass dies eine Revolution – nein, ein *Staatsstreich* – ist, der allein, oder auch nur hauptsächlich, von Fachleuten wie Anwälten oder von den Ministerialbeamten gefördert wird. Mit anderen Worten, die kontinuierliche und schleichende Veränderung in der Bedeutung des Begriffs „Rule of Law" ist nicht das Ergebnis einer „Revolution der Direktoren", um Burnhams treffenden Ausdruck zu verwenden. Es ist ein viel breiteres Phänomen, das mit vielen Ereignissen und Situationen im Zusammenhang steht, deren tatsächliche Merkmale und Bedeutung nicht leicht zu ermitteln

---

[13] F. A. Hayek, *The Political Ideal of the Rule of Law* (Kairo: Fiftieth Anniversary Commemoration Lectures, National Bank of Egypt, 1955), S. 2. Praktisch der gesamte Inhalt dieses Buches ist im Buch *The Constitution of Liberty* desselben Autors wiederveröffentlicht worden.

sind und auf die sich Historiker mit Redewendungen wie „der generelle Trend unserer Zeit" beziehen. Der Vorgang, mit dem das Wort „Freiheit" in den vergangenen hundert Jahren mehrere verschiedene und widersprüchliche Bedeutungen anzunehmen begann, ist, wie wir gesehen haben, mit einer Begriffsverwirrung verbunden. Eine solche, die weniger offensichtlich, aber nicht weniger wichtig ist, offenbart sich auch jenen, die geduldig genug sind, die stille Revolution in der Verwendung des Ausdrucks „Rule of Law" zu studieren.

Seit der Zeit Montesquieus und Voltaires haben kontinentaleuropäische Gelehrte, ungeachtet ihrer Weisheit, ihrer Bildung und ihrer Bewunderung für das politische System Großbritanniens, den wirklichen Sinn der britischen Verfassung nicht verstehen können. Montesquieu ist wahrscheinlich der berühmteste von jenen, die diese Kritik trifft, und das gilt besonders für seine gefeierte Interpretation der Gewaltenteilung in England, obwohl seine Interpretation (viele Menschen würden sagen, seine Fehlinterpretation) ihrerseits in den englischsprachigen Ländern selbst einen enormen Einfluss hatte. Hervorragende englische Gelehrte wiederum stoßen wegen ihrer Interpretationen kontinentaleuropäischer Verfassungen auf ähnliche Kritik. Der berühmteste dieser Gelehrten ist wahrscheinlich Dicey, dessen Missverständnisse des französischen *droit administratif* von einem anderen bekannten englischen Gelehrten, Sir Carleton Kemp Allen, als „fundamentaler Fehler" und als einer der Hauptgründe dafür betrachtet wurden, weshalb das Konzept der Rule of Law sich in den englischsprachigen Ländern der heutigen Zeit auf die Weise entwickelt habe, wie es geschehen ist.

Tatsache ist, dass in England die Regierungsgewalten nie wirklich derart getrennt wurden, wie es Montesquieu zu seiner Zeit glaubte; auch waren der *droit administratif* in Frankreich, oder der italienische *diritto amministrativo*, oder das deutsche *Verwaltungsrecht* nicht wirklich mit dem „Administrative Law" gleichzusetzen, an den Sir Carleton Kemp Allen und die Gesamtheit der zeitgenössischen englischen Gelehrten denken, wenn sie von den jüngeren Veränderungen in den jeweiligen Funktionen der Judikative und der Exekutive im Vereinigten Königreich sprechen.

Nach langem Nachdenken über dieses Thema neige ich zu der Schlussfolgerung, weit wichtiger noch als die irrigen Interpretationen Diceys oder Montesquieus seien die Annahmen derjenigen Gelehrten oder auch gewöhnlichen Menschen gewesen, die auf dem europäischen Festland versuchten, das englische oder amerikanische System in Form des deutschen Rechtsstaates, des französischen *état de droit* oder des italienischen *stato di diritto* nachzuahmen und glaubten, diese seien der englischen „Rule of Law" sehr ähnlich. Dicey selbst glaubte tatsächlich, dass es am Anfang des zwanzigsten Jahrhunderts keinen großen Unterschied zwischen der englischen oder amerikanischen „Rule of Law" und den Verfassungen auf dem Festland gebe. „Wenn wir unsere Untersuchung auf Europa im zwanzigsten Jahrhundert beschränkten, könnten wir durchaus sagen, dass die Rule of Law in den meisten europäischen Ländern fast so gut etabliert sei wie in England und dass jedenfalls Privatleute, die sich nicht in die Politik einmischen, und solange sie sich an das Gesetz halten, wenig zu befürchten hätten, weder von der Regierung noch von irgendjemand anderem."[14]

Einige Gelehrte auf dem Festland – z. B. die großen französischen *Garantisten* wie Guizot und Benjamin Constant und die deutschen Theoretiker des Rechtsstaats wie Karl von Rotteck, K. Welcker, Robert von Mohl und Otto von Gierke – nahmen indes an (fälschlicherweise, würde ich sagen), dass sie ihren Mitbürgern eine Staatsform beschrieben und empfahlen, die jener Englands sehr ähnelte. In unserer Zeit hat Professor Hayek versucht zu zeigen, dass die deutsche Doktrin des Rechtsstaates, vor ihrer Verfälschung durch die historizistischen und positivistischen *Reaktionäre* am Ende des neunzehnten Jahrhunderts eine Menge, wenn nicht in der Praxis, dann in der Theorie, zum Ideal der „Rule of Law" beitrug.

Dieses Ideal und dasjenige des Rechtsstaats vor seiner Verfälschung hatten in der Tat vieles gemeinsam. Fast alle Merkmale, die Dicey so brillant in dem oben zitierten Buch beschrieb, um zu erklären, was die englische „Rule of Law" war, finden sich auch in den Verfassungen auf dem europäischen Festland seit der französischen Verfassung von 1789 bis zu jenen der heutigen Zeit.

Die *Souveränität des Rechts* war das in Diceys Analyse angeführte Hauptmerkmal. Er zitierte das alte Recht der englischen Gerichte: „La ley est la plus haute inheritance, que le roi ad; car par la ley il meme et toutes ses sujets sont rulés, et si la ley ne fuit, nul roi et nul inheritance sera" („Das Recht ist das höchste Gut, das der König erbt, denn er und seine Untertanen werden von ihm regiert, und ohne das Recht gäbe es weder König noch Königreich"). Dicey zufolge war die Souveränität des Rechts ihrerseits ein Prinzip, das drei weiteren Konzepten entsprach und daher drei unterschiedliche und begleitende Bedeutungen der Formel „Rule of Law" beinhaltete: (1) die Abwesenheit willkürlicher Regierungsmacht, Bürger zu bestrafen oder Handlungen gegen Leben oder Eigentum zu begehen; (2) die Unterwerfung eines jeden Menschen, unabhängig von seinem Stand oder seiner Finanzlage, unter das ordentliche Landesrecht und die Rechtsprechung der ordentlichen Gerichte; und (3) in den englischen Institutionen eine Vorherrschaft des Geists des Rechts, aufgrund dessen, wie Dicey erklärt, „die allgemeinen Prinzipien der englischen Verfassung (wie zum Beispiel das Recht auf persönliche Freiheit oder das Recht auf öffentliche Versammlung) das Ergebnis gerichtlicher Entscheidungen sind, während in vielen ausländischen Verfassungen die Rechtssicherheit aus allgemeinen (abstrakten) Prinzipien der Verfassung resultiert oder zu resultieren scheint".[15]

---

[14] Albert Venn Dicey, *Introduction to the Study of the Law of the Constitution* (8. Aufl.; London: Macmillan, 1915), S. 185.
[15] Ebd., S. 191.

Amerikaner mögen sich fragen, ob Dicey das amerikanische System in dieselbe Kategorie einordnete wie die Systeme des europäischen Festlands oder nicht. Die Amerikaner leiten ihre Individualrechte aus den generellen Prinzipien ab – oder scheinen sie von ihnen abzuleiten –, die in ihrer Verfassung und in den ersten zehn Zusatzartikeln niedergelegt sind. Tatsächlich betrachtete Dicey die Vereinigten Staaten als ein typisches Beispiel eines Landes, das unter der „Rule of Law" lebt, weil es die englischen Traditionen geerbt hatte. Er hatte Recht, wie man sieht, wenn man sich einerseits an die Tatsache erinnert, dass eine schriftliche Bill of Rights von den Founding Fathers – die sie nicht in den Verfassungstext einfügten – zunächst nicht als notwendig angesehen wurde, und andererseits an die Bedeutung, die Gerichtsurteile im politischen System der Vereinigten Staaten hatten und immer noch haben, sofern die Individualrechte berührt sind.

Die vier Merkmale der „Rule of Law", die Professor Hayek in Betracht zieht, stimmen einigermaßen, jedoch nicht in Gänze, mit Diceys Beschreibung überein. Professor Hayek zufolge sind die *Allgemeinheit*, die *Gleichheit* und die *Sicherheit* des Rechts wie auch die Tatsache, dass ein Ermessen der Behörden bei Zwangshandlungen, d. h. Beeinträchtigungen der Person und des Eigentums des privaten Bürgers, *immer der Überprüfung* durch unabhängige Gerichte *unterworfen sein muss*, „der wahre Kern der Sache, der entscheidende Punkt, von dem abhängt, ob die Rule of Law vorherrscht oder nicht".[16]

Anscheinend decken sich die Theorien Professor Hayeks und Diceys mit Ausnahme einiger kleiner Details. Es stimmt, dass Professor Hayek den Unterschied zwischen Gesetzen und Bestimmungen im Zusammenhang mit der „Allgemeinheit" des Gesetzes betont und darauf hinweist, dass das Gesetz nie auf bestimmte Individuen bezogen oder angewendet werden darf, wenn im Moment der Inkraftsetzung vorhergesehen werden kann, welchen bestimmten Individuen es helfen oder schaden wird. Aber dies könnte einfach als eine besondere Weiterentwicklung von Diceys Idee betrachtet werden, dass die „Rule of Law" die Abwesenheit von willkürlicher Macht der Regierung bedeutet. Die *Gleichheit* ihrerseits ist eine in der Dicey'schen Beschreibung der zweiten Eigenschaft der Rule of Law enthaltene Idee, dass nämlich jeder Mensch, unabhängig von Stand oder Finanzlage, dem normalen Recht des Landes unterliegt.

In diesem Zusammenhang müssen wir einen Unterschied zwischen Diceys und Hayeks Interpretationen der Gleichheit beachten. Professor Hayek stimmt mit Sir Carleton Kemp Allen überein, dass Dicey im Falle des französischen *droit administratif* einen „fundamentalen Fehler" begangen habe. Seine Vorstellung, der französische und allgemein der kontinentaleuropäische *droit administratif*, zumindest in seiner reifen Entwicklungsphase, sei eine Art willkürliches Recht gewesen,

---

16 F. A. Hayek, op. cit., S. 45.

weil es nicht von ordentlichen Gerichten ausgeübt wurde, halten Sir Carleton und Professor Hayek für falsch. Laut Dicey könnten nur ordentliche Gerichte, sowohl in England als auch in Frankreich, durch Anwendung des ordentlichen Landesrechts die Bürger tatsächlich schützen. Die Tatsache, dass speziellen Gerichtsbarkeiten, wie dem *conseil d'état* in Frankreich, die Macht verliehen wurde, über Fälle zu urteilen, wo Privatpersonen und Beamte im Dienst des Staates gegeneinander prozessierten, erschien in Diceys Augen als Beweis, dass die Gleichheit aller Bürger vor dem Recht auf dem Festland nicht wirklich respektiert wurde. Wenn Beamte in ihrer offiziellen Kapazität gegen normale Bürger prozessierten, seien sie „bis zu einem gewissen Grade vom ordentlichen Recht des Landes ausgenommen". Professor Hayek wirft Dicey vor, wegen der falschen Vorstellung, dass separate Verwaltungsgerichte immer eine Verweigerung des ordentlichen Landesrechts und daher eine Verweigerung der Rule of Law darstelle, erheblich dazu beigetragen zu haben, dass das Wachstum von Institutionen verhindert oder verzögert wurde, die in der Lage wären, über unabhängige Gerichte die neue bürokratische Maschinerie Englands zu kontrollieren. Tatsache ist, dass der *conseil d'état* sowohl in Frankreich als auch in den meisten Ländern Westeuropas normalen Bürgern einen ziemlich unparteiischen und effizienten Schutz dagegen bietet, was Shakespeare „die Überheblichkeit des Amtes" genannt hätte.

Ist es jedoch gerecht, Dicey für die Tatsache verantwortlich zu machen, dass ein Vorgang ähnlich dem der Aufstellung und Funktion des *conseil d'état* im Vereinigten Königreich noch nicht stattgefunden hat? Zur Einrichtung eines Berufungsgerichtes für Verwaltungsangelegenheiten (vergleichbar dem französischen *conseil d'état* oder dem italienischen *consiglio di stato*) kam es, wie Allen bemerkt, in England schon deshalb nicht, *weil die Aussicht auf einen Import aus anderen Ländern dort sofort abwehrende Handbewegungen auslöst.*[17] Tatsächlich ist Feindseligkeit gegen unbritische Systeme von Recht und Justiz eine alte Eigenschaft des englischen Volkes. Die gegenwärtigen Einwohner der britischen Inseln sind immerhin die Nachfahren jener, die vor vielen Jahrhunderten stolz erklärten: „nolumus leges Angliae mutari" („Wir wollen keine Änderung der Gesetze der Angelsachsen"). Diceys Rolle beim Widerstand gegen den Import kontinentaleuropäischer Rechtsformen nach England war vergleichsweise klein. Allen selbst, der vorsichtig vorschlägt, wie neue Methoden übernommen werden könnten, um Bürger gegen britische Bürokratie zu schützen, fügt schnell hinzu, dass „kein vernünftiger Mensch vorschlägt, in England den *conseil d'état* zu kopieren", und dass Menschen, die immer noch glaubten, dass „das ‚Administrative Law' (falls sie den Begriff überhaupt zulassen) dasselbe sei wie der *droit administratif,* in einer lang vergangenen Zeit leben."[18]

---

[17] Carleton Kemp Allen, *Law and Orders* (London: Stevens & Sons, Aufl. v. 1956), S. 396.
[18] Ebd., S. 396.

Das Amüsante an dieser Zusammenfassung Sir Carletons ist nebenbei bemerkt, dass er hier anzudeuten scheint, dass das „Administrative Law" etwas viel Besseres als das ausländische *droit administratif* sei, während er dem armen Dicey am Anfang seines Werkes Vorwürfe wegen dessen „selbstzufriedenen Vergleichs mit dem französischen Verwaltungsrecht" gemacht hatte, also mit „jener jedenfalls in ihren modernen Entwicklungen beachtlichen Jurisprudenz", und er Dicey vorgeworfen hatte, „in der britischen Öffentlichkeit den Eindruck hinterlassen [zu haben], dass die Wirkung des Verwaltungsrechts in Frankreich diejenige war, Beamte in eine besonders privilegierte Position zu setzen, anstatt (wie es der Fall ist) dem Staatsbürger ein großes Maß an Schutz gegen illegale Staatsmaßnahmen zu gewähren".[19] Man könnte hinzufügen, dass dies ein Schutz ist, den das gegenwärtige englische Administrative Law den Untertanen der britischen Krone überhaupt nicht bietet, denn, wie vor kurzem von einem anderen englischen Gelehrten, Ernest F. Row, betont wurde,

> „während die französischen Verwaltungsgerichte Gerichte sind und ein vollkommenes Gesetzesbuch in einem vollkommen eindeutig festgelegten Vorgang verwalten, der dem anderer Gerichte ähnelt, ist das neue englische System [also die Übertragung gerichtlicher Funktionen auf die Exekutive, die der frühere Lord Chief Justice von England als „administrative Rechtlosigkeit" und als „neuen Despotismus" bezeichnete] nichts dergleichen, denn mit ihm werden diese Kontroversen zwischen Individuen und der Regierung durch die Regierung, die selbst Partei in der Kontroverse ist, auf rein willkürliche Weise geschlichtet, nicht nach regulären und anerkannten Prinzipien und ohne ein klar definiertes rechtliches Verfahren."[20]

Zwischen Dicey und Hayek gibt es in ihren jeweiligen Interpretationen der Gleichheit als Eigenschaft der Rule of Law scheinbar nur geringfügige Unterschiede. Beide behaupten, dass unabhängige Gerichte wesentlich sind, um den Bürgern Gleichheit vor dem Recht zu gewähren. Ein kleiner Unterschied zwischen den beiden Interpretationen der Funktionen der Gerichte scheint zu sein, dass Dicey die Existenz zweier verschiedener Ordnungen richterlicher Gewalt nicht zulässt – einer, die Kontroversen zwischen normalen Bürgern untereinander beilegt, und einer, die Kontroversen zwischen normalen Bürgern einerseits und Staatsbeamten andererseits beilegt –, während Hayek glaubt, dass die Existenz zweier unterschiedlicher Ordnungen richterlicher Gewalt nicht an sich zu beanstanden ist, solange beide Ordnungen tatsächlich unabhängig von der Exekutive sind.

---

[19] Ebd., S. 32.
[20] Ernest F. Row, *How States Are Governed* (London: Pitman & Sons, 1950), S. 70. Zur Situation in den Vereinigten Staaten siehe Walter Gellhorn, *Individual Freedom and Governmental Restraints* (Baton Rouge: Louisiana State University Press, 1956) und Leslie Grey, „The Administrative Agency Colossus", *The Freeman* (October, 1958), S. 31.

Die Dinge sind wahrscheinlich nicht so einfach, wie Professor Hayeks Schluss-folgerung anzudeuten scheint. Natürlich sind unabhängige Verwaltungsgerichte besser, als der Exekutive bei Verwaltungsangelegenheiten einfach die richterliche Gewalt zu verleihen, wie es heutzutage in England stattfindet und zu einem ge-wissen Maße auch in den Vereinigten Staaten. Aber allein das Vorhandensein von „Verwaltungsgerichten" verleiht der Tatsache (die Dicey nicht mochte) zu-sätzlichen Nachdruck, dass es im Land nicht ein Recht für alle gibt und daher die Gleichheit aller Bürger vor dem Gesetz nicht wirklich so respektiert wird, wie es wäre, wenn es nur ein Landesrecht gäbe und nicht auch ein Administrative Law neben dem Common Law.

Dean Roscoe Pound betonte in einem von Professor Hayek zitieren Aufsatz,[21] dass gegenwärtige Tendenzen in der Darstellung des öffentlichen Rechts die Interessen „des Individuums denen des Beamten" unterordnen, indem sie letzterem erlauben, „eine Seite der Kontroverse mit dem öffentlichen Interesse gleichzusetzen und ihr so hohen Wert beizumessen und die anderen zu ignorieren". Dies gilt mehr oder weniger für alle Arten von Verwaltungsrecht, ob es nun von unabhängigen Ge-richten ausgeübt wird oder nicht. Ein allgemeines Prinzip, das allen Beziehungen zwischen Privatbürgern und den in ihrer offiziellen Kapazität handelnden Regie-rungsbeamten unterliegt, ist das, was die kontinentaleuropäischen Theoretiker (wie zum Beispiel der Deutsche Jellinek oder der Franzose Hauriou oder der Italie-ner Romano) den *status subjectionis* des Individuums in Bezug auf die Verwaltung nennen würden und entsprechend die „Souveränität" des letzteren über das Indi-viduum. Als Repräsentanten der öffentlichen Verwaltung werden Staatsbeamte als Menschen betrachtet, die *eminentia jura* (Vorrechte) über andere Bürger haben. Somit sind Beamte zum Beispiel berechtigt, ihre Verfügungen durchzusetzen, ohne dass es irgendeine vorherige Kontrolle der Legitimität dieser Verfügungen durch ei-nen Richter gegeben hätte, wohingegen eine solche Kontrolle vorgeschrieben wäre, wenn ein Privatbürger irgendetwas von einem anderen Privatbürger verlangte. Tat-sächlich geben auch kontinentaleuropäische Theoretiker zu, dass Individuen ein Recht auf persönliche Freiheit haben und dass dieses die *eminentia jura* oder, wie sie auch sagen, die Souveränität der Verwaltung einschränkt. Aber das Prinzip der Souveränität der Verwaltung ist heute eine Eigenschaft des Verwaltungsrechts aller Länder Kontinentaleuropas und, zu einem gewissen Maße, aller Länder der Welt.

Es ist genau dieses Prinzip, das die Verwaltungsgerichte in Betracht ziehen, wenn sie über Kontroversen zwischen Privatbürgern und Beamten urteilen, wohingegen ordentliche Richter alle an einem Fall beteiligte Parteien als gleichrangig betrach-ten würden. Diese Tatsache, die an sich nichts mit dem Grad zu tun hat, in dem Verwaltungsgerichte von der Exekutive oder von Staatsbeamten unabhängig sind, ist die Grundlage der Existenz von Verwaltungsgerichten als separate Justizgerich-

---

[21] F. A. Hayek, op. cit., S. 57.

te. Wenn wir jetzt, wie Dicey, zugeben, dass das einzige Recht, das beim Urteil über Kontroversen zwischen Bürgern (ob sie Staatsbeamte sind oder nicht) in Betracht gezogen werden sollte, eines ist, das mit der Rule of Law im Sinne Diceys übereinstimmt, ist seine Schlussfolgerung, dass ein System von Verwaltungsgerichten (ob sie nun unabhängig sind von der Regierung oder nicht) zu vermeiden ist und dass nur ordentliche Gerichte zu akzeptieren seien, vollkommen konsistent.

Diceys Schlussfolgerung kann unter gegenwärtigen Umständen anwendbar sein oder nicht, aber es ist eine Folge des Prinzips der Gleichheit vor dem Recht, also eines der Prinzipien, die in seiner und Professor Hayeks Interpretation der Bedeutung der „Rule of Law" mit enthalten sind.

In England, schrieb Dicey, „ist die Idee der Gleichheit vor dem Recht, oder der allgemeinen Unterordnung aller Klassen unter ein einziges, von ordentlichen Gerichten ausgeübtes Recht, bis an ihre äußerste Grenze entwickelt worden. Bei uns ist jeder Beamte, vom Premierminister hinunter bis zum Polizisten oder zum Steuereintreiber, wie jeder andere Bürger gleichermaßen für jede ohne rechtliche Begründung getätigte Handlung verantwortlich. Es gibt reichlich Berichte über Fälle, in denen Beamte vor ein Gericht gebracht worden sind und in ihrem persönlichen Zuständigkeitsbereich haftbar gemacht worden sind für Handlungen, die sie in ihrer Eigenschaft als Beamte ausführten, jedoch unter Überschreitung ihrer rechtmäßigen Amtsgewalt. Ein Kolonialgouverneur, ein Staatssekretär, ein Militäroffizier und alle Untergebenen sind, auch wenn sie die Anweisungen ihrer amtlichen Vorgesetzten ausführen, wie jeder private und nichtverbeamtete Mensch für jede nicht vom Gesetz gedeckte Handlung verantwortlich."[22]

Die von Dicey im Jahr 1885 beschriebene Situation herrscht gewiss nicht in der Gegenwart vor, denn ein typisches Merkmal des neuen „Administrative Law" in England ist die Entfernung vieler Fälle aus der Zuständigkeit der ordentlichen Gerichte, bei denen die Exekutive selbst eine der Streitparteien ist oder sein könnte.

Für Diceys Verurteilung von Verwaltungsgerichten auf der Basis eines Prinzips, das er so klar formuliert hat, nämlich der allgemeinen Unterordnung aller Klassen unter ein Recht, kann er nicht zu Recht kritisiert werden. Sonst müssten wir den Schluss ziehen, dass zwar alle Menschen vor dem Recht gleich sind, einige Menschen jedoch „gleicher sind als andere".

Tatsächlich wissen wir jetzt, wie weit die Interpretation des Prinzips der Gleichheit vor dem Recht in politischen Systemen gehen kann, in denen das Prinzip des Rechtsstaats und entsprechend die „Rule of Law" in ihrem ursprünglichen Sinn vom Prinzip der rein formalen – nein, der zeremoniellen – Legalität irgendeiner Herrschaft, ungeachtet ihres Wesens, ersetzt worden ist.

---

[22] Dicey, op. cit., p. 189.

Um auf alle Menschen die gleichen Gesetze anzuwenden, können wir so viele Kategorien von ihnen bilden, wie wir wollen. Innerhalb jeder Kategorie werden alle Menschen „gleich" vor dem speziellen Gesetz sein, das für sie Anwendung findet, ungeachtet der Tatsache, dass andere, anderen Kategorien zugeordnete Menschen von anderen Gesetzen ganz anders behandelt werden. Somit können wir ein „Administrative Law" errichten, vor dem alle in einer bestimmten, vom Gesetz definierten Kategorie gruppierten Menschen vor den Verwaltungsgerichten gleich behandelt werden, und daneben können wir ein „Common Law" erkennen, unter dem Menschen, die in anderen Kategorien gruppiert sind, von den ordentlichen Gerichten nicht weniger gleich behandelt werden. Somit können wir durch eine kleine Veränderung in der Bedeutung des Prinzips „Gleichheit" so tun, als hätten wir es bewahrt. Statt einer „Gleichheit vor dem Gesetz" werden wir dann lediglich eine Gleichheit vor jedem der zwei im selben Land in Kraft gesetzten Rechtssysteme haben oder, wenn wir die Sprache der Dicey'schen Formel verwenden wollen, werden wir zwei Landesrechte haben statt einem. Natürlich können wir ebenso drei oder vier oder tausende Landesrechte haben – eines für Vermieter, eines für Mieter, eines für Arbeitgeber, eines für Arbeitnehmer usw. Das ist genau das, was heute in vielen westlichen Ländern passiert, wo immer noch Lippenbekenntnisse zu dem Prinzip der „Rule of Law" und der „Gleichheit vor dem Gesetz" abgegeben werden.

Wir können uns auch vorstellen, dass dieselben Gerichte berechtigt sind, all diese Landesrechte gleichermaßen auf alle in den Kategorien eingeschlossenen Menschen anzuwenden. Dies kann immer noch annähernd „Gleichheit vor dem Recht" genannt werden. Aber es ist offensichtlich, dass in solchen Fällen nicht jeder unter dem als Ganzheit betrachteten Landesrecht gleich behandelt wird. In Italien zum Beispiel besagt der dritte Artikel der Verfassung, dass „alle Bürger gleich vor dem Gesetz" sind. Tatsächlich gibt es jedoch Gesetze, die Vermieter zwingen, Mieter bei sehr niedrigen Mieten zu behalten, ungeachtet vorhergehender, dem entgegenstehender Vereinbarungen, wohingegen andere Menschen anderer Kategorien, die Verträge in anderen Kapazitäten als solchen von Vermietern oder Mietern abschließen, nicht durch irgendein spezielles Gesetz beeinträchtigt werden und die Vereinbarungen einhalten können – nein, müssen –, die sie getroffen haben. In meinem Land gibt es auch andere Gesetze, die Menschen zwingen, einen Teil ihres Grundstücks gegen eine von der Regierung selbst festgesetzte Entschädigung abzugeben, die die Eigentümer in vielen Fällen als lächerlich gering betrachten, vergleicht man sie mit dem Marktpreis für das Grundstück. Andere Menschen – zum Beispiel Eigentümer von Gebäuden, von Unternehmen oder von Sicherheiten – haben weiterhin die Freiheit, mit ihrem Eigentum zu tun, was sie wollen. Das italienische Verfassungsgericht hat in einer jüngeren Entscheidung ein Gesetz aufrechterhalten, das die Regierung berechtigt, den durch die Landreformgesetze enteigneten Grundeigentümern einen Nominalpreis zu zahlen, und zwar auf der Grundlage, dass dieser Preis im Hinblick auf das Gemeinwohl des

Landes festgelegt wurde (und es ist natürlich sehr schwierig festzustellen, was das „Gemeinwohl" ist). Theoretiker könnten, um all dies zu erklären, wahrscheinlich eine Reihe von Prinzipien herausarbeiten und sprechen zum Beispiel von einem *jus subjectionis* der Vermieter oder von einer *jura eminentia* oder *Souveränität* der Mieter und der Regierungsbeamten, die den an die enteigneten Grundeigentümer zu zahlenden Beträge festlegen. Aber die Dinge bleiben, wie sie sind: Menschen werden vom Landesrecht nicht gleich behandelt in dem Sinn, wie Dicey es in seinem berühmten Buch meinte.

Die Möglichkeit mehrerer Gesetze, die gleichzeitig für verschiedene Klassen von Bürgern im gleichen Land gelten, sie jedoch unterschiedlich behandeln (das häufigste Beispiel ist der progressive, vom Einkommen der Bürger abhängige Steuertarif, der schon ein allgemeines Merkmal aller westlichen Länder geworden ist), steht wiederum in Zusammenhang mit dem Prinzip der *Allgemeinheit des Rechts*. Tatsächlich ist es nicht leicht herauszuarbeiten, was ein Gesetz im Vergleich zu einem anderen *allgemein* macht. Es gibt viele „Gattungen", unter denen „generelle" Gesetze ausgedacht werden könnten, und viele „Arten", die in Betracht zu ziehen innerhalb derselben „Gattung" möglich ist.

Dicey hielt den „Geist des Rechts" für ein besonderes Merkmal englischer Institutionen. Ihm zufolge basierte das gesamte britische politische System auf allgemeinen Prinzipien, die Ergebnis „richterlicher Entscheidungen waren, die in spezifischen Fällen, die vor die Gerichte gebracht wurden, die Rechte von Privatpersonen bestimmten". Er stellte dies dem gegenüber, was auf dem europäischen Festland (und, wie er hätte sagen können, auch in den Vereinigten Staaten) passiert, wo „die den Rechten von Individuen gegebene Sicherheit aus den allgemeinen Prinzipien der Verfassung resultiert oder zu resultieren scheint", die sich ihrerseits aus einem Gesetzesbeschluss ergeben. Dicey erklärte mit der für ihn typischen Klarheit, was er damit meinte:

> „Wenn es zulässig ist, die Formeln der Logik auf die Fragen des Rechts anzuwenden, kann der Unterschied in dieser Angelegenheit zwischen der Verfassung Belgiens und der englischen Verfassung mit der Aussage beschrieben werden, dass Individualrechte in Belgien Deduktionen aus den Prinzipien der Verfassung sind, während in England die sogenannten Prinzipien der Verfassungen Induktionen oder Verallgemeinerungen sind, die auf einzelnen Entscheidungen beruhen, die von den Gerichten hinsichtlich der Rechte bestimmter Individuen verkündet werden."[23]

Dicey gab auch an – obwohl „dies natürlich ein formaler Unterschied war", kein wesentlicher Umstand an sich –, dass große praktische Unterschiede durch historische Erfahrung offenbart wurden, zum Beispiel über die französische Verfas-

---

[23] a. a. O.

sung von 1791, die eine Reihe von Rechten verkündete, während „es nie einen Zeitabschnitt in den schriftlichen Annalen der Menschheit gab, wo jedes einzelne dieser Rechte so ungesichert, man kann fast sagen vollständig nicht-existent war wie zum Höhepunkt der Französischen Revolution". Der Grund für diese Unterschiede zwischen den englischen und den kontinentaleuropäischen Systemen war Dicey zufolge der Mangel an rechtstechnischen Fähigkeiten der Gesetzgeber (und hier spricht aus Dicey die wohlbekannte Ungeduld der englischen Richter mit der Arbeit der Gesetzgeber), die nötig waren, um Abhilfen zu entwerfen, die die Ausübung von Rechten durch die Bürger sicherstellten. Dicey glaubte nicht, dass diese Fähigkeit mit geschriebenen Verfassungen als solchen unvereinbar war und verkündete mit Bewunderung, dass „die Staatsmänner Amerikas die unvergleichliche Fähigkeit zeigten, auch für die Mittel zu sorgen, die in der amerikanischen Verfassung proklamierten Rechte auch mit Rechtssicherheit auszustatten", so dass „die Rule of Law ein ausgeprägtes Merkmal der Vereinigten Staaten wie Englands war".[24] Nach Dicey war die Ausübung der Rechte des Individuums unter der englischen Verfassung besser abgesichert als die Ausübung ähnlicher Rechte unter den kontinentaleuropäischen Verfassungen; und diese „Sicherheit" ging hauptsächlich auf die größere juristische Fertigkeit der englischsprechenden Völker zurück, die mit diesen Rechten verbundenen Hilfsmittel auszudenken.

Sicherheit ist auch ein Merkmal, das Professor Hayek in seiner jüngeren Analyse des Ideals der Rule of Law betont. Er begreift sie auf eine Weise, die sich nur scheinbar von der Diceys unterscheidet, obwohl dieser Unterschied in mancherlei Hinsicht sehr wichtig sein mag.

Professor Hayek zufolge[25] ist die Rechtssicherheit wahrscheinlich die wichtigste Voraussetzung für die wirtschaftlichen Aktivitäten der Gesellschaft und hat viel zum größeren Wohlstand der westlichen Welt beigetragen im Vergleich zum Orient, wo die Rechtssicherheit nicht so früh erreicht wurde. Aber er analysiert nicht, was der Begriff „Sicherheit" in Bezug auf das Recht wirklich bedeutet. Dies ist ein Punkt, der in einer Theorie der „Rule of Law" sehr präzise behandelt werden muss, aber weder Dicey noch Professor Hayek noch eigentlich die meisten anderen Gelehrten beschäftigen sich sehr eingehend mit dieser Materie. Unterschiedliche Bedeutungen des Ausdrucks „Rechtssicherheit" liegen möglicherweise an der Wurzel der meisten Missverständnisse zwischen kontinentaleuropäischen und englischen Gelehrten hinsichtlich der Rule of Law und scheinbar ähnlicher Konzepte wie schriftlicher Verfassungen, Rechtsstaaten usw. Dicey hatte keine vollkommen klare Vorstellung davon, was die „Sicherheit" des Rechts für ihn bedeutete, als er die Hauptmerkmale der Rule of Law beschrieb. Anscheinend hängt diese Tatsache mit der Abwesenheit geschriebener – und daher, gewissermaßen,

---

[24] Ebd., S. 195.
[25] F. A. Hayek, op. cit., S. 36.

sicherer – Regeln im englischen traditionellen Common Law, einschließlich des Verfassungsrechts, zusammen. Wenn Sicherheit nur von schriftlichen Regeln abhinge, wäre weder das Common Law noch der Teil von ihm, der Verfassungsrecht genannt werden kann, überhaupt sicher. Viele der jüngsten Angriffe gegen die „Unsicherheit" des Case Law – ausgehend von Englisch sprechenden und insbesondere amerikanischen Juristen und von Politikwissenschaftlern, die der sogenannten realistischen Schule angehören –, fußen tatsächlich auf einer Bedeutung des Begriffs „Sicherheit", die die Existenz einer eindeutig geschriebenen Formulierung impliziert, deren Wortlaut nicht nach Belieben durch den Leser verändert werden sollten. Diese Ungeduld mit ungeschriebenen Gesetzen ist ein Auswuchs der zunehmenden Zahl von Gesetzesvorschriften in gegenwärtigen Rechtssystem und politischen Systemen sowie des zunehmenden Gewichts, das dem Gesetzesrecht verglichen mit dem Case Law (dem ungeschriebenen Gesetz) in England wie auch in anderen Ländern des britischen Commonwealth und in den Vereinigten Staaten von Amerika beigemessen wird.

Die Rechtssicherheit hängt mit der Idee eindeutiger Formeln wie jener zusammen, die die Deutschen „Rechtssätze" nennen würden, auch in dem Sinn, den Professor Hayek in seinen Vorlesungen über die Rule of Law dem Wort „Sicherheit" gibt. Er erklärt, dass selbst „die Übertragung der Gesetzgebung auf eine Art nichtgewählte Autorität, nicht im Widerspruch zur Rule of Law stehen muss, so lange diese Autorität an den Staat gebunden ist und die Regeln vor ihrer Anwendung bekanntmacht ... ". Er fügt hinzu, das Problem mit der modernen Anwendung der Übertragung bestehe nicht darin, „dass die Macht der Gesetzgebung delegiert wird, sondern dass den Autoritäten effektiv die Macht gegeben wird, ohne Regeln Zwang auszuüben, denn für die Ausübung der in Frage stehenden Macht kann keine generelle Regel formuliert werden".[26]

Es gibt eine Art Parallele zwischen dem, was nach Professor Hayek in Bezug auf das Verwaltungsrecht oder die Verwaltungsgerichte unwichtig ist und dem, was für ihn im Konzept der „Sicherheit" wirklich wichtig ist. Wirklich wichtig ist ihm, dass das Verwaltungsrecht durch *unabhängige* Gerichte überwacht wird, ungeachtet der Tatsache, dass es etwas Besonderes gibt, das „Verwaltungsrecht" genannt wird, und unabhängig davon, ob die dieses Recht sprechenden Gerichte besondere Gerichte sind oder nicht. Ähnlich glaubt Professor Hayek, dass aus der Tatsache, dass Gesetze von Parlamenten oder irgendeiner delegierten Autorität aufgestellt werden, keine ernsthaften Schwierigkeiten erwachsen können, vorausgesetzt lediglich, dass solche Gesetze allgemeingültig, klar formuliert und im Voraus veröffentlicht sind.

---

[26] Ebd., S. 38.

Allgemeine, rechtzeitig aufgestellte und allen Bürgern bekannt gegebene Gesetze erlauben es den Bürgern vorherzusehen, was als Konsequenz ihres Verhaltens auf der rechtlichen Ebene passieren wird oder, mit den Worten Professor Hayeks: „Grundsätzlich dürfen Umstände, die jenseits seines [des Individuums] Blickfeldes liegen, nicht zur Grundlage des gegen ihn angewandten Zwangs herangezogen werden".

Dies ist sicherlich eine klassische Interpretation der Rechtssicherheit. Man kann auch hinzufügen, dass sie wahrscheinlich die berühmteste ist, denn sie ist seit den Tagen der alten griechischen Zivilisation in vielen gefeierten Varianten formuliert worden, wie mit einigen Zitaten aus der *Politik* und der *Rhetorik* von Aristoteles leicht nachgewiesen werden kann. Wenn dieser Philosoph die Regierung durch Gesetze lobt, denkt er sehr wahrscheinlich an diese allgemeinen Regeln, die im Vorhinein allen Bürgern bekannt sind, die zu seiner Zeit an die Wände öffentlicher Gebäude geschrieben wurden oder auf besondere Stücke Holz oder Stein wie den *kurbeis*, den die Athener zu diesem Zweck verwendeten. Das Ideal eines geschriebenen Gesetzes, allgemein verständlich und erkennbar für jeden Bürger der kleinen und herrlichen Städte, die entlang der Küste des Mittelmeeres verstreut liegen und von Menschen griechischer Abstammung bevölkert waren, ist eines der kostbarsten Geschenke, die die Gründer der westlichen Zivilisation ihrer Nachwelt hinterlassen haben. Aristoteles wusste gut um den Schaden, den eine willkürliche, zufällige und unberechenbare Herrschaft (ob ein vom Pöbel auf der *agora* Athens gebilligtes Dekret oder der launenhafte Befehl eines Tyrannen in Sizilien) den normalen Menschen in seiner Zeit zufügen konnte. Somit betrachtete er Gesetze, also allgemeine Regeln, die in Begriffen niedergelegt waren, die präzise und jedem erkennbar waren, als unverzichtbare Institution für Bürger, die „frei" zu nennen waren, und Cicero wiederholte dieses aristotelische Verständnis in seinem berühmten Spruch im *oratio pro Cluentio*: „omnes legum servi sumus ut liberi esse possimus" („Wir alle müssen, damit wir frei sein können, dem Gesetz gehorchen").

Dieses Ideal der Sicherheit ist auf dem europäischen Kontinent durch eine lange Reihe von Ereignissen eingeprägt und verstärkt worden. Justinians *Corpus Juris Civilis* war mehrere Jahrhunderte in den römischen wie auch in den germanischen Ländern genau das Buch, in dem das Ideal der Rechtssicherheit, verstanden als die Sicherheit des *geschriebenen Rechts*, verkörpert zu sein schien. Dieses Ideal wurde im Kontinentaleuropa des siebzehnten und achtzehnten Jahrhunderts nicht verworfen, sondern sogar hervorgehoben, als die absolutistischen Regierungen, wie der verstorbene Professor Ehrlich in seinem brillanten Aufsatz über *Juristische Logik* betonte, sicherstellen wollten, dass ihre Richter nicht die Bedeutung ihrer Gesetze veränderten. Jeder weiß, was im neunzehnten Jahrhundert auf dem europäischen Festland passierte. Alle europäischen Länder nahmen schriftliche Gesetze und schriftliche Verfassungen an und akzeptierten die Idee, dass präzise formulierte Sätze ihre Völker vor den Übergriffen aller Arten von Tyrannen schützen könnten. Regierungen wie auch Gerichtshöfe akzeptierten diese Interpretation der Vorstellung von Rechtssicherheit als die Präzision einer von Gesetzgebern niedergelegten schriftlichen Formulierung. Dies war nicht der einzige Grund, weshalb in Kontinentaleuropa Gesetzesbücher und Verfassungen angenommen wurden, aber es war mindestens einer der Hauptgründe. Kurz, die kontinentaleuropäische Vorstellung von Rechtssicherheit entsprach der Idee eines präzise formulierten, niedergeschriebenen Satzes. Diese Vorstellung von Sicherheit wurde weitgehend als *Präzision* verstanden.

Ob dies tatsächlich die Vorstellung war, die das englische Volk von Rechtssicherheit hatte und ob diese Vorstellung in ihrem Ideal der Rule of Law einbezogen war, ist auf dem ersten Blick nicht eindeutig. Wir werden etwas später auf diese Frage zurückkommen.

Die griechische oder kontinentaleuropäische Vorstellung von Rechtssicherheit stimmt in der Tat mit dem Ideal der individuellen Freiheit überein, wie sie von den griechischen Autoren formuliert wurden, die über die Regierung durch Gesetze sprechen. Zweifellos ist die Regierung durch Gesetze einer Regierung auf Grundlage von Dekreten eines Tyrannen oder des Pöbels vorzuziehen. Allgemeingültige Gesetze sind immer berechenbarer als besondere und unvermutete Befehle, und wenn die Berechenbarkeit der Konsequenzen eine der unvermeidlichen Voraussetzungen menschlicher Entscheidungen ist, ist die Schlussfolgerung notwendig, dass individuelle Handlungen, je berechenbarer allgemeingültige Regeln ihre Konsequenzen zumindest auf der rechtlichen Ebene machen, desto mehr „frei" von Beeinträchtigungen anderer Menschen, einschließlich der Amtsgewalten, genannt werden können.

Aus dieser Sicht müssen wir zugeben, dass allgemeine, präzise formulierte Regeln (wie sie möglich sind, wenn schriftliche Gesetze angenommen werden), eine Verbesserung gegenüber unvermuteten Befehlen und unberechenbaren Dekreten von Tyrannen sind. Aber leider ist all dies keine Garantie, dass wir tatsächlich „frei" von Beeinträchtigungen durch die Amtsgewalten sein werden. Wir können einen Moment die Fragen beiseite legen, die aus der Tatsache entstehen, dass Regeln vollkommen „sicher" im von uns beschriebenen Sinn, also präzise formuliert sein können, und gleichzeitig so tyrannisch, dass niemand, der sich ihnen gemäß verhält, als „frei" bezeichnet werden kann. Aber es gibt eine weitere Schwierigkeit, die ebenfalls aus der Annahme solch allgemeingültiger, schriftlicher Regeln resultiert, selbst wenn sie uns in unserem individuellen Verhalten erhebliche „Freiheit" zugestehen. Der übliche Vorgang der Aufstellung von Gesetzen in solchen Fällen findet über den Weg der Gesetzgebung statt. Aber der legislative Vorgang findet nicht einmalig statt. Er wiederholt sich jeden Tag.

Dies trifft besonders in unserer Zeit zu. In meinem Land bedeutet der legislative Vorgang jetzt etwa zweitausend Gesetze jedes Jahr, und jedes von ihnen kann aus mehreren Artikeln bestehen. Manchmal finden wir dutzende oder sogar hunderte Artikel im selben Gesetzesblatt. Ziemlich häufig widerspricht ein Gesetz einem anderen. Es gibt eine allgemeine Regel in meinem Land, die besagt, dass, wenn zwei bestimmte Gesetze aufgrund ihres widersprüchlichen Inhalts miteinander unvereinbar sind, das jüngere Gesetz das ältere Gesetz aufhebt. Aber in unserem System kann niemand sagen, ob eine Regel nur ein Jahr oder einen Monat oder einen Tag alt ist, bevor es von einem neuen Gesetz aufgehoben wird. All diese Gesetze sind präzise formuliert in schriftlichen Sätzen, die Leser oder Interpreten nicht nach Belieben ändern können. Dessen ungeachtet können sie alle so abrupt verschwinden, wie sie erschienen sind. Das Ergebnis ist, dass, wenn wir die Mehrdeutigkeiten des Textes außer Acht lassen, wir immer bezüglich des wörtlichen Inhalts eines jeden Gesetzes zu jedem gegebenen Zeitpunkt „sicher" sind; aber wir können *niemals sicher* sein, dass wir morgen immer noch die Gesetze haben werden, die wir heute haben.

Dies ist die „Rechtssicherheit" im griechischen oder kontinentaleuropäischen Sinn. Nun würde ich nicht so weit gehen zu sagen, dass dies „Sicherheit" in dem Sinn ist, die man braucht, um vorherzusehen, dass das Resultat eines heutigen Beschreitens des Rechtsweges auch morgen frei von irgendeiner rechtlichen Beeinträchtigung sein wird. Diese Art von „Sicherheit", die von Aristoteles und Cicero so sehr gelobt wurde, hat letztlich nichts mit der Sicherheit zu tun, die wir brauchen, um tatsächlich in dem Sinn „frei" zu sein, wie er von diesen alten und ruhmreichen Repräsentanten unserer westlichen Zivilisation gemeint war.

Dies ist jedoch nicht die einzige Bedeutung des Ausdrucks „Rechtssicherheit", wie er im Westen verwendet und verstanden wird. Es gibt eine andere Bedeutung, die viel mehr mit dem Ideal der „Rule of Law" übereinstimmt, wie sie vom englischen wie auch vom amerikanischen Volk verstanden wurde, zumindest in den Zeiten, als die „Rule of Law" ein Ideal war, das ohne jeden Zweifel in Zusammenhang mit der individuellen Freiheit stand, die als Freiheit von Beeinträchtigung von jeder Seite, einschließlich der Obrigkeiten, verstanden wurde.

Kapitel 4
Freiheit und Rechtssicherheit

Das griechische Konzept der Rechtssicherheit war das eines geschriebenen Gesetzes. Obwohl wir hier nicht direkt mit den Problemen historischer Forschung befasst sind, mag die Erinnerung von Interesse sein, dass die Griechen, besonders in früherer Zeit, ebenfalls ein Konzept des Gewohnheitsrechts und allgemein der ungeschriebenen Gesetze hatten. Aristoteles selbst spricht von den letzteren. Diese waren nicht zu verwechseln mit dem jüngeren Konzept des Rechts als einem Komplex schriftlicher Formulierungen in dem fachspezifischen Sinn, den das Wort *nomos* im fünften und vierten Jahrhundert vor Christus annahm. Aber die alten Griechen wurden, in einer reiferen Phase ihrer Geschichte, auch ihrer gewohnten Vorstellung überdrüssig, das Recht sei die schriftliche Fassung dessen, was Körperschaften wie die Athenische Volksversammlung beschlossen hatten.

In dieser Hinsicht ist das Beispiel der alten Griechen besonders passend, nicht nur, weil sie die Gründer der politischen Systeme waren, die später von den Ländern des Westens übernommen wurden, sondern auch, weil die meisten griechischen Völker, besonders die Athener, die politische Freiheit in einem Sinn, der für uns vollkommen verständlich ist und vergleichbar mit unserem eigenen, ehrlich hochschätzten. Was zum Beispiel Thukydides den Perikles in seiner berühmten Rede für die im Peloponnesischen Krieg als erste gefallenen athenischen Soldaten und Seemänner sagen lässt, könnte von solch modernen Repräsentanten des politischen Ideals der Freiheit wie Jefferson, De Tocqueville, John Stuart Mill, Lord Acton oder Spencer fast wortwörtlich wiederholt werden. Die Authentizität der von Thukydides verwendeten Aufzeichnungen, mit denen die Rede Perikles' rekonstruiert wurde, ist noch immer ungeklärt. Aber selbst wenn wir uns vorstellen, dass Thukydides selbst, und nicht Perikles, diese Rede schrieb, wäre die Autorität von Thukydides, bezogen auf die Gefühle der Athener und die Umstände der Zeit, in dieser Hinsicht nicht geringer als die von Perikles. Und so verwendet Perikles, wie von Thukydides zitiert, in einer englischen Übersetzung von Crawley die folgenden Worte, um das politische und staatliche System Athens in der Mitte des fünften Jahrhunderts vor Christus zu beschreiben:

> „Unsere Staatsform ahmt nicht die Gesetze benachbarter Staaten nach. Vielmehr sind wir ein Vorbild für andere, statt selber Nachahmer. Ihre Verwaltung bevorzugt die Vielen, nicht die Wenigen; daher wird sie eine Demokratie genannt. Wenn wir die Gesetze betrachten, gewähren sie bei privaten Auseinandersetzungen allen das gleiche Recht; wenn wir das gesellschaftliche Ansehen betrachten, fällt der Aufstieg im öffentlichen Leben dem zu, der den Ruf der Fähigkeit erworben hat, und Verdienst wird nicht durch Klassenzugehörigkeit beeinträchtigt. Auch Armut

versperrt diesen Weg nicht. Wenn ein Mann in der Lage ist, dem Staat zu dienen, wird er nicht durch die Unscheinbarkeit seiner Umstände daran gehindert. Die Freiheit, die wir in unserer Regierungsform genießen, erstreckt sich auch auf unser normales Leben. Weit davon entfernt, uns gegenseitig eifersüchtig zu beobachten, empfinden wir dort keinen Ärger über unseren Nachbarn dafür, dass er tut, was ihm gefällt; auch geben wir uns nicht jenen kränkenden Blicken hin, die immer beleidigen, selbst wenn sie nicht strafen. Aber all diese Ungezwungenheit in unseren privaten Beziehungen macht aus uns keine gesetzlosen Bürger. Davor schützt uns hauptsächlich die Furcht, die uns lehrt, den Richtern und den Gesetzen zu gehorchen, insbesondere jenen, die denen Schutz bieten, deren Recht verletzt wurde, ob diese nun in den Gesetzesbüchern stehen oder zu jenem Kodex gehören, der, obwohl ungeschrieben, dennoch nicht ohne öffentliche Schande gebrochen werden kann."[27]

Diese griechische Vorstellung von Freiheit, wie in der Rede des Perikles dargestellt, ähnelt sehr unserer gegenwärtigen Vorstellung von Freiheit als maximaler Unabhängigkeit von Zwang durch andere, einschließlich der Obrigkeit. Die alte, von einigen Gelehrten wie Fustel de Coulanges vertretene Vorstellung, dass die alten Griechen dem Wort „Freiheit" einen anderen Sinn gegeben haben, als wir es heute tun, ist in jüngerer Zeit erfolgreich revidiert worden. Es gibt zum Beispiel ein vom kanadischen Gelehrten Professor Eric A. Havelock verfasstes Buch mit dem Titel *The Liberal Temper in Greek Politics* (1957), dessen Zweck es ist, den großartigen Beitrag nachzuweisen, den viele griechische Denker, weniger bekannt als Plato und Aristoteles, dem Ideal der politischen Freiheit im Vergleich zur Knechtschaft in allen Bedeutungen des Wortes hinzufügten. Aus diesem Buch geht hervor, dass griechische Freiheit nicht „Freiheit von Mangel", sondern *Freiheit von Menschen* war. Wie Demokrit in einem erhaltenen Fragment betonte, „ist Armut in einer Demokratie ebenso sehr dem Wohlstand in einer Oligarchie vorzuziehen, wie Freiheit der Knechtschaft vorzuziehen ist". Freiheit und Demokratie kommen in dieser Werteskala am Anfang; Wohlstand kommt danach. Es gibt wenig Zweifel, dass dies auch die Werteskala der Athener war. Mit Sicherheit machten Perikles und Thukydides sie sich zu eigen. In der Rede an die Gefallenen lesen wir auch, dass jene Athener, die im Krieg gestorben waren, ihren Mitbürgern als Vorbild dienen sollten, die „im Glück die Frucht der Freiheit, und in der Freiheit die Frucht der Tapferkeit erkennend, niemals die Gefahren des Krieges ablehnen würden".[28]

Gesetzgebung war die Angelegenheit der legislativen Volksversammlungen, und die von diesen Versammlungen schriftlich niedergelegten Regeln wurden als Gegensatz zu den willkürlichen Anordnungen von Tyrannen betrachtet. Aber die Griechen, insbesondere die Athener, stellten in der zweiten Hälfte des fünften und

---

[27] Thukydides, *The History of the Peloponnesian War*, II, 37\39, Übers. von R. Crawley (London: J. M. Dent & Sons, 1957, S. 93).

[28] a. a. O.

im vierten Jahrhundert vor Christus unmissverständlich die schwerwiegenden Nachteile eines Gesetzgebungsverfahrens fest, in dem alle Gesetze *sicher* waren (also mit präzisem Wortlaut formuliert), in dem aber *niemand sicher war, ob irgendein heute gültiges Gesetz bis zum nächsten Tag bestehen könnte*, ohne von einem nachfolgenden Gesetz außer Kraft gesetzt oder verändert zu werden.

Tysamenes' Reform der athenischen Verfassung am Ende des fünften Jahrhunderts ist eine Antwort auf dieses Problem, über die zeitgenössische Politikwissenschaftler und Politiker mit Gewinn nachdenken könnten. Damals wurde in Athen ein rigider und komplexer Vorgang eingeführt, um legislative Innovationen in geordnete Bahnen zu lenken. Jeder Gesetzesvorschlag von einem Bürger (in der athenischen direkten Demokratie war jeder Mann, der der allgemeinen legislativen Versammlung angehörte, berechtigt, Gesetzesentwürfe vorzulegen, in Rom hingegen durften dies nur gewählte Beamte tun) wurde einer sorgfältigen Untersuchung durch ein spezielles Komitee von Beamten (*nomotetai*) unterzogen, dessen Aufgabe genau war, die vorherige Gesetzgebung gegen den neuen Vorschlag zu verteidigen. Natürlich konnten Antragsteller vor der allgemeinen gesetzgebenden Versammlung frei gegen die *nomotetai* argumentieren, um ihren eigenen Vorschlag zu unterstützen, so dass die ganze Diskussion auf der Grundlage einer Gegenüberstellung des alten und des neuen Gesetzes statt lediglich einer Rede zugunsten des neuen geführt werden sollte.

Aber damit war die Angelegenheit noch nicht abgeschlossen. Selbst wenn das Gesetz endlich von der Versammlung beschlossen worden war, wurde der Antragsteller für seinen Vorschlag zur Verantwortung gezogen, wenn, nachdem die Versammlung dem Gesetz zugestimmt hatte, ein anderer, als Kläger gegen den Antragsteller auftretender Bürger beweisen konnte, dass die neue Gesetzgebung einige schwerwiegende Fehler hatte oder dass sie zu älteren, in Athen noch gültigen Gesetzen in nicht aufhebbarem Widerspruch stand. In diesem Fall konnte dem Antragsteller rechtmäßig der Prozess gemacht werden, und die Strafe konnte sehr ernst sein, selbst die Todesstrafe war möglich, wohingegen glücklose Antragsteller normalerweise nur ein Bußgeld zu zahlen hatten. Dies ist keine Legende. Wir wissen all dies aus der Anklage des Demosthenes gegen einen dieser glücklosen Antragsteller namens Tymokrates. Dieses System, Antragsteller unangemessener Gesetzgebung mit Bußgeldern zu bestrafen, steht nicht im Widerspruch zur Demokratie, wenn wir mit diesem Wort eine Regierungsform meinen, in dem das Volk souverän ist, und wenn wir zugeben, dass Souveränität auch Verantwortungslosigkeit bedeutet, so wie sie im Laufe der Geschichte ja auch oft interpretiert wurde.

Wir müssen den Schluss ziehen, dass die athenische Demokratie sich am Ende des fünften und während des vierten vorchristlichen Jahrhunderts mit der Vorstellung, Rechtssicherheit könne einfach mit präzisem Wortlaut gleichgesetzt werden, offensichtlich nicht zufrieden gab.

Aufgrund von Tysamenes' Reform entdeckten die Athener endlich, dass sie nicht frei von Beeinträchtigungen durch politische Macht sein konnten, wenn sie allein den gegenwärtigen Gesetzen gehorchten; sie mussten auch in der Lage sein, die künftigen Folgen der Gesetzgebungsvorhaben vorauszusehen. Dies ist in der Tat der Hauptnachteil der Vorstellung, dass die Rechtssicherheit einfach mit dem präzisen Wortlaut einer schriftlichen Regel, ob allgemeingültig oder nicht, gleichgesetzt werden kann. Aber in der Geschichte der politischen und rechtlichen Systeme des Westens hat die Idee der Rechtssicherheit nicht nur den oben erwähnten Sinn. Sie wurde auch in einem gänzlich anderen Sinn verstanden. Die Rechtssicherheit im Sinne einer geschriebenen Formulierung bedeutet einen Zustand, der unweigerlich durch den jederzeit möglichen Austausch des gegenwärtigen Gesetzes gegen ein Folgegesetz bedingt ist. Je intensiver und beschleunigter der Gesetzgebungsvorgang ist, desto weniger sicher wird es sein, dass sich die gegenwärtige Gesetzeslage eine Zeit lang hält. Darüber hinaus kann nichts verhindern, dass ein im oben erwähnten Sinne sicheres Gesetz auf unvorhergesehene Weise durch ein anderes, nicht weniger „sicheres" Gesetz verändert wird.

Demnach könnte die Rechtssicherheit in diesem Sinne *kurzfristige* Rechtssicherheit genannt werden. Tatsächlich scheint es in unseren Tagen eine bemerkenswerte Parallele zwischen kurzfristigen Bestimmungen in wirtschaftspolitischen Angelegenheiten und kurzfristiger Sicherheit der Gesetze zu geben, die zur Absicherung dieser Bestimmungen in Kraft gesetzt werden. Allgemeiner gesagt, können heutzutage die rechtlichen und politischen Systeme fast aller Länder in dieser Hinsicht als kurzfristige Systeme definiert werden, im Gegensatz zu den klassischen langfristigen Systemen der Vergangenheit. Der berühmte Spruch des kürzlich verstorbenen Lord Keynes, „langfristig sind wir alle tot", könnte von künftigen Historikern als Motto der gegenwärtigen Zeit angenommen werden. Aufgrund des enormen und beispiellosen Fortschritts in den technischen Mitteln und wissenschaftlichen Instrumenten, die entwickelt wurden, um vielerlei Arten von Aufgaben zu erledigen und vielerlei Arten materieller Resultate zu vollbringen, haben wir uns vielleicht zunehmend daran gewöhnt, umgehend Ergebnisse zu erwarten. Bei Menschen, die die Unterschiede ignorieren oder zu ignorieren versuchen, hat diese Tatsache zweifellos die Erwartung unverzüglicher Resultate auch in anderen Bereichen und hinsichtlich anderer Angelegenheiten erweckt, die überhaupt nicht vom technischen oder wissenschaftlichen Fortschritt abhängen.

Ich erinnere mich an ein Gespräch, das ich mit einem alten Mann geführt habe, der in meinem Land Pflanzen züchtete. Ich bat ihn, mir einen großen Baum für meinen privaten Garten zu verkaufen. Er antwortete: „Jeder will jetzt große Bäume. Die Leute wollen sie sofort; sie wollen sich nicht mit der Tatsache belasten, dass Bäume langsam wachsen und dass es viel Zeit und Mühe braucht, sie aufzuziehen. Heute sind alle immer in Eile", schloss er traurig, „und ich weiß nicht, warum".

Lord Keynes hätte ihm den Grund nennen können: Die Menschen glauben, dass sie langfristig alle tot sein werden. Dieselbe Einstellung ist auch im Zusammenhang mit dem allgemeinen Niedergang des religiösen Glaubens erkennbar, den so viele Priester und Pastoren heutzutage beklagen. Christlicher religiöser Glaube pflegte nicht das gegenwärtige, sondern das künftige Leben eines Menschen zu betonen. Je weniger Menschen jetzt an diese künftige Welt glauben, desto mehr klammern sie sich an ihr gegenwärtiges Leben, und weil sie glauben, dass das individuelle Leben kurz ist, sind sie in Eile. Dies hat in der gegenwärtigen Zeit eine umfangreiche Säkularisierung des religiösen Glaubens in den Ländern des Okzidents und des Orients verursacht, so dass selbst einer Religion, die der gegenwärtigen Welt gegenüber so gleichgültig ist wie der Buddhismus, von einigen ihrer Anhänger eine weltliche, „soziale", wenn nicht gar eine „sozialistische" Bedeutung verliehen wird. Dagobert Runes, ein zeitgenössischer amerikanischer Autor, schreibt in seinem Buch über Kontemplation: „Die Kirchen haben die Verbindung zum Göttlichen verloren und sich Buchbesprechungen und der Politik zugewandt".[29]

Dies mag erklären helfen, weshalb heute dem langfristigen Konzept der Rechtssicherheit, oder jedwedem auf lange Sicht angelegten Verständnis des menschlichen Verhaltens, so wenig Aufmerksamkeit geschenkt wird. Natürlich bedeutet dies nicht, dass kurzfristige Systeme tatsächlich effizienter als langfristige darin sind, genau jene Ziele zu erreichen, die den Leuten vorschweben, wenn sie zum Beispiel eine wunderbare neue Vollbeschäftigungspolitik ersinnen oder einfach einen Pflanzenzüchter um große Bäume für ihre Gärten bitten.

Das kurzfristige Konzept ist nicht die einzige Vorstellung von Rechtssicherheit, die die Geschichte der Rechtssysteme in den westlichen Ländern demjenigen Betrachter präsentiert, der geduldig genug ist, die Prinzipien zu erkennen, die den Institutionen zugrunde liegen.

Im Altertum etwa verhielt es sich anders. Obwohl Griechenland von Historikern zu einem gewissen Maß als ein Land mit einem geschriebenen Gesetz beschrieben werden konnte, kann man bezweifeln, dass das alte Rom ein solches war. Wir sind wahrscheinlich so daran gewöhnt, beim römischen Rechtssystem an Justinians *Corpus Juris* zu denken, also an ein geschriebenes Gesetzesbuch, dass wir zu erkennen versäumen, wie das römische Recht wirklich funktionierte. Die römischen Gesetzesregeln fußten zu einem großen Teil auf keinem irgendwie gearteten legislativen Vorgang. Privates römisches Recht, von den Römern *jus civile* genannt, wurde im Verlauf des Großteils der langen Geschichte der römischen Republik und des Reiches praktisch außerhalb der Zuständigkeit der Gesetzgeber gehal-

---

[29] Dagobert D. Runes, *A Book of Contemplation* (New York: Philosophical Library, 1957), S. 20.

ten. Bedeutende Gelehrte wie die kürzlich verstorbenen italienischen Professoren Rotondi und Vincenzo Arangio Ruiz und der ebenfalls kürzlich verstorbene englische Jurist W. W. Buckland betonten wiederholt, dass „die fundamentalen Vorstellungen im Civil Law gesucht werden müssen, einer Sammlung von Prinzipien, die von einer viele Jahrhunderte überspannenden Jurisprudenz ohne Beeinträchtigung durch eine gesetzgebende Körperschaft allmählich entwickelt und verfeinert wurde".[30] Buckland erwähnt außerdem, wahrscheinlich auf der Grundlage von Rotundis Untersuchungen, dass „von den vielen hundert *leges* [Statuten], die bekannt sind, nicht mehr als etwa vierzig für das Privatrecht von Bedeutung waren", so dass zumindest im klassischen Zeitalter des römischen Rechts „das Statut, im Hinblick auf das Privatrecht, nur eine sehr untergeordnete Position einnimmt".[31]

Es ist offensichtlich, dass dies nicht das Ergebnis einer mangelnden Fähigkeit der Römer war, Statuten zu erarbeiten. Ihnen standen viele Arten von Statuten zur Verfügung: die *leges*, die *plebiscita* und die *Senatus Consulta*, die jeweils vom Volk oder vom Senat gebilligt wurden, und ihnen standen auch mehrere Arten von *leges* zur Verfügung, etwa die *leges imperfectae*, die *minusquamperfectae*, und die *plusquamperfectae*. Aber in der Regel beschränkten sie geschriebenes Recht auf einen Bereich, in dem gesetzgebende Körperschaften eine unmittelbare Berechtigung zum Eingriff hatte, nämlich im öffentlichen Recht, *quod ad rem Romanam spectat*, in Bezug auf die Funktionsfähigkeit politischer Versammlungen, des Senats, der Richter, also ihrer Regierungsbeamten. Geschriebenes Recht war für die Römer hauptsächlich Constitutional Law oder Administrative Law (und auch Strafrecht), das sich nur indirekt auf das Privatleben und die privaten Unternehmungen der Bürger bezog.

Dies bedeutete, dass, wenn zwischen römischen Bürgern eine Meinungsverschiedenheit, beispielsweise über ihre vertragsgemäßen Rechte oder Pflichten, entstand, sie ihre Ansprüche selten auf ein Statut, auf ein präzise formuliertes, schriftliches und damit im griechischen oder kurzfristigen Sinn des Wortes *sicheres* Gesetz fußen konnten. Demgemäß hat einer der bedeutendsten zeitgenössischen Historiker des römischen Rechts, Professor Fritz Schulz, darauf hingewiesen, dass *Sicherheit* (im kurzfristigen Sinn) im römischen Civil Law unbekannt war. Dies bedeutet überhaupt nicht, dass die Römer nicht in der Lage waren, die künftigen rechtlichen Konsequenzen ihrer Handlungen einzuplanen. Jeder ist sich der enormen Entwicklung der römischen Wirtschaft bewusst, und es ist kaum notwendig, hier auf das beeindruckende Werk Rostovtzeffs zu diesem Thema hinzuweisen. Dabei wissen alle, die das römische Privatrecht studiert haben, dass, wie Professor Schulz

---

[30] W. W. Buckland, *Roman Law and Common Law* (2., von F. H. Lawson überarbeitete Aufl.; Cambridge University Press, 1952), S. 4. Dieses Buch beinhaltet einen phantastischen Vergleich der zwei Systeme.

[31] Ebd., S. 18.

sagt, „der Individualismus des hellenistischen Liberalismus die Entwicklung des Privatrechts auf der Basis von Freiheit und Individualismus verursachte".[32] Tatsächlich wurden die meisten unserer zeitgenössischen kontinentaleuropäischen Zivilgesetzbücher, beispielsweise das französische, das deutsche und das italienische, den in Justinians *Corpus Juris* schriftlich festgehaltenen Gesetzen des römischen Rechts nachempfunden. Sie sind von einigen sozialistischen Reformern als „bourgeois" bezeichnet worden. Sogenannte soziale „Reformen" in europäischen Ländern heute können, wenn überhaupt, nur durch Veränderung oder Aufhebung von Regeln durchgeführt werden, die oft auf dieses alte römische Privatrecht zurückgehen.

Somit hatten die Römer ein ausreichend sicheres Recht, das es den Bürgern ermöglichte, frei und zuversichtlich Pläne für die Zukunft zu schmieden – und das, ohne überhaupt ein geschriebenes Recht zu sein, also ohne eine Reihe von präzise formulierten Regeln vergleichbar mit denen eines geschriebenen Statuts zu sein. Der römische Jurist war eine Art Wissenschaftler: Die Ziele seiner Forschung waren die Lösungen der Fälle, die Bürger ihm zur Untersuchung vorlegten, ebenso wie Industrielle heute einem Physiker oder einem Ingenieur ein technisches Problem bezüglich ihrer Fabrikanlage oder ihrer Produktion vorlegen würden. Folglich war privates römisches Recht etwas zu Beschreibendes oder zu Entdeckendes, nicht etwas in Kraft zu Setzendes – eine Welt von Dingen, die einfach da waren und Teil des gemeinsamen Erbes aller römischen Bürger darstellten. Niemand setzte dieses Recht in Kraft; niemand konnte es mittels Durchsetzung seines persönlichen Willens verändern. Das bedeutete nicht Abwesenheit von Veränderung, aber es bedeutete zweifellos, dass niemand mit Plänen auf der Basis einer gegenwärtigen Regelung abends zu Bett ging, nur um am nächsten Morgen aufzuwachen und festzustellen, dass die Regelung aufgrund einer legislativen Innovation umgestoßen worden war.

Von den Römern wurde ein Konzept der Rechtssicherheit angenommen und angewandt, das in dem Sinne beschrieben werden konnte, dass das Recht niemals plötzlichen und unvorhersehbaren Veränderungen unterzogen werden sollte. Darüber hinaus sollte das Recht in der Regel nie dem willkürlichen Willen oder der willkürlichen Macht irgendeiner gesetzgebenden Versammlung oder irgendeiner einzelnen Person, einschließlich der Senatoren oder anderer prominenter Staatsbeamten unterworfen werden. Dies ist das langfristige Konzept oder, wenn Sie es bevorzugen, das römische Konzept der Rechtssicherheit.

Dieses Konzept war sicherlich für die von den römischen Bürgern normalerweise im Wirtschafts- und Privatleben genossene Freiheit unentbehrlich. Es stellte zu einem gewissen Grade die rechtlichen Beziehungen der Bürger untereinander auf

---

[32] Fritz Schulz, *History of Roman Legal Science* (Oxford: Clarendon Press, 1946), S. 84.

eine Ebene, die dem freien Markt sehr ähnlich war. Das Recht als Ganzes war nicht weniger frei von Zwang als der Markt selbst. Tatsächlich kann ich mir keinen wirklich freien Markt vorstellen, wenn er nicht wiederum in ein Rechtssystem eingebettet ist, das frei von willkürlicher (abrupter und unvorhersehbarer) Beeinträchtigung durch die Obrigkeit oder durch andere Personen ist.

Manche könnten einwenden, dass das römische Rechtssystem auf dem römischen Verfassungssystem fußen musste und dass daher, indirekt, wenn nicht direkt, die römische Freiheit im Wirtschafts- und Privatleben in Wirklichkeit auf geschriebenem Recht beruhte. Dies, so könnte argumentiert werden, war letztlich den willkürlichen Absichten der Senatoren oder solch legislativer Versammlungen wie der *comitia* oder der *concilia plebis* unterworfen, gar nicht zu sprechen von prominenten Bürgern, die, wie Sulla oder Marius oder Cäsar, von Zeit zu Zeit die Kontrolle über alles übernahmen und daher die tatsächliche Macht hatten, die Verfassung umzustoßen.

Römische Staatsmänner und Politiker gebrauchten jedoch ihre Macht sehr vorsichtig, wo es um das Privatleben der Bürger ging. Selbst Diktatoren wie Sulla waren in dieser Hinsicht eher zurückhaltend und wahrscheinlich hätten sie die Idee, das *jus civile* umzustoßen, fast so seltsam gefunden wie moderne Diktatoren die Idee finden würden, die Gesetze der Physik zu untergraben.

Es ist wahr, dass Männer wie Sulla große Anstrengungen unternahmen, um die römische Verfassung in vielerlei Hinsicht zu verändern. Sulla versuchte, an den Völkern Italiens und an Städten wie Arretium oder Volaterrae, die zuvor seinen Hauptfeind Marius unterstützt hatten, Rache zu üben, indem er die römischen legislativen Versammlungen zwang, Gesetze in Kraft zu setzen, die den Einwohnern dieser Städte das römische *jus civitatis*, also das römische Bürgerrecht sowie alle dazugehörigen Privilegien absprach. Wir wissen dies alles aus Ciceros Reden zugunsten von Cecina, vorgetragen von Cicero selbst vor einem römischen Gericht. Wir wissen aber auch, dass Cicero seinen Standpunkt durchsetzte, indem er argumentierte, dass das von Sulla in Kraft gesetzte Gesetz nicht legitim war, da keine gesetzgebende Versammlung einem römischen Bürger mittels eines Gesetzes das Bürgerrecht absprechen konnte, genauso wenig wie es einem römischen Bürger mittels eines Gesetzes die Freiheit nehmen konnte. Das von Sulla in Kraft gesetzte Gesetz war ein vom Volk formal gebilligtes Statut von der Art, die die Römer ein *lex rogata* zu nennen pflegten, also ein Statut, dessen Billigung durch eine Volksversammlung von einem gewählten Beamten in einem ordentlichen Verfahren erbeten worden war. In diesem Zusammenhang merkt Cicero an, dass alle in Statuten zu verwandelnden Gesetzentwürfe eine aus sehr alter Zeit stammende Klausel enthielten, deren Bedeutung, obwohl einem späteren Zeitalter nicht vollständig verständlich, sich offensichtlich auf die Möglichkeit bezog, dass der Inhalt des Gesetzentwurfes, sollte er ein Statut werden, nicht legal sein könnte:

„Si quid jus non esset rogarier, eius ea lege nihilum rogatum" („Wenn es in diesem Gesetzentwurf, dessen Zustimmung ich von Euch erbitte", sagte der Beamte der gesetzgebenden Versammlung des römischen Volkes, „irgendetwas gibt, das nicht legal ist, ist Eure Zustimmung dazu als nicht erbeten zu betrachten"). Dies scheint zu beweisen, dass es Statuten gab, die mit dem Recht im Widerspruch standen und dass Statuten wie solche, die den Bürgern die Freiheit oder das Bürgerrecht vorenthielten, von römischen Gerichten als nicht legal eingestuft wurden.

Wenn Cicero recht hat, dürfen wir schließen, dass das römische Recht von einem Konzept der Legitimität begrenzt war, das demjenigen Diceys im Hinblick auf die englische „Rule of Law" erstaunlich ähnlich ist.[33]

Dem englischen Prinzip der Rule of Law zufolge, das mit der gesamten Geschichte des Common Law in engem Zusammenhang steht, sind Gesetze gewöhnlich nicht das Ergebnis der Durchsetzung des despotischen Willens bestimmter Menschen. Sie sind das Ziel einer sachlichen Untersuchung durch die Gerichtshöfe, genau wie die römischen Gesetze das Ziel einer sachlichen Untersuchung durch römische Juristen waren, denen streitende Parteien ihre Fälle vorlegten. Die Behauptung, dass Gerichtshöfe die korrekte Lösung eines Falles auf jene Weise *beschreiben* oder *entdecken*, wie sie Sir Carleton Kemp Allen in seinem mit Recht berühmten und anregenden Buch *Law in the Making* darstellt, wird heutzutage als veraltet angesehen. Während die zeitgenössische, sogenannte realistische Schule sich anmaßt, alle Arten von Mängeln in diesem Entdeckungsvorgang aufzudecken, schließt sie allzu bereitwillig, dass die Arbeit der Richter im Common Law nicht mehr oder weniger objektiv und nur weniger offen als die der Gesetzgeber ist. Tatsächlich ist es nötig, über dieses Thema viel mehr zu sagen, als hier zu sagen möglich ist. Aber man kann nicht bestreiten, dass die Einstellung der Richter im Common Law gegenüber den *rationes decidendi* ihrer Fälle (d. h. den Gründen ihrer Entscheidungen) schon immer weitaus weniger die eines Gesetzgebers als die eines Gelehrten war, der die Dinge eher zu verstehen als zu verändern versucht. Ich bestreite nicht, dass Richter im Common Law manchmal absichtlich ihr Bestreben verbargen, eine bestimmte Art der Regelung unter dem Deckmantel einer vorgeblichen Verlautbarung über ein schon existierendes Gesetz des Landesrechts einzuführen. Der berühmteste dieser Richter in England, Sir Edward Coke, ist von diesem Verdacht nicht ausgenommen, und ich wage zu behaupten, dass der berühmteste der amerikanischen Richter, Chief Justice Marshall, auch in dieser Hinsicht mit seinem gefeierten Vorgänger aus dem England des siebzehnten Jahrhunderts verglichen werden kann. Mein Argument ist lediglich, dass Gerichtshöfe in England willkür-

---

[33] Für diese und andere interessante Bemerkungen zum römischen Rechtssystem bin ich Professor V. Arangio Ruiz zu Dank verpflichtet, dessen Aufsatz „La règle de droit dans l'antiquité classique", der vom Autor in *Rariora* (Rom: Ed. di storia e letteratura, 1946, S. 233) wiederveröffentlicht wurde, sehr informativ und anregend ist.

liche Gesetze nicht von allein einfach in Kraft setzen konnten, da sie niemals in einer Position waren, dies direkt zu tun, also in der üblichen, plötzlichen, weitreichenden und gebieterischen Art der Gesetzgeber. Darüber hinaus gab es so viele Gerichtshöfe in England, und sie waren aufeinander so eifersüchtig, dass selbst das berühmte Prinzip des bindenden Präzedenzfalles von ihnen bis vor vergleichsweise kurzer Zeit nicht offen als gültig anerkannt wurde. Außerdem konnten sie niemals über etwas entscheiden, das ihnen nicht vorher von Privatpersonen vorgelegt worden war. Schließlich pflegten vergleichsweise wenige Menschen Gerichte aufzusuchen, um sie nach den Regeln zu fragen, die ihre Fälle entschieden. Das Ergebnis war, dass Richter im Gesetzgebungsvorgang mehr in der Position von Beobachtern waren als von Handelnden und darüber hinaus von Beobachtern, denen nicht erlaubt wird, alle Dinge zu sehen, die auf der Bühne stattfinden. Auf der Bühne waren Privatbürger; das Gewohnheitsrecht war vor allem genau das, was gewöhnlich ihrer Meinung nach das Recht war. Gewöhnliche Bürger waren in dieser Hinsicht die wirklich Handelnden, genauso wie sie in den Ländern des Westens immer noch die wirklich Handelnden in der Gestaltung der Sprache und, zumindest teilweise, bei wirtschaftlichen Transaktionen sind. Die Grammatiker, die die Regeln einer Sprache darstellen, oder die Statistiker, die Aufzeichnungen von Preisen oder Mengen der am Markt eines Landes getauschten Güter vornehmen, könnten besser als einfache Beobachter dessen beschrieben werden, was um sie herum geschieht, und weniger als Herrscher über ihre Mitbürger in Bezug auf die Sprache oder die Wirtschaft.

Die zunehmende Bedeutung des legislativen Vorgangs in der Gegenwart auf dem europäischen Festland und in den englischsprachigen Ländern hat zwangsläufig die Tatsache verschleiert, dass das Recht einfach ein Komplex aus Regeln ist, die sich auf das Verhalten gewöhnlicher Menschen beziehen. Es gibt keinen Grund, diese Verhaltensregeln als etwas großartig anderes als andere Verhaltensregeln zu betrachten, die von den Herrschenden selten, wenn überhaupt, beeinträchtigt wurden. Es ist wahr, dass in der gegenwärtigen Zeit die Sprache der einzige Gegenstand zu sein scheint, den die gewöhnlichen Menschen zumindest in der westlichen Welt für sich behalten und vor politischen Eingriffen schützen konnten. In Rotchina zum Beispiel bemüht sich heutzutage die Regierung gewaltsam, die traditionelle Schrift zu verändern, und ein ähnlicher Eingriff ist schon zuvor in bestimmten anderen Ländern des Ostens, beispielsweise in der Türkei, erfolgreich praktiziert worden. Demgemäß haben die Menschen in vielen Ländern fast gänzlich die Zeit vergessen, als Banknoten zum Beispiel nicht nur von einer regierungseigenen Bank, sondern auch von Privatbanken emittiert wurden. Zudem wissen sehr wenige Menschen jetzt, dass zu anderen Zeiten die Herstellung von Münzen eine private Unternehmung war und dass Regierungen sich darauf beschränkten, die Bürger vor Fälschern zu schützen, indem sie einfach die Authentizität und das Gewicht der verwendeten Metalle bescheinigten. Ein ähnlicher Trend in der öffentlichen Meinung ist im Hinblick auf Unternehmen zu beobachten, die von der Regierung geführt werden. Auf dem europäischen Festland, wo Gleisstrecken und Telegraphenleitungen seit langem von den Regierungen monopolisiert worden sind, vermuten jetzt sehr wenige Menschen, selbst unter den gebildeten, dass in Amerika Gleisstrecken und Telekommunikation ebenso private Unternehmen sind wie Filme oder Hotels oder Restaurants. Wir haben uns zunehmend daran gewöhnt, Gesetzgebung als eine Angelegenheit der gesetzgebenden Versammlungen zu betrachten, weniger eine des gewöhnlichen Mannes auf der Straße und außerdem als etwas, das auf der Basis von persönlichen Vorstellungen bestimmter Individuen durchgeführt werden kann, vorausgesetzt, sie sind in einer dieser Tätigkeit entsprechenden offiziellen Position. Die Tatsache, dass der Gesetzgebungsvorgang im Wesentlichen eine private Angelegenheit ist oder war, die Millionen von Menschen im Verlauf dutzender Generationen und mehrerer Jahrhunderte beschäftigte, ist heute selbst der gebildeten Elite nicht bewusst.

Es wird behauptet, dass die Römer an historischen und soziologischen Betrachtungen wenig Interesse hatten. Aber sie hatten eine vollkommen eindeutige Meinung über diese Zusammenhänge. Cato der Censor, der Verteidiger der traditionellen römischen Lebensart gegen ausländischen (also griechischen) Import, sagte zum Beispiel laut Cicero:

> „Der Grund, weshalb unser politisches System denen aller anderen Länder überlegen war, war dieser: Das politische System anderer Länder war mit der Einführung von Gesetzen und Institutionen entsprechend dem persönlichen Ratschlag bestimmter Individuen gegründet worden, Individuen wie Minos in Kreta und Lycurgus in Sparta, während es in Athen, wo das politische System mehrfach verändert worden war, viele solcher Personen gab, wie Theseus, Drako, Solon, Kleisthenes und viele andere ... Unser Staat dagegen geht nicht auf die persönliche Schöpfung eines Mannes zurück, sondern auf die Schöpfung sehr vieler; er wurde nicht zu Lebzeiten irgendeines bestimmten Individuums gegründet, sondern im Verlauf einer Reihe von Jahrhunderten und Generationen. Denn er sagte, dass es in der Welt niemals einen Menschen gab, der so klug war, dass er alles hätte vorhersehen können, und dass, selbst wenn wir alle Gehirne im Kopf eines Menschen konzentrieren könnten, er dennoch ohne die Erfahrung einer langen historischen Praxis nicht in der Lage wäre, zu einem bestimmten Zeitpunkt für alles Vorsorge zu leisten."[34]

Nebenbei bemerkt erinnern uns diese Worte an die sehr viel berühmteren, aber keineswegs beeindruckenderen Begriffe, die Burke verwendete, um seine konservative Sicht des Staates zu rechtfertigen. Aber Burkes Worte hatten einen leicht mystischen Klang, die wir in den nüchternen Überlegungen des alten römischen Staatsmannes nicht finden. Cato weist lediglich auf Tatsachen hin, ohne Men-

---

[34] Cicero, *De republica* ii. 1, 2.

schen zu überreden, und die Tatsachen, auf die er hinweist, müssen zweifellos für alle, die etwas über Geschichte wissen, sehr gewichtig sein.

Der Gesetzgebungsprozess, so sagt Cato, ist nicht wirklich der irgendeines bestimmten Individuums oder Braintrusts, einer bestimmten Zeit oder Generation. Wenn Ihr das denkt, bekommt Ihr schlimmere Folgen, als Ihr bekommen würdet, wenn Ihr beachtet, was ich gesagt habe. Betrachtet das Schicksal der griechischen Städte und vergleicht es mit unserem. Ihr werdet überzeugt sein. Dies ist die Lehre – nein, ich würde sagen, die Botschaft – eines Staatsmannes, von dem wir normalerweise nur das wissen, was wir lernten, als wir zur Schule gingen, dass er nämlich ein verknöcherter Langweiler war, der immer darauf bestand, dass die Karthager getötet und ihre Stadt dem Erdboden gleichgemacht werden sollten.

An diesen Römer erinnert auch die Kritik der zentralen Planwirtschaft, die von zeitgenössischen Ökonomen wie Ludwig von Mises vorgebracht wird. Sie verweisen darauf, dass die Obrigkeit die Bedürfnisse und Potentiale der Bürger nicht vorhersehen kann. Dass in einer totalitären Wirtschaftsform die zentrale Macht ihre Wirtschaftspläne ohne jegliches Wissen über die Marktpreise aufstellt, ist nur eine logische Folge der Tatsache, dass es zentralen Obrigkeiten immer an notwendigem Wissen über jene unendliche Zahl von Elementen und Faktoren fehlt, die zu jeder Zeit und auf jeder Ebene zum gesellschaftlichen Umgang der Individuen beitragen. Die Obrigkeiten können niemals sicher sein, dass das, was sie tun, tatsächlich das ist, was die Menschen von ihnen wollen, genauso wie Menschen niemals sicher sein können, dass sie bei dem, was sie tun wollen, nicht von den Obrigkeiten gestört werden, wenn letztere den gesamten Gesetzgebungsprozess des Landes führen sollen.

Selbst jene Ökonomen, die den freien Markt sehr brillant gegen Eingriffe der Obrigkeiten verteidigt haben, haben normalerweise die entsprechende Überlegung vernachlässigt, dass kein freier Markt wirklich mit einem von den Obrigkeiten zentralisierten Gesetzgebungsprozess vereinbar ist. Dies veranlasst einige dieser Ökonomen, eine Vorstellung von der Rechtssicherheit zu akzeptieren, also von präzise formulierten Regeln wie einem geschriebenen Gesetz, die weder mit dem freien Markt vereinbar ist noch letztlich mit der Freiheit, die – als Abwesenheit von Zwang verstanden – ausschließt, dass andere oder auch die Obrigkeit das private Leben und die privaten Angelegenheiten der Einzelnen bestimmen.

Es mag einigen Unterstützern des freien Marktes unwichtig erscheinen, ob Regeln von gesetzgebenden Versammlungen oder von Richtern festgelegt werden, und man mag sogar den freien Markt unterstützen und gleichzeitig denken, dass von gesetzgebenden Körperschaften festgelegte Regeln den ziemlich unpräzise von einer langen Reihe von Richtern erarbeiteten *rationes decidendi* vorzuziehen seien. Aber wenn man eine historische Bestätigung der strengen Verknüpfung zwischen dem freien Markt und dem freien Rechtsgestaltungsprozess sucht, reicht die Betrachtung, dass der freie Markt in den englischsprachigen Ländern auf seinem Höhepunkt war, als das Common Law praktisch das einzige Recht des Landes war, das sich mit dem Privatleben und der Privatwirtschaft befasste. Dabei sind solche Phänomene wie die gegenwärtigen Regierungsaktivitäten zur Beeinträchtigung des Marktes immer mit einem Zuwachs des Statutory Law einhergegangen und mit dem, was in England die „Officialization" richterlicher Macht genannt wird, wie die Zeitgeschichte zweifellos beweist.

Wenn wir zugeben, dass individuelle Freiheit in der Wirtschaft, also der freie Markt, eines der wesentlichen Merkmale der Freiheit ist, verstanden als Abwesenheit von Zwang durch andere Menschen einschließlich der Obrigkeit, dann müssen wir auch schlussfolgern, dass Gesetzgebung in Angelegenheiten des privaten Rechts mit der individuellen Freiheit im oben erwähnten Sinn grundsätzlich unvereinbar ist.

Das Konzept der Rechtssicherheit kann nicht vom Konzept der Gesetzgebung abhängen, wenn „die Rechtssicherheit" als eines der wesentlichen Merkmale der Rule of Law im klassischen Sinne des Ausdrucks verstanden wird. Somit glaube ich, dass Dicey völlig konsistent war, als er die Rule of Law mit der Tatsache verband, dass gerichtliche Entscheidungen das Fundament der englischen Verfassung schlechthin sind, und auch als er betonte, wie man ganz im Gegensatz dazu auf dem europäischen Festland rechtliche und gerichtliche Aktivitäten von den abstrakten Prinzipien einer gesetzlich festgelegten Verfassung ableitete.

Sicherheit im Sinne der langfristigen Rechtssicherheit war genau das, was Dicey im Sinne hatte, als er zum Beispiel sagte, dass jede einzelne Garantie ihrer Rechte, die kontinentaleuropäische Verfassungen den Bürgern boten, von irgendeiner über dem üblichen Landesrecht stehenden Macht außer Kraft gesetzt oder aufgehoben werden konnte, während in England „die Aufhebung der auf der Rule of Law basierenden Verfassung, sofern so etwas vorstellbar wäre, nichts Geringeres als eine Revolution bedeuten würde".[35]

Die Tatsache, dass eben diese Revolution jetzt stattfindet, widerlegt die Dicey'sche Theorie nicht, sondern bestätigt sie eher. In England findet eine Revolution statt, bei der das Gesetz des Landes mit Hilfe des Gesetzesrechts allmählich umgestürzt wird und bei der die Rule of Law in etwas umgewandelt wird, das nun zunehmend einem kontinentaleuropäischen *état de droit* ähnelt, also einer Reihe von Regeln, die nur deswegen *sicher* sind, weil sie geschrieben sind. Auch *allgemeingültig* sind sie nicht, weil sie den gemeinsamen Überzeugungen der Bürger entsprechen, sondern weil sie von einer Handvoll Gesetzgebern so verordnet wurden.

---

[35] Dicey, a. a. O.

Mit anderen Worten, das unpersönliche Gesetz des Landes gerät in England immer mehr unter die Herrschaft des Souveräns, so wie es Hobbes und später Bentham und Austin befürwortet hatten, entgegen der Meinung der englischen Juristen ihrer Zeit.

Sir Matthew Hale, ein brillanter Schüler von Sir Edward Coke und selbst ein Chief Justice nach Coke, schrieb gegen Ende des siebzehnten Jahrhunderts eine Verteidigung seines Lehrers gegen die Kritik, die Hobbes in seinem wenig bekannten *Dialogue on the Common Law* erarbeitet hatte. Hobbes hatte in seiner typischen naturwissenschaftlichen Art behauptet, dass das Recht kein Produkt der „artificial reason" sei, wie Coke es auf seine eigentümliche Weise gesagt hatte, und dass jeder allgemeine Regeln des Rechts schaffen könne, einfach indem er die allen Menschen allgemein innewohnende Vernunft verwende. „Obwohl es wahr ist, dass kein Mensch mit der Kraft der Vernunft geboren wird", sagte Hobbes, „können dennoch alle Menschen sie beim Heranwachsen genauso gut erwerben wie die Anwälte; und wenn sie mit ihrer Vernunft die Regeln betrachten … könnten sie ebenso geeignet und fähig zur Rechtsprechung sein wie Sir Edward Coke selbst".[36] Erstaunlich genug ist, dass Hobbes keinen Widerspruch zwischen diesem Argument und seiner Behauptung sah, dass „abgesehen von dem, der die gesetzgeberische Macht hat, keiner ein Gesetz herstellen kann." Der Streit zwischen Hobbes auf der einen und Coke und Hale auf der anderen Seite ist höchst interessant im Zusammenhang mit sehr wichtigen methodologischen Fragen, die aus dem Vergleich der Arbeit von Juristen mit der Arbeit anderer Menschen wie Physikern oder Mathematikern entstehen. Sich auf die Auseinandersetzung mit Hobbes einlassend, wies Hale darauf hin, dass es keinen Sinn ergibt, die Rechtswissenschaft mit anderen Wissenschaften wie den „mathematischen Wissenschaften" zu vergleichen, weil es „für die Ordnung ziviler Gesellschaften und für das Maß des Richtigen und des Falschen" nicht nur notwendig sei, korrekte allgemeine Vorstellungen zu haben, sondern es außerdem notwendig sei, sie in den Einzelfällen korrekt anzuwenden (was zufällig genau das ist, was Richter zu tun versuchen). Hale argumentierte:

> „Jene, denen es gefällt, sich zu überreden, dass sie mit ebenso vielen Beweisen und Kongruenz ein unfehlbares System von Gesetzen und schriftlichen Verfassungen herstellen können, die auf alle Umstände gleichermaßen anwendbar wären, wie Euklid seine Schlussfolgerungen demonstriert, täuschen sich mit Vorstellungen, die sich als untauglich erweisen, wenn sie im Einzelfall angewendet werden."[37]

---

[36] Thomas Hobbes, *Dialogue between a Philosopher and a Student of the Common Laws of England* (1681) in Sir William Molesworth, Hrsg., *The English Works of Thomas Hobbes of Malmesbury* (London: John Bohn, 1829–1845), VI, 3–161.

[37] Matthew Hale, „Reflections by the Lord Chief Justice Hale on Mister Hobbes, His *Dialogue of the Law*", erstmals veröffentlicht von Holdsworth, *History of English Law* (London: Methuen & Co., 1924), Bd. V, Anhang, S. 500.

Eine der bemerkenswertesten Äußerungen Hales offenbart das Bewusstsein, das er wie auch Coke von der Erfordernis der Sicherheit als langfristige Rechtssicherheit hatte:

> „Es ist dumm und unvernünftig, eine Institution zu bemängeln, nur weil man glaubt, eine bessere herstellen zu können oder für die Vernünftigkeit einer Institution einen mathematischen Nachweis zu erwarten. Es ist eines der Dinge von größter Bedeutung in der Profession des Common Law, so nah wie möglich an der Rechtssicherheit und an seiner Übereinstimmung mit sich selbst zu bleiben, dass ein Zeitalter und ein Gerichtshof dieselben Dinge sprechen mag und so weit wie möglich denselben Gedankengang des Rechts als eine uniforme Regel weiterführen mag; denn sonst würde im Verlauf einer halben Lebenszeit das verloren gehen, wofür überall und jederzeit im Hinblick auf das Recht gekämpft wurde, nämlich Sicherheit. Schließlich sollten auf diese Weise auch die Willkür und Zügellosigkeit verhindert werden, die entstehen, wenn die Vernunft der Richter und Anwälte nicht in ihren Spuren gehalten werden. Ebenso bliebe das Recht kaum in seinen Schranken, wenn die Menschen nicht über die Urteile und Entscheidungen früherer Zeiten, wie auch über deren Interpretationen, gut informiert wären ...“[38]

Ohne diese Voraussetzungen fiele es auch schwer, das Konzept der Sicherheit mit demjenigen der Einheitlichkeit und Kontinuität durch die Zeiten und mit der bescheidenen und begrenzten Arbeit der Gerichtshöfe zu verbinden statt mit jener der gesetzgebenden Körperschaften.

Genau das ist mit *der langfristigen Rechtssicherheit* gemeint, und sie ist letztlich unvereinbar mit der kurzfristigen Sicherheit, die die Gleichsetzung von Recht mit der Gesetzgebung mit sich bringt.

Ersteres war auch das römische Konzept der Rechtssicherheit. Berühmte Gelehrte haben die mangelnde Individualität der römischen Juristen festgestellt. Savigny nannte sie „austauschbare Persönlichkeiten“. Diese mangelnde Individualität war ein natürliches Gegenstück ihrer individualistischen Sicht der Privatrechte, die sie studierten. Das Privatrecht wurde von ihnen als gemeinsames Erbe eines jeden einzelnen römischen Bürgers verstanden. Daher fühlte sich niemand berechtigt, es entsprechend dem eigenen Willen zu verändern. Wenn Veränderungen stattfanden, wurden sie von den Juristen als etwas anerkannt, das in ihrer Umwelt schon stattgefunden hatte, statt dass sie von den Juristen selbst eingeführt wurden. Aus demselben Grund kümmerten sich die römischen Juristen, wie ihre modernen Nachfolger, die englischen Juristen, niemals um abstrakte Prinzipien, sondern waren immer mit „Einzelfällen“ befasst, um den oben erwähnten Ausdruck von Sir Matthew Hale zu verwenden. Außerdem war der Mangel an Individualität der römischen Juristen wesensgleich mit dem, was Sir Matthew Hale akzeptierte, als er sagte:

---

[38] Ebd., S. 505.

„Es ist ein Grund für mich, ein Recht zu bevorzugen, mit dem ein Königreich vier- oder fünfhundert Jahre glücklich regiert wurde, statt das Glück und den Frieden eines Königreiches wegen meiner eigenen neuen Theorie zu gefährden."[39]

Im selben Geist hassten römische Juristen abstrakte Theorien und all das Drumherum der Rechtsphilosophie, die von griechischen Denkern kultiviert wurde. Wie ein römischer Jurist (der auch ein Staatsmann war), Neratius, im zweiten nachchristlichen Jahrhundert schrieb: „Rationes eorum quae constituntur inquiri non oportet, alioquin multa quae certa sunt subvertuntur" („wir müssen es vermeiden, das Grundprinzip unserer Institutionen zu untersuchen, damit ihre Sicherheit nicht verloren geht und sie gestürzt werden").[40]

Sehr kurz zusammengefasst: Viele westliche Länder, in alter wie in moderner Zeit, haben das Ideal individueller Freiheit (der Abwesenheit des durch andere Menschen, einschließlich der Obrigkeiten, ausgeübten Zwangs) als wesentlichen Bestandteil ihres politischen und rechtlichen Systems betrachtet. Ein auffälliges Merkmal dieses Ideals ist immer die Rechtssicherheit gewesen. Aber die Rechtssicherheit ist in zwei unterschiedlichen und letztlich sogar unverträglichen Arten verstanden worden: erstens als die Präzision eines von Gesetzgebern herausgegebenen geschriebenen Textes, und zweitens als die Individuen offenstehende Möglichkeit, langfristige Pläne auf der Basis einer Reihe von Regeln zu machen, die spontan von Menschen gemeinschaftlich angenommen und irgendwann im Verlauf von Jahrhunderten und Generationen von Richtern festgesetzt werden. Diese zwei Konzepte der „Sicherheit" sind selten, wenn überhaupt, von Gelehrten unterschieden worden, und unter den gewöhnlichen Menschen sowohl in Kontinentaleuropa als auch in den englischsprachigen Ländern sind in der Bedeutung des Begriffs viele Mehrdeutigkeiten erhalten geblieben. Dies ist wahrscheinlich der Hauptgrund, weshalb ein Vergleich zwischen den europäischen Verfassungen und der englischen Verfassung als einfacher gelten konnte, als er ist, und warum europäische Politikwissenschaftler sich vorstellen konnten, dass sie gute Nachahmungen der englischen Verfassung entwarfen, ohne die Bedeutung in Betracht zu ziehen, die die spezielle Art des Common Law genannten Rechtsfindungsprozesses schon immer für die englische Verfassung gehabt hat. Ohne diesen Rechtsfindungsprozess ist es wahrscheinlich unmöglich, sich eine Rule of Law im von Dicey erklärten klassischen englischen Sinn des Ausdrucks vorzustellen. Ohne den legislativen Gesetzgebungsprozess wäre indes kein kontinentaleuropäisches System das, was es heute ist.

Aufgrund der Tendenz in den englischsprachigen Ländern, Gesetze über den Weg der Gesetzgebung statt über die Gerichtshöfe herzustellen, hat die Verwirrung um die Bedeutungen von „Sicherheit" und von „Rule of Law" in der Gegenwart besonders zugenommen.

Die offensichtlichen Wirkungen dieser Verwirrung haben sich schon in Bezug auf die Idee der politischen Freiheit und der wirtschaftlichen Freiheit zu zeigen begonnen. Wieder einmal scheint eine sprachliche Verwirrung die wirkliche Wurzel vieler Probleme zu sein. Ich behaupte nicht, dass all unsere Schwierigkeiten auf sprachliche Verwirrung zurückgehen. Aber es ist eine sehr wichtige Aufgabe, sowohl für Politikwissenschaftler als auch für Ökonomen, die unterschiedlichen und widersprüchlichen Bedeutungen zu analysieren, die wir jeweils in den englischsprachigen und in den kontinentaleuropäischen Ländern meinen, wenn wir von „Freiheit" im Zusammenhang mit „Rechtssicherheit" und „Rule of Law" sprechen.

Kapitel 5
Freiheit und Gesetzgebung

Aus den vorhergehenden Kapiteln ist die sehr wichtige Schlussfolgerung zu ziehen, dass die im klassischen Sinn verstandene Rule of Law nur bestehen kann, wenn zugleich jene Rechtssicherheit garantiert ist, die den Einzelnen erlaubt, ihr Privatleben und ihre wirtschaftliche Betätigung langfristig zu planen. Außerdem kann die Grundlage der Rule of Law nicht die Gesetzgebung sein, sofern wir nicht auf solch drastische und fast absurde Vorschriften zurückgreifen, wie die Athener sie zur Zeit der *nomotetai* hatten. Typisch für unsere Zeit ist die Tendenz, jene Macht auszudehnen, die Amtsinhaber in den westlichen Ländern über ihre Mitbürger erworben haben und noch immer jeden Tag erwerben, ungeachtet der Tatsache, dass diese Macht normalerweise durch die Gesetzgebung begrenzt sein sollte.[41] E. N. Gladden, ein zeitgenössischer Autor, fasst diese Situation als ein Dilemma zusammen, das er im Titel seines Buches als *Bureaucracy or Civil Service* formuliert. Bürokraten treten auf, sobald Staatsdiener über dem Gesetz zu stehen scheinen, ungeachtet des Wesens dieses Gesetzes. Es gibt Fälle, in denen Beamte absichtlich die Gesetzesvorschriften durch ihren eigenen Willen ersetzen, da sie glauben, wirksamer als das Gesetz sein zu können und auf eine nicht im Gesetz vorgesehene Weise die Ziele erreichen zu können, die das Gesetz nach ihrer Meinung bewirken sollte. Oft gibt es in diesen Fällen an dem guten Willen und der Aufrichtigkeit der Beamten keinerlei Zweifel.

Lassen Sie mich ein Beispiel aus meinem eigenen Lande anführen. Es gibt bei uns gesetzliche Straßenverkehrsregeln, die für Verstöße der Autofahrer eine Reihe von Strafen vorsehen. Normalerweise sind es Bußgelder, obwohl in Ausnahmefällen die Verkehrssünder auch vor Gericht gestellt und ins Gefängnis gesperrt werden können. Missetätern kann darüber hinaus, in besonderen Fällen, der Führerschein entzogen werden – zum Beispiel wenn sie bei ihrem Verstoß gegen die Regeln anderen eine Körperverletzung oder schwerwiegende Schäden zufügen oder wenn sie in betrunkenem Zustand fahren. Mit der Zahl der Fahrzeuge steigt in meinem Land auch die Häufigkeit der Unfälle. Die Obrigkeit ist überzeugt, dass Strenge das beste Mittel, wenn auch kein Allheilmittel ist, um die Zahl der Verkehrsopfer in ihrem jeweiligen Gebiet zu reduzieren. Mitglieder der Exekutive wie der Innenminister und unter seiner Führung stehende andere Staatsbeamte, die „Präfekte",

---

[41] Was Großbritannien betrifft, vgl. die sehr genaue Analyse von Professor G. W. Keeton, *The Passing of Parliament* (London: E. Benn, 1952). Hinsichtlich der Vereinigten Staaten siehe Burnham, *Congress and the American Tradition* (Chicago: Regnery, 1959), bes. „The Rise of the Fourth Branch", S. 157, und Lowell B. Mason, *The Language of Dissent* (Cleveland, Ohio: World Publishing Co., 1959).

die Funktionsträger der nationalen Polizei im ganzen Land, die örtlichen Dienst-
habenden der Polizei in den Städten und so weiter bis ganz nach unten versuchen,
diese Theorie bei der Bearbeitung von Verkehrsdelikten in die Praxis umzusetzen.
Sie scheinen davon überzeugt zu sein, dass das Recht des Landes (nämlich die
gesetzlichen Regeln hinsichtlich der von den Richtern zu bestimmenden Strafen
und des zu entsprechenden Verfahrens) zu nachsichtig und zu langsam ist, um den
Gegebenheiten des Verkehrs zu begegnen. Einige Amtsträger in meinem Land
versuchen daher, das Verfahren zu „verbessern".

Einer dieser Beamten erklärte mir das alles, als ich versuchte, zugunsten einiger
meiner Klienten gegen eine mir illegal erscheinende Praxis der Amtsgewalten zu
intervenieren. Ein Mann war von der Polizei angezeigt worden, gegen die Ver-
kehrsregeln ein Fahrzeug überholt zu haben. Sofort und unerwartet wurde ihm
vom „Präfekten" sein Führerschein entzogen. Dies hatte zur Folge, dass er nicht
mehr seinen Lastwagen fahren konnte, was bedeutete, dass er praktisch arbeitslos
war, solange die Obrigkeit sich nicht zur Rückgabe seines Führerscheins bereiter-
klärte. Laut unserem geschriebenen Gesetz darf der „Präfekt" einem Missetäter in
einigen Fällen den Führerschein entziehen, aber ein Fahrzeug entgegen der Ver-
kehrsregel zu überholen, ohne einen Schaden zu verursachen, gehört nicht dazu.
Als ich dem zuständigen Beamten diese Tatsache vorlegte, stimmte er mir zu, dass
vielleicht, entsprechend der korrekten Interpretation der gegenwärtigen Regeln,
mein Klient nicht wirklich ein Vergehen begangen hatte, das mit einem Entzug
des Führerscheins zu bestrafen sei. Höflich erklärte mir der Beamte ebenfalls,
dass in vielen anderen Fällen, vielleicht in 70 Prozent der Fälle, den Verkehrssün-
dern derzeit der Führerschein entzogen würde, ohne dass sie nach dem Gesetz
tatsächlich ein Vergehen begangen hätten, das solch eine Strafe verdiente. „Aber
sehen Sie", sagte er, „wenn wir das nicht tun, werden sich die Menschen in diesem
Land [manchmal scheinen Beamte sich als Bürger anderer Länder zu verstehen]
nicht mit ausreichender Vorsicht verhalten, denn die Strafe von ein paar tausend
Lire, wie sie nach unserem Gesetz auferlegt werden, kümmert sie einen Dreck.
Wenn man ihnen allerdings für eine Weile den Führerschein entzieht, spüren die
Verkehrssünder den Verlust heftiger und werden in Zukunft sehr viel vorsichtiger sein." Er sagte auch, in einem ziemlich philosophischen Stil, seiner Meinung
nach sei das gerechtfertigt, wenn das Ergebnis in einer besseren Verkehrssituation
bestehe.

Ein noch bemerkenswerteres Beispiel wurde mir von einem Kollegen berichtet.
Er hatte gegen den Erlass eines Haftbefehls eines Bezirksstaatsanwaltes gegen einen Fahrer protestiert, der jemanden auf der Straße überfahren und getötet hatte.
Nach unserem Gesetz kann fahrlässige Tötung mit Gefängnishaft bestraft werden. Allerdings sind Staatsanwälte nur in besonderen, in den Regeln unserer Straf-
prozessordnung vorgeschriebenen Fällen berechtigt, vor der Gerichtsverhandlung
Haftbefehle zu erlassen, wenn sie unter den Umständen eine solche Verhaftung

für ratsam halten. Es sollte klar sein, dass eine Verhaftung vor der Gerichtsverhandlung keine Strafe ist, sondern eine Sicherheitsmaßnahme mit dem Zweck, zum Beispiel zu verhindern, dass ein Mensch, der eines Verbrechens angeklagt ist, möglicherweise entkommt, bevor er verurteilt wird oder gar in der Zwischenzeit andere Verbrechen begeht. Da das bei dem erwähnten Mann offensichtlich nicht der Fall war, fragte mein Kollege den Staatsanwalt, weshalb er unter den gegebenen Umständen einen Haftbefehl erlassen habe. Die Antwort des Staatsanwaltes war, dass es im Hinblick auf die wachsende Zahl von Opfern des Kraftfahrzeugverkehrs legitim und berechtigt war, seinerseits zu versuchen, Verkehrssünder daran zu hindern, weitere Schwierigkeiten zu verursachen, indem man sie ins Gefängnis steckt. Außerdem urteilten ordentliche Richter nicht sehr streng gegen Menschen, die der fahrlässigen Tötung angeklagt seien; deshalb würde ein kleiner Vorgeschmack auf das Gefängnis vor dem Prozess ohnehin eine heilsame Erfahrung für die Missetäter sein. Der zuständige Beamte gab freimütig zu, dass er sich so verhielt, um das Gesetz zu „verbessern", und um das erwünschte Ziel von weniger Verkehrsopfern zu erreichen, fühlte er sich völlig berechtigt, Maßnahmen wie die Inhaftierung einzusetzen, obwohl sie zu diesem Zweck nicht vom Gesetz vorgeschrieben war.

Dies ist ein typischer Fall für die Einstellung von Beamten, die sich selbst an die Stelle des Rechts setzen, indem sie die Buchstaben des Gesetzes derart dehnen, um ihre eigenen Regeln anzuwenden. Sie tun dies unter dem Vorwand, die Zwecke des Gesetzes würden verfehlt, wenn man es gewissenhaft anwende. Übrigens ist dies auch ein Fall *illegalen* Verhaltens, also von gesetzeswidrigem Verhalten der Beamten, und ist nicht mit *willkürlichem* Verhalten zu verwechseln, wie es schließlich in der Gegenwart den britischen Beamten angesichts einer fehlenden präzisen Zusammenstellung von Verwaltungsregeln erlaubt wurde. Als gutes Beispiel von willkürlichem Verhalten der britischen Verwaltung kann man vermutlich den berühmten und ziemlich komplizierten Fall von Crichel Down anführen, der vor einigen Jahren in England so viele heftige Proteste hervorrief. Staatsbeamte, die im Verlauf des Krieges auf legale Weise ein Privatgrundstück beschlagnahmt hatten, um es als Bombenabwurfgelände zu verwenden, versuchten, dieses selbe Grundstück für gänzlich andere Zwecke einzusetzen, beispielsweise für die Durchführung landwirtschaftlicher Experimente und dergleichen.

In solchen Fällen kann das Vorhandensein sicherer Regeln im Sinne von präzise formulierten, schriftlichen Statuten sehr nützlich sein, auch wenn diese nicht immer die Gesetzesübertretung durch Beamte verhindern können. Sie erlauben dann wenigstens, die Beamten vor ordentlichen Gerichten oder vor Verwaltungsgerichten wie dem französischen *conseil d'état* rechtlich zur Verantwortung zu ziehen.

Doch um zum wichtigen Punkt meines Arguments zu kommen: Individuelle Freiheit in allen Ländern des Westens ist in den vergangenen einhundert Jahren reduziert worden, und zwar nicht nur oder nicht hauptsächlich aufgrund der Übergriffe und Anmaßungen der gegen das Gesetz handelnden Beamten, sondern auch, weil das Recht, nämlich das geschriebene Recht, Beamte dazu berechtigte, sich auf eine Weise zu verhalten, die nach dem zuvor gültigen Recht als Amtsanmaßung und Eingriff in die individuelle Freiheit der Bürger gegolten hätte.[42]

Eine offenkundige Demonstration dessen ist zum Beispiel die Geschichte des sogenannten englischen „administrative law", die als eine Reihe gesetzlicher Übertragungen legislativer und judikativer Zuständigkeiten an Exekutivbeamte beschrieben werden kann. Das Schicksal der individuellen Freiheit im Westen hängt hauptsächlich von diesem „verwaltungstechnischen" Prozess ab. Aber wir dürfen nicht vergessen, dass dieser Prozess selbst, ungeachtet der Fälle reiner Anmaßung (die wahrscheinlich nicht so wichtig oder so zahlreich waren, wie wir annehmen könnten), von der Gesetzgebung ermöglicht wurde.

Ich stimme völlig mit einigen zeitgenössischen Gelehrten wie zum Beispiel Professor Hayek überein, die gegen Vollzugsbeamte misstrauisch sind, aber ich glaube, dass Menschen, die die individuelle Freiheit preisen, noch mehr den Gesetzgebern misstrauen sollten, da es gerade die Gesetzgebung ist, mit der der Machtzuwachs (einschließlich der „umfassenden Vollmachten") der Beamten erreicht wurde und immer noch erweitert wird. Auch Richter mögen, zumindest auf negative Weise, zu diesem Ergebnis beigetragen haben. Von einem so hervorragenden Gelehrten wie dem oben zitierten Sir Carleton Kemp Allen wird uns gesagt, dass die Gerichtshöfe in England in einen Wettbewerb mit der Exekutive eingetreten sein könnten, wie sie es in früheren Zeiten zu tun geneigt waren, um ihre Autorität im Zusammenhang mit einer veränderten Vorstellung von der Beziehung zwischen dem Individuum und dem Staat geltend zu machen oder sogar auszuweiten. In jüngerer Vergangenheit jedoch haben sie, Sir Carleton zufolge, „genau das Gegenteil" getan, da sie sich zunehmend „dem ‚rein Verwaltungstechnischen' ferngehalten und jeglichen Eingriff in die Exekutivpolitik unterlassen" haben.

Im Gegensatz dazu bietet uns ein so ausgezeichneter Richter wie Sir Alfred Denning, einer der gegenwärtigen Lords des königlichen Court of Appeal in England, in seinem erstmals im Jahr 1953 veröffentlichten Buch *The Changing Law* eine überzeugende Darstellung mehrerer Initiativen britischer Gerichte in den vergangenen Jahren, deren Zweck es war, die Rule of Law zu erhalten, indem sie die Ministerien (insbesondere nach dem Crown Proceedings Act von 1947) oder solch sonderbare Gebilde wie verstaatlichte Industrien, ministerielle Gerichtshöfe (wie jener, gegen den der Court of the King's Bench im Jahr 1951 im berühmten Fall

---

[42] Vgl. z. B. die neuen (1959) italienischen Verkehrsgesetze, die den Bereich der Maßnahmen ausgeweitet haben, die Vollzugsbeamte wie die „Präfekte" nach freiem Ermessen gegen Fahrer durchsetzen können.

von Northumberland eine *certiorari* Verfügung erließ), private Gerichtshöfe (wie die aus den Statuten von Organisationen wie den Gewerkschaften entstanden) und so weiter unter die Kontrolle ordentlicher Gerichte stellten. Es ist schwer zu entscheiden, ob Sir Carleton Recht hat, den ordentlichen Gerichten Gleichgültigkeit gegenüber den neuen Mächten vorzuwerfen, oder ob Sir Alfred Denning Recht hat, auf ihre Initiativen in derselben Hinsicht hinzuweisen.

In England wie auch in anderen Ländern ist durch die Organisationsgesetze eine große Zahl von Zuständigkeiten auf Staatsbeamte übergegangen. Die Übertragungen der vergangenen Jahre belegen dies zur Genüge.

Immer noch ist der politische Glaube tief verwurzelt, weil Gesetze vom Parlament beschlossen und Parlamente vom Volk gewählt werden, sei dieses die Quelle der Gesetzgebung, und der Wille des Volkes bestimme deshalb die Tätigkeit der Regierung (um im Sinne Diceys zu sprechen).

Ich weiß nicht, ob eine solche Doktrin der Kritik standhielte, die meine Landsleute Mosca und Pareto zu Beginn dieses Jahrhunderts vorgetragen haben, indem sie auf die Rolle der Eliten verwiesen. Jedenfalls ist „das Volk" oder „das Wahlvolk" ein Konzept, das nicht leicht auf den individuellen Menschen als einzelnen Bürger zurückgeführt oder gar mit dem gleichgesetzt werden kann, der gemäß seinem eigenen Willen handelt und daher „frei" von Zwang in dem Sinne ist, wie wir es hier definiert haben. Freiheit und Demokratie sind für die Länder des Westens seit der Zeit des antiken Athens miteinander verschränkte Ideale. Aber von mehreren Denkern in der Vergangenheit wie De Tocqueville und Lord Acton ist darauf hingewiesen worden, dass individuelle Freiheit und Demokratie unvereinbar werden können, sobald Mehrheiten intolerant oder Minderheiten rebellisch werden, und allgemein, wenn es innerhalb einer politischen Gesellschaft das gibt, was Lawrence Lowell „Unversöhnlichkeiten" genannt hätte. Rousseau war sich dessen bewusst, als er darauf hinwies, dass alle auf Mehrheiten aufbauenden Systeme auf Einmütigkeit basieren müssen, zumindest hinsichtlich der Akzeptanz von Mehrheitsherrschaft, wenn sie den „gemeinsamen Willen" widerspiegeln sollen.

Wenn diese Einmütigkeit nicht lediglich eine freie Erfindung von politischen Philosophen ist, sondern im politischen Leben auch eine tatsächliche Bedeutung haben soll, dann müssen wir zugeben, dass individuelle Freiheit als Abwesenheit von Zwang und Demokratie als bloße Vorherrschaft der Zahl unvereinbar werden, wenn eine von der Mehrheit gefällte Entscheidung nicht freiwillig akzeptiert wird, sondern von einer Minderheit nur ertragen wird, so wie Individuen Zwangsmaßnahmen ertragen, um Schlimmeres von Seiten anderer Menschen, wie Räubern oder Erpressern, zu vermeiden. Wenn wir bedenken, dass in einer demokratischen Gesellschaft kein Gesetzgebungsverfahren stattfindet, das nicht von der Macht der Zahl abhängt, müssen wir schließen, dass dieses Verfahren wahrscheinlich in vielen Fällen mit der individuellen Freiheit unvereinbar ist. Neuere Politikstudien über das Wesen von Kollektiventscheidungen bestätigen diesen Punkt auf eine ziemlich überzeugende Weise.[43]

Die jüngsten Versuche, das Verhalten von Käufern und Verkäufern auf dem Markt mit dem eines Wählers zu vergleichen, erscheinen mir ziemlich anregend, nicht nur wegen der methodologischen Fragen, die sich jeweils auf die Ökonomie und die Politikwissenschaft beziehen, sondern auch deshalb, weil die Frage, ob es jeweils einen Unterschied zwischen der ökonomischen und der politischen (oder der rechtlichen) Position der Individuen innerhalb derselben Gesellschaft gibt, im Verlauf der vergangenen hundert oder hundertzwanzig Jahre einer der Hauptstreitpunkte zwischen Liberalen und Sozialisten gewesen ist.

Dieser Streit könnte für uns in mehr als einer Hinsicht von Interesse sein, da wir ein Konzept von Freiheit als Abwesenheit von Zwang vertreten, das sowohl wirtschaftliche Freiheit als auch Freiheit in jeder anderen Sphäre des Privatlebens umfasst. In der sozialistischen Lehre wird behauptet, dass unter einem rechtlichen und politischen System, das jedem die gleichen Rechte garantiert, diejenigen Menschen, denen die ausreichenden Mittel fehlen, um viele dieser Rechte zu nutzen, von diesen Rechten nicht profitieren. In der liberalen Lehre hingegen wird behauptet, dass alle Versuche, politische „Freiheit" mit der von Sozialisten vorgeschlagenen oder auferlegten „Freiheit von Mangel" zu kombinieren, innerhalb des Systems zu solchen Widersprüchen führen, dass man nicht jedem die als Abwesenheit von Mangel gedachte „Freiheit" gewähren kann, ohne eine Unterdrückung der politischen und rechtlichen Freiheit hervorzurufen, die wiederum als Abwesenheit von Zwang verstanden wird. Aber liberale Lehrsätze gehen darüber noch hinaus. Sie behaupten auch, dass keine „Freiheit von Mangel" wirklich per Dekret oder durch obrigkeitliche Lenkung des Wirtschaftsprozesses erreicht werden kann, wie sie auf der Grundlage eines freien Marktes erreicht würde.

Gemeinsam setzen Sozialisten und Liberale voraus, dass es einen Unterschied zwischen der rechtlichen und politischen, als Abwesenheit von Zwang verstandenen Freiheit eines Individuums einerseits und der „ökonomischen" oder „natürlichen" Freiheit des Individuums andererseits gibt, wenn wir das Wort „Freiheit" auch im Sinne von „Abwesenheit von Mangel" akzeptieren müssen. Dieser Unterschied wird von den gegensätzlichen Standpunkten der Liberalen und der Sozialisten aus anerkannt, aber letztlich erkennen beide an, dass „Freiheit" unterschiedliche, wenn nicht gar unvereinbare Bedeutungen für Individuen haben können, die derselben Gesellschaft angehören.

---

[43] Ich selbst habe mich anlässlich zweier anderer Gelegenheiten mit diesem Thema befasst, nämlich in einigen Vorlesungen am Nuffield College, Oxford, und am Department of Economics, University of Manchester, im Jahr 1957.

Es gibt keinen Zweifel, dass die Einführung von „Freiheit von Mangel" in das politische oder rechtliche System eine notwendige Veränderung des Konzepts von „Freiheit", verstanden als garantierte Freiheit von Zwang, bedeutet. Dies passiert, wie Liberale betonen, aufgrund bestimmter besonderer Vorschriften der sozialistisch inspirierten Statuten und Verordnungen, die mit wirtschaftlicher Freiheit unvereinbar sind. Aber es findet auch und vor allem statt, weil gerade der Versuch, „Freiheit von Mangel" herzustellen, zunächst – wie alle Sozialisten zugeben, zumindest insofern sie sich mit vorher vorhandenen historischen Gesellschaften befassen wollen und ihre Bemühungen nicht auf die Förderung von Freiwilligen-Gesellschaften in irgendeinem entlegenen Ort der Welt beschränken – über die Gesetzgebung gemacht werden muss und daher über Entscheidungen auf der Grundlage der Mehrheitsherrschaft, ganz gleich, ob die gesetzgebenden Körperschaften gewählt sind, wie es in fast allen gegenwärtigen politischen Systemen der Fall ist, oder sie der direkte Ausdruck des Volkswillens sind, wie sie es im alten Rom oder in den alten griechischen Städten waren und wie sie es in den gegenwärtigen Schweizer *Landsgemeinden* sind. Kein Freihandelssystem kann tatsächlich funktionieren, wenn es nicht in einem rechtlichen und politischen System verwurzelt ist, das Bürgern hilft, Beeinträchtigungen ihrer Unternehmungen durch andere Menschen, einschließlich der Obrigkeiten, entgegenzuwirken. Aber ein bezeichnendes Merkmal des Freihandelssystems scheint auch zu sein, dass es vereinbar ist und wahrscheinlich nur vereinbar ist mit solchen rechtlichen und politischen Systemen, die kaum oder gar nicht auf Gesetzgebung zurückgreifen, zumindest soweit Privatleben und Privatwirtschaft betroffen sind. Freilich können sozialistische Systeme ohne Zuhilfenahme der Gesetzgebung nicht langfristig existieren. Soweit ich weiß, unterstützt kein historischer Nachweis die Annahme, dass sozialistische „Freiheit von Mangel" für alle Individuen vereinbar ist mit Institutionen wie dem System des Common Law oder dem römischen System, wo der Rechtsgestaltungsprozess direkt von jedem einzelnen Bürger geleistet wird, mit nur gelegentlicher Hilfe von Richtern und, in der Regel, ohne Rückgriff auf die Gesetzgebung.

Nur die sogenannten „Utopisten", die versuchten, besondere Kolonien von Freiwilligen als sozialistische Gesellschaften zu organisieren, stellten sich vor, dass sie dies ohne Gesetzgebung tun könnten. Aber auch ihnen gelang dies tatsächlich nur für kurze Perioden, bis ihre freiwilligen Zusammenschlüsse sich in chaotische Verbindungen von alten Freiwilligen, ehemaligen Freiwilligen und Neuankömmlingen ohne besonderen Glauben an irgendwelche Form von Sozialismus verwandelten. Sozialismus und Gesetzgebung scheinen zwangsläufig miteinander verknüpft zu sein, wenn sozialistische Gesellschaften lebensfähig bleiben sollen. Dies ist wahrscheinlich der Hauptgrund für die zunehmende Bedeutung, die in Systemen des Common Law wie dem englischen und dem amerikanischen nicht nur Statuten und Verordnungen verliehen wird, sondern auch gerade der Idee, dass ein Rechtssystem am Ende ein Gesetzgebungssystem ist und dass „Sicherheit" die kurzfristige Sicherheit des geschriebenen Gesetzes bedeutet.

Der Grund, weshalb Sozialismus und Gesetzgebung zwangsläufig miteinander verbunden sind, besteht darin, dass zwar ein freier Markt eine spontane Anpassung von Angebot und Nachfrage auf der Grundlage individueller Präferenzskalen zur Folge hat, diese Anpassung jedoch nicht stattfinden kann, wenn die Nachfrage nicht auf ein gleichartiges Angebot trifft, wenn also die Präferenzskalen derjenigen, die in den Markt eintreten, einander nicht wirklich entsprechen. Dies kann zum Beispiel in allen Fällen passieren, in denen die Käufer glauben, dass die Preise, die von den Verkäufern verlangt werden, zu hoch sind, oder in denen die Verkäufer glauben, dass die von den Käufern angebotenen Preise zu niedrig sind. Verkäufer, die nicht in der Lage sind, Käufer zufriedenzustellen, können keinen Markt herstellen, es sei denn, die Verkäufer oder die Käufer verfügen jeweils über Mittel, ihre Handelspartner auf dem Markt dazu zu zwingen, ihren Forderungen zu entsprechen.

Den Sozialisten zufolge werden arme Menschen von reichen Menschen bei dem, was sie brauchen, benachteiligt. Diese Art der Darstellung ist einfach ein Missbrauch der Sprache, da es nicht bewiesen ist, dass die „Besitzenden" und die „Besitzlosen" alle Anspruch auf gemeinsamen Besitz aller Dinge haben oder hatten. Es stimmt, dass historische Beweise in einigen Fällen wie Invasionen und Eroberungen und allgemein in Fällen von Raub, Piraterie, Erpressung und so weiter den sozialistischen Standpunkt unterstützen. Aber dies findet niemals auf einem freien Markt statt, in einem System, das individuellen Käufern und Verkäufern erlaubt, gegen den von anderen Menschen ausgeübten Zwang Widerstand zu leisten. Wir haben in diesem Zusammenhang auch gesehen, dass sehr wenige Ökonomen solche „missproduktive" Tätigkeiten in Betracht ziehen, da sie allgemein als ein außerhalb des Marktes befindliches Phänomen betrachtet werden und daher nicht wert erscheinen, ökonomisch untersucht zu werden. Wenn ohne Verteidigungsmöglichkeit niemand gezwungen werden darf, für Güter und Dienstleistungen mehr zu bezahlen, als er ohne Zwang für sie bezahlen würde, können missproduktive Aktivitäten nicht stattfinden, da in solchen Fällen kein Angebot von Gütern und Dienstleistungen auf eine entsprechende Nachfrage trifft und keine Anpassung zwischen Käufern und Verkäufern erreicht werden wird.

Gesetzgebung kann erreichen, was eine spontane Anpassung niemals erreichen könnte. Die Nachfrage kann gezwungen werden, dem Angebot zu entsprechen, oder das Angebot kann gezwungen werden, der Nachfrage zu entsprechen, durch bestimmte Vorschriften, die von gesetzgebenden Körperschaften in Kraft gesetzt werden, die wohl, wie es gegenwärtig geschieht, auf Grundlage solcher Verfahren wie der Mehrheitsregel entscheiden.

Eine Eigenart der Gesetzgebung, die von Theoretikern wie von gewöhnlichen Menschen sofort erkannt wird, besteht darin, dass Gesetze allen aufgezwungen werden, einschließlich jenen, die niemals am Verfahren der Herstellung der Regeln beteiligt waren und die niemals davon Kenntnis gehabt haben mögen. Dies unterscheidet ein Statut von einer Entscheidung, die ein Richter in einem ihm von den Parteien vorgebrachten Fall trifft. Die Entscheidung kann durchgesetzt werden, aber sie wird nicht automatisch durchgesetzt, also ohne die Zusammenarbeit der betroffenen Parteien oder zumindest einer von ihnen. Jedenfalls ist sie nicht direkt anderen Menschen gegenüber durchsetzbar, die keinen Anteil an dem Streit hatten oder von den Parteien in diesem Fall nicht repräsentiert wurden.

Somit sehen Theoretiker normalerweise den Zusammenhang zwischen Gesetzgebung und Vollstreckung, obschon dieser Zusammenhang nicht direkt betont wird und jedenfalls in Entscheidungen der Gerichtshöfe weniger erkennbar ist. Im Gegenteil, sehr wenige Menschen haben auf die Tatsache hingewiesen, dass es nicht nur als Ergebnis des legislativen Verfahrens, sondern auch innerhalb des Verfahrens selbst einen Zusammenhang zwischen Vollstreckung und Gesetzgebung gibt. Jene, die an diesem Verfahren beteiligt sind, sind selbst wiederum der Vollstreckung der Geschäftsordnung unterworfen, und genau diese Tatsache verleiht der gesamten gesetzgeberischen Handlung, wie sie von einer Gruppe von Menschen gemäß einem vorher vereinbarten Verfahren vollzogen wird, die Eigenschaft des Zwangs. Dasselbe trifft auf Aktivitäten der Wähler zu, deren Aufgabe als diejenige definiert werden kann, eine Gruppenentscheidung über die zu wählenden Personen herbeizuführen, gemäß einer Geschäftsordnung, die für all jene zuvor festgelegt worden ist, die an der Entscheidungsfindung selbst beteiligt sind.

Der Zwangscharakter macht den Unterschied zwischen kollektiven und individuellen Entscheidungen aus, und dies wird von jenen Theoretikern ignoriert, die wie der englische Ökonom Duncan Black versucht haben, eine Theorie der Gruppenentscheidungen zu erarbeiten, die die ökonomische Entscheidung von Individuen auf dem Markt und die Gruppenentscheidungen auf der politischen Ebene umfassen würde. Professor Black zufolge, der soeben ein neues Buch über dieses Thema veröffentlicht hat, gibt es keinen wesentlichen Unterschied zwischen diesen beiden Entscheidungsarten. Käufer und Verkäufer können, wenn sie als Ganzes betrachtet werden, mit den Mitgliedern eines Ausschusses verglichen werden, deren Entscheidungen das Ergebnis der Wechselbeziehung ihrer Präferenzskalen gemäß dem Gesetz von Angebot und Nachfrage sind. Desweiteren können Individuen auf der politischen Ebene, zumindest in all jenen Ländern, wo politische Entscheidungen von Gruppen getroffen werden, als Ausschussmitglieder betrachtet werden, ungeachtet der speziellen Funktion eines jeden Ausschusses. Die Wählerschaft kann, ebenso wie eine gesetzgebende Versammlung oder ein Ministerrat, als einer dieser „Ausschüsse" gelten. Professor Black zufolge werden in all diesen Fällen die Präferenzskalen jedes Ausschussmitgliedes mit den Präferenzskalen eines jeden

anderen Mitglieds im selben Ausschuss konfrontiert. Der einzige Unterschied –
aber, laut Professor Black, ein kleiner – ist, dass bei politischen Präferenzen eine
Auswahl von einigen anstelle von anderen nach einem bestimmten Verfahrens
stattfindet, während auf dem Markt die Präferenzen einander dem Gesetz von
Angebot und Nachfrage entsprechend gegenüberstehen. Wenn wir dieses Verfahren kennen, behauptet Professor Black, und wenn wir darüber hinaus wissen,
welche politischen Präferenzen einander gegenüberstehen werden, sind wir in der
Lage, im Voraus zu berechnen, welche Präferenzen in der Gruppenentscheidung
zum Vorschein kommen werden, genau wie wir in der Lage sind, im Voraus zu
berechnen, welche Präferenzen am Markt entsprechend dem Gesetz von Angebot
und Nachfrage zum Vorschein kommen werden, vorausgesetzt, wir kennen die jeweiligen Präferenzen. Professor Black geht davon aus, dass man von einer Tendenz
in Richtung eines Gleichgewichts der Präferenzskalen auf der politischen Ebene
in derselben Weise sprechen kann, wie man von einem Gleichgewicht spricht, auf
das sich die Präferenzen auf dem Markt zubewegen.

Kurz, wir sollten Black zufolge Ökonomie und Politikwissenschaft als zwei Zwei-
ge derselben Wissenschaft betrachten, da sie die gleiche Aufgabe haben, nämlich
die Präferenzen zu berechnen, die unter den gegebenen Umständen einer Reihe
von bekannten Präferenzskalen und einem eindeutigen Gesetz, das ihre Konfron-
tation regelt, auf dem Markt oder auf einem politischen Schauplatz zum Vorschein kommen werden.

Ich möchte nicht bestreiten, dass an dieser Schlussfolgerung etwas Wahres ist.
Aber worauf ich hinweisen will ist, dass wir, indem politische und ökonomische
Entscheidungen auf dieselbe Ebene gestellt und als vergleichbar betrachtet werden,
absichtlich die Existenz von Unterschieden ignorieren, die zwischen dem Markt-
gesetz von Angebot und Nachfrage und jeglicher Geschäftsordnung bestehen, die
das Verfahren der Auseinandersetzung zwischen politischen Präferenzen (und dem
nachfolgenden Hervortreten der von der Gruppe im Zuge ihrer Entscheidung zu
akzeptierenden Präferenzen) regelt, wie zum Beispiel die Mehrheitsherrschaft.

Mit dem Gesetz von Angebot und Nachfrage wird nur die Art beschrieben, wie
unter gegebenen Umständen eine spontane Anpassung zwischen mehreren Präferenzskalen stattfindet. Ein Verfahrensgesetz ist etwas vollständig anderes, ungeachtet der Tatsache, dass es in allen europäischen Sprachen ebenfalls ein „Gesetz"
genannt wird, genau wie die griechische Sprache (zumindest seit dem vierten
Jahrhundert v. Chr.) dasselbe Wort, *nomos*, verwendete, um ein Naturgesetz und
ein von Menschen gemachtes Gesetz wie zum Beispiel ein Statut zu beschreiben.
Natürlich könnten wir sagen, dass das Gesetz von Angebot und Nachfrage auch
ein „Verfahrens"-Gesetz ist, aber wir würden wieder einmal, in einem Wort, zwei
sehr unterschiedliche Bedeutungen durcheinander bringen.

Der Hauptunterschied zwischen individuellen Entscheidungen auf dem Markt und individuellen Beiträgen zu den Entscheidungen von Gruppen auf der politischen Ebene ist, dass auf dem Markt, zumindest aufgrund der Teilbarkeit der dort verfügbaren Güter oder Dienstleistungen, der Einzelne nicht nur genau voraussehen kann, was das Ergebnis seiner Entscheidung sein wird (zum Beispiel, wie viel Hühner von welcher Art er mit einer bestimmten Menge Geld kaufen wird), sondern er kann auch jeden von ihm verausgabten Dollar in einen eindeutigen Zusammenhang mit den Dingen setzen, die er erwirbt. Gruppenentscheidungen dagegen sind von der Sorte „Alles-oder-Nichts": Wenn Sie auf der Verliererseite sind, ist Ihre Stimme wertlos. Es gibt keine Alternative, genauso wie es keine gäbe, wenn Sie auf den Markt gingen und Sie weder Güter noch Dienstleistungen noch wenigstens Teile davon fänden, die mit dem Ihnen zur Verfügung stehenden Geld gekauft werden könnten.

Wie Professor James Buchanan, ein hervorragender amerikanischer Ökonom, in diesem Zusammenhang scharfsinnig betonte: „Auswahlalternativen am Markt stehen normalerweise nur in dem Sinn in Konflikt miteinander, wie das Gesetz abnehmender Erträge wirksam ist ... Wenn ein Individuum sich mehr von einem bestimmten Gut oder einer bestimmten Dienstleistung wünscht, erfordert der Markt normalerweise lediglich, dass er sich weniger von einem anderen Gut oder einer anderen Dienstleistung nimmt."[44] Dagegen „sind bei Wahlen die Entscheidungsoptionen ausschließend, das heißt, die Auswahl einer Entscheidung schließt die Auswahl einer anderen aus". Gruppenentscheidungen neigen dazu, sofern die der Gruppe angehörigen Individuen betroffen sind, „aufgrund gerade des Wesens der Alternative einander auszuschließen". Dies ist das Ergebnis nicht nur der Dürftigkeit der Systeme, die normalerweise in der Zuteilung von Stimmgewichten verwendet werden, sondern auch der Tatsache (wie Buchanan betont), dass viele Alternativen, die wir normalerweise „politisch" nennen, diese „Kombinationen" oder „zusammengesetzten Lösungen" nicht zulassen, die die Marktlösungen im Vergleich zu politischen Entscheidungen so flexibel machen. Eine wichtige, schon von Mises gezeigte Konsequenz ist, dass auf dem Markt die Stimme des Dollar nie überstimmt wird: „Das Individuum wird niemals in die Lage einer abweichenden Minderheit versetzt",[45] zumindest soweit existierende oder potentielle Alternativen auf dem Markt betroffen sind. Anders herum formuliert: Beim Wählen besteht die Möglichkeit des Zwanges, auf dem Markt aber kommt dies nicht vor. Der Wähler entscheidet nur zwischen möglichen Optionen; er kann seine Stimme verlieren und genötigt werden, ein Ergebnis zu akzeptieren, das seiner ausdrücklichen Präferenz entgegensteht. Eine solche Art von Zwang ist

---

[44] James M. Buchanan, „Individual Choices in Voting and in the Market", *Journal of Political Economy*, 1954, S. 338.
[45] a. a. O.

bei einer Auswahl am Markt niemals vorhanden, zumindest unter der Voraussetzung der Teilbarkeit der Produktion. Die politische Szene, die wir zumindest provisorisch als Ort des Abstimmungsprozesses begriffen haben, ist mit einem Markt vergleichbar, auf dem vom Individuum verlangt wird, sein gesamtes Einkommen für ein Gut auszugeben oder seine gesamte Arbeit und sämtlichen Ressourcen der Produktion eines Gutes oder einer Dienstleistung zu widmen.

Mit anderen Worten, der Wähler wird bei der Nutzung seiner Handlungsmöglichkeiten durch einige *Zwangs*verfahren eingeschränkt. Natürlich können wir diesem Zwang zustimmen oder ihn ablehnen, und wir können gelegentlich zwischen verschiedenen Hypothesen unterscheiden, um ihm zuzustimmen oder ihn abzulehnen. Aber der Punkt ist, dass der Wahlvorgang eine Form von Zwang mit einschließt und dass politische Entscheidungen in einem Verfahren getroffen werden, das Zwang mit einschließt. Der Wähler, der verliert, fällt zunächst eine Entscheidung, aber schließlich muss er eine andere akzeptieren, die er zunächst ablehnte; seine Entscheidung ist umgestoßen worden. Dies ist sicherlich der wichtigste, obwohl nicht der einzige Unterschied zwischen individuellen Entscheidungen auf dem Markt und Gruppenentscheidungen, die im politischen Schauplatz stattfinden.

Das Individuum auf dem Markt kann mit absoluter Sicherheit die direkten oder unmittelbaren Ergebnisse seiner Entscheidung vorhersagen. „Die Entscheidungshandlung", sagt Buchanan, „und die Konsequenzen der Entscheidung stehen in einem direkten Verhältnis zueinander. Indes kann der Wähler, selbst wenn er bei seiner Voraussicht der Konsequenzen jeder möglichen kollektiven Entscheidung vollständig allwissend ist, niemals mit Sicherheit vorhersagen, welche der präsentierten Optionen ausgewählt werden."[46] Diese Unsicherheit der Knight'schen Art (also die Unmöglichkeit, die Wahrscheinlichkeit eines Ereignisses abzuschätzen) muss in irgendeinem Grad das Verhalten der Wähler beeinflussen, und es gibt keine akzeptable Theorie des Verhaltens eines Entscheidungsträgers unter unsicheren Bedingungen.

Die Bedingungen, unter denen Gruppenentscheidungen stattfinden, machen es außerdem schwierig, den Begriff *Gleichgewicht* auf dieselbe Weise einzusetzen, wie er in der Ökonomie benutzt wird. In der Ökonomie ist *Gleichgewicht* als Gleichheit von Angebot und Nachfrage definiert, eine Gleichheit, die zu verstehen ist, wenn der individuelle Entscheider seine Entscheidungen dadurch artikulieren kann, dass er jeden einzelnen Dollar erfolgreich stimmen lassen kann. Aber was für eine Gleichheit kann, zum Beispiel, zwischen Angebot und Nachfrage von Gesetzen und Verordnungen, die aus Gruppenentscheidungen hervorgehen, herrschen, wenn das Individuum Brot nachfragen kann und ihm ein Stein gegeben

---

[46] a. a. O.

wird? Wenn die Mitglieder der Gruppen die Freiheit haben, sich in wechselnden Mehrheiten einzuordnen und zuvor gefällte Entscheidungen zu revidieren, kann diese Möglichkeit natürlich als eine Art Ersatz für das Fehlen eines Gleichgewichts in Gruppenentscheidungen aufgefasst werden, weil es jedem Individuum in der Gruppe, zumindest prinzipiell, die Möglichkeit eröffnet, gelegentlich eine Gruppenentscheidung zu erhalten, die mit seiner eigenen Entscheidung übereinstimmt. Aber dies ist kein „Gleichgewicht". Die Freiheit, Teil einer wechselnden Mehrheit zu werden, ist eine charakteristische Eigenschaft der Demokratie, wie sie traditionell in westlichen Ländern verstanden wird, und dies ist, nebenbei bemerkt, der Grund, weshalb viele Verfasser meinen, dass sie die „politische Demokratie" als der „ökonomischen Demokratie" (dem Marktsystem) ähnlich bezeichnen können. Tatsächlich erscheint die Demokratie, wie wir gesehen haben, nur ein Ersatz für die ökonomische Demokratie zu sein, wenn auch in vielen Fällen wohl ihr bester Ersatz.

Somit kommen wir zu dem Ergebnis, dass Gesetzgebung, die immer – zumindest in gegenwärtigen Systemen – ein Produkt von Gruppenentscheidungen ist, unweigerlich nicht nur einen gewissen Grad an Zwang jenen gegenüber bedeutet, die den legislativen Regeln zu gehorchen haben, sondern auch einen entsprechenden Grad an Zwang jenen gegenüber, die selber direkt an dem Verfahren der Aufstellung der Regeln beteiligt sind. Diese Schwierigkeit kann von keinem politischen System vermieden werden, in dem Gruppenentscheidungen stattfinden, einschließlich der Demokratie, obwohl die Demokratie, zumindest wie sie noch im Westen begriffen wird, jedem Mitglied der gesetzgebenden Körperschaft die Gelegenheit gibt, früher oder später siegreiche Mehrheiten zu bilden und so, indem Gesetze hergestellt werden, die mit seinen persönlichen Entscheidungen übereinstimmen, dem Zwang zu entgehen.

Zwang ist jedoch nicht das einzige Charakteristikum der Gesetzgebung im Vergleich mit anderen Verfahren der Herstellung von Recht wie dem des römischen Rechts oder des Common Law. Wir haben gesehen, dass sich Unsicherheit als eine weitere Eigenschaft der Gesetzgebung erweist, nicht nur für jene, die den legislativen Regeln gehorchen müssen, sondern auch für die Mitglieder der gesetzgebenden Körperschaft selbst, da sie abstimmen, ohne die Ergebnisse ihrer Abstimmung zu kennen, bis die Gruppenentscheidung gefällt ist. Nun führt die Tatsache, dass Zwang und Unsicherheit von den Mitgliedern gesetzgebender Körperschaften selbst und im Gesetzgebungsverfahren nicht vermieden werden können, zu dem Schluss, dass nicht einmal Systeme, die auf direkter Demokratie basieren, den Individuen erlauben, Zwang oder Unsicherheit in dem von uns beschriebenen Sinn zu entgehen.

Keine direkte Demokratie könnte das Problem lösen, sowohl Zwang als auch Unsicherheit zu vermeiden, da das Problem selbst nichts damit zu tun hat, ob die Beteiligung an dem Rechtsherstellungsverfahren, das bei Gesetzgebung aus Gruppenentscheidungen resultiert, direkt oder indirekt stattfindet. Damit sind wir auch vor der relativen Vergeblichkeit aller Versuche gewarnt, mit dem Recht des Landes mehr Freiheit oder mehr Sicherheit für die Individuen in einem Land zu erreichen, indem diesen erlaubt wird, sich möglichst oft und direkt über die Gesetzgebung am Rechtsherstellungsverfahren zu beteiligen – durch allgemeines Wahlrecht, Verhältniswahlrecht, Initiativrecht, Referendum, Abberufung von Volksvertretern oder sogar durch andere Organisationen und Institutionen, die die sogenannte öffentliche Meinung in möglichst vielen Themen erkennen lassen und die Beeinflussung des politischen Verhaltens der Herrscher durch das Volk effizienter machen.

Allerdings sind repräsentative Demokratien weit weniger effizient als direkte Demokratien, wenn es um die tatsächliche Beteiligung der Einzelnen am Gesetzgebungsverfahren geht.

Repräsentation ist auf vielerlei Arten vorstellbar, und einige von ihnen vermitteln dem Volk sicherlich den Eindruck, dass es sich in ernsthafter, wenn auch indirekter Art am Rechtsherstellungsverfahren beteiligt, sei es in der Gesetzgebung des Landes oder sogar in der Verwaltung des Landes durch den Exekutivapparat. Was gegenwärtig in allen Ländern des Westens stattfindet, bietet uns, wenn wir eine nüchterne Analyse der Tatsachen vornehmen, leider keinen Grund zur Zufriedenheit.

Kapitel 6
Freiheit und Repräsentation

Oft wird behauptet, es gebe ein klassisches Konzept des demokratischen Verfahrens, oder genauer gesagt, es habe ein solches einmal gegeben, das wenig Ähnlichkeit mit dem aufweist, was derzeit auf der politischen Bühne passiert, ob in Großbritannien, wo dieses Verfahren im Mittelalter seinen Ursprung hatte, oder in anderen Ländern, die das „demokratische" System Englands mehr oder weniger kopiert haben. Zumindest alle Ökonomen werden sich an das erinnern, was Schumpeter in *Kapitalismus, Sozialismus und Demokratie* eindeutig schrieb. Dem klassischen Konzept der „Demokratie" zufolge, wie es gegen Ende des achtzehnten Jahrhunderts in England formuliert wurde, nahm man an, dass das demokratische Verfahren es dem Volk erlaubt, mittels gewählter Repräsentanten selber über Angelegenheiten zu entscheiden. Dies stellte einen angeblich effizienten Ersatz für vom Volk vorgenommene direkte Entscheidungen über allgemeine Angelegenheiten dar, wie zum Beispiel die Entscheidungen, die in den Städten der griechischen Antike oder in Rom oder in den mittelalterlichen italienischen *comuni* oder in der Schweizer *Landsgemeinde* stattfanden. Repräsentanten hatten für das Volk alle Angelegenheiten zu regeln, die das Volk aus gewissen technischen Gründen nicht allein regeln konnte, zum Beispiel aufgrund der Unmöglichkeit, alle zusammen auf einem Platz zu versammeln, über Politik zu diskutieren und Entscheidungen zu treffen. Repräsentanten wurden als Bevollmächtigte des Volkes begriffen, deren Aufgabe es war, den Willen des Volkes zu formulieren und auszuführen. Das Volk wiederum wurde nicht als mythisches Wesen begriffen, sondern stattdessen als die Gesamtheit der Individuen in ihrer Eigenschaft als Bürger, und die Repräsentanten des Volkes waren als Personen selber Bürger und somit in einer Position, das zum Ausdruck zu bringen, was alle ihre Mitbürger mit Blick auf die allgemeinen Angelegenheiten der Gemeinschaft empfanden.

Nach Burkes Interpretation „sollte das Unterhaus ursprünglich nicht Teil der amtierenden Regierung Englands sein. Es wurde als eine unmittelbar vom Volk ergangene Kontrolle betrachtet, und es sollte sich rasch in der Masse auflösen, aus der es kam. In dieser Hinsicht war es im höheren Teil der Regierung das, was die Geschworenen im niederen Teil sind. Da die Eigenschaft eines Richters vorübergehend ist und die eines Bürgers dauerhaft, würde die letztere Eigenschaft, so hoffte man, in allen Diskussionen, nicht nur zwischen dem Volk und der ständigen Amtsgewalt der Krone, sondern auch zwischen dem Volk und der vorübergehenden Autorität des Unterhauses selbst, natürlich in der Überzahl sein ..."[47]

---

[47] Edmund Burke, *Works* (Aufl. 1808), II, 287 ff.

Dieser Interpretation zufolge und ungeachtet der sogenannten ständigen Amtsgewalt der Krone ist es ziemlich offensichtlich, dass die Abgeordneten mehr in
ihrer Eigenschaft als Bürger denn als Beamte zu „diskutieren" und zu entscheiden
haben, und darüber hinaus, dass die Bürger als solche etwas Dauerhaftes sind, aus
welchem die Beamten zu wählen sind, um ihren unmittelbaren und vorübergehenden Ausdruck zu erwirken. Burke selbst war kein Mann, den man als eine Art
Schallplatte betrachten konnte, die von ihren Wählern in das Parlament geschickt
wurde. Er achtete auch darauf, zu betonen, dass „eine Meinung vorzutragen das
Recht aller Menschen ist; die der Wähler ist eine gewichtige und anständige Meinung, die zu hören ein Repräsentant immer erfreut sein sollte und die er immer
höchst ernsthaft erwägen sollte. Aber gebieterische Anweisungen, ausgehändigte
Mandate, denen zu gehorchen, dafür zu stimmen und zu streiten das Mitglied
blind und bedingungslos gebunden ist, obwohl sie den klarsten Überzeugungen
seines Urteils und Gewissens zuwiderlaufen, das sind Dinge, die dem Recht des
Landes völlig unbekannt sind und die aus einem grundsätzlichen Fehler der gesamten Ordnung und des Tenors unserer Verfassung erwächst."[48]

Im Allgemeinen wäre es ein Fehler zu denken, dass gegen Ende des achtzehnten Jahrhunderts die Parlamentsmitglieder den Willen ihrer Mitbürger sorgsam
beachteten. Die zweite englische Revolution im späten siebzehnten Jahrhundert
war keine demokratische. Wie ein moderner Student der Entwicklung des Ein-
flusses des Volkes auf die britische Regierung, Cecil S. Emden, betont: „Wenn
im Jahr 1688 ein Plebiszit über die Frage durchgeführt worden wäre, ob Jakob
durch Wilhelm ersetzt werden sollte, hätte die Mehrheit gegen die Absetzung des
Ersteren gestimmt".[49] Das neue politische System von 1688 ähnelte eher einer
Oligarchie der venezianischen Art als einer Demokratie. Trotz der Abschaffung
der Pressezensur im Jahr 1695 zeigten sich die Mitglieder des Unterhauses und
die Ministerien oftmals nicht fähig, freie Kritik durch ihre Mitbürger zu ertragen. In einigen Fällen – zum Beispiel im Jahr 1712 – waren sie über die Veröffentlichung gewisser Pamphlete, die die Vorgänge im Unterhaus darstellten,
derart aufgebracht, dass sie entschieden, allen Zeitungen und Pamphleten hohe
Gebühren aufzuerlegen, damit ihr Verkauf negativ beeinflusst werde. Außerdem
wurde die öffentliche Meinungsäußerung kaum ermutigt. Eine Veröffentlichung
der Parlamentsentscheidungen war keineswegs die Regel und gegen die Veröffentlichung von Informationen wurde oft eingewandt, sie könnten ein „Argumentum
ad populum" beinhalten. Dieselbe Einstellung beeinflusste das Unterhaus und die
Ministerien in Bezug auf Angelegenheiten, die für das Land lebenswichtig waren,
um eine Opposition der öffentlichen Meinung gegen die von der Regierung und

---

[48] Edmund Burke, „Speech to the Electors of Bristol", 3. Dezember, 1774, in *Works* (Boston:
      Little, Brown & Co., 1894), II, 96.
[49] Cecil S. Emden, *The People and the Constitution* (2. Aufl.; Oxford: bei Clarendon Press,
      1956), S. 34.

dem Unterhaus angenommene Politik zu verhindern. Im achtzehnten Jahrhundert konnte ein Staatsmann wie Charles Fox als junger Mann das Unterhaus als den einzigen Offenbarer der Gedanken der Nation betrachten, und Fox selbst verkündete einmal im Unterhaus:

> „Ich beachte die Stimme des Volkes nicht im geringsten: Es ist unsere Pflicht, das zu tun, was richtig ist, ohne zu bedenken, was wohlgefällig ist; ihre Aufgabe ist es, uns zu wählen; unsere ist es, verfassungsgemäß zu handeln und die Unabhängigkeit des Parlaments zu bewahren."[50]

Dennoch ist es generell anerkannt, dass der klassischen Theorie der Demokratie zufolge das Parlament als ein Ausschuss begriffen wurde, dessen Funktion „es sei, dem Willen des Wahlvolkes Ausdruck zu verleihen, ihn widerzuspiegeln oder zu repräsentieren".[51] Nebenbei bemerkt war es am Ende des achtzehnten Jahrhunderts und vor dem Reform Act von 1832 sehr viel leichter, diese Theorie umzusetzen, als später. Obwohl Repräsentanten in gleicher Zahl vorhanden waren wie heute, gab es wenig Wähler. Im Jahr 1830 repräsentierte das britische Unterhaus ein Wahlvolk von ungefähr 220.000 Personen aus einer Gesamtbevölkerung von annähernd 14 Millionen, oder ungefähr 3 Prozent der erwachsenen Bevölkerung. Die Mitglieder repräsentierten im Durchschnitt je 330 Wähler. Jetzt repräsentieren sie in England durchschnittlich je 56.000 Wähler auf der Basis eines allgemeinen Wahlrechts für ungefähr 35 Millionen Menschen. Aber am Anfang des zwanzigsten Jahrhunderts hatte Dicey, unter Beanstandung der angeblich „legalistischen" Theorie Austins, dass die Mitglieder des Unterhauses lediglich „Treuhänder für die sie wählenden und ernennenden Körperschaft" seien, und unter der Behauptung, dass kein englischer Richter einräumen könne, dass das Parlament in jedem rechtlichen Sinn ein „Treuhänder" der Wähler sei, keine Schwierigkeit zuzugeben, dass „in einem politischen Sinn die Wähler den wichtigeren Teil darstellen oder, wie wir sogar sagen können, tatsächlich die souveräne Macht sind, da ihrem Willen unter der gegenwärtigen Verfassung mit Sicherheit letztlich Folge geleistet wird". Dicey erkannte an, dass die Sprache Austins daher im Hinblick auf die „politische" Souveränität so korrekt war, wie sie im Hinblick auf das, was er die „rechtliche" Souveränität nannte, fehlerhaft war, und er erklärte, dass „die Wähler ein Teil, zudem ein vorherrschender Teil der politischen souveränen Macht sind".[52]

---

[50] Ebd., S. 53. Die Historiker erzählen uns, dass „Fox selbst, als er zum Unterhaus fuhr, aufgrund dieser Rede von einem Pöbelhaufen angegriffen und in den Dreck geschleudert wurde".

[51] R. T. McKenzie, *British Political Parties* (London: Heineman, 1955), S. 588.

[52] Dicey, *Introduction to the Study of the Law of the Constitution* (9. Aufl.; London: Macmillan, 1939), S. 76.

„Wie die Dinge jetzt stehen, wird der Wille des Wählers, und mit Sicherheit des Wählers in Verbindung mit den Lords und der Krone, bei allen Themen, die von der britischen Regierung zu bestimmen sind, zweifellos letztlich ausschlaggebend sein. Die Angelegenheit kann tatsächlich noch ein wenig weiter geführt werden, und wir können behaupten, dass die Vorkehrungen der Verfassung jetzt derart sind, dass sie sicherstellen, dass der Wählerwille durch regelmäßige und verfassungsgemäße Mittel sich immer am Ende als der vorherrschende Einfluss im Land durchsetzt."[53]

Dieses alles war Dicey zufolge aufgrund der *repräsentativen* Eigenschaft der englischen Regierung möglich, und er erklärte, dass „es das Ziel und die Wirkung einer solchen Regierung ist, eine Übereinstimmung oder auf jeden Fall eine Reduktion der Spaltung zwischen den internen und den externen Begrenzungen der Ausübung souveräner Macht herzustellen",[54] also zwischen den Wünschen des Souveräns (und in England ist das Parlament rechtlich ein Souverän) und „den dauerhaften Wünschen der Nation".[55] Dicey schlussfolgerte bei diesem Thema, dass

„der Unterschied zwischen dem Willen des Souveräns und dem Willen der Nation mit der Gründung eines Systems realer repräsentativer Regierung aufgehoben wurde. Wo ein Parlament das Volk wahrhaftig repräsentiert, kann die Spaltung zwischen der externen und der internen Beschränkung souveräner Macht kaum entstehen, oder wenn sie entsteht, muss sie bald verschwinden. Grob gesprochen, können sich die dauerhaften Wünsche des repräsentativen Teils des Parlaments kaum langfristig von den Wünschen des englischen Volkes oder auf jeden Fall der Wähler unterscheiden: Das, was die Mehrheit des Unterhauses bestimmt, ist normalerweise das, was die Mehrheit des englischen Volkes will."[56]

Natürlich ist „Repräsentation" ein ziemlich allgemeiner Begriff. Wir könnten eine lediglich „rechtliche" Vorstellung davon übernehmen, um zu folgen, wie es mehrere Juristen im Hinblick auf die politische Repräsentation in anderen Ländern tun, dass dieser Begriff nichts mehr und nichts weniger bedeutet als das, was er in Begriffen des Verfassungsrechts oder, wie in England, in den zu einer gegebenen Zeit vorherrschenden verfassungsmäßigen Konventionen bedeuten soll. Doch es gibt offensichtlich, wie Dicey völlig zu Recht betont, auch eine „politische" Bedeutung der „Repräsentation", und es ist diese politische Bedeutung, die Politikwissenschaftler in Übereinstimmung mit den tatsächlichen Fakten betonen.

Dem Verb „repräsentieren",[57] das vom lateinischen *repraesentare* kommt, „wieder vergegenwärtigen", wurden im alten Englisch mehrere Bedeutungen gegeben. Doch seine erste politische Verwendung im Sinne des Handelns von jemandem in der Eigenschaft als autorisiertem Agenten oder Abgeordnetem, ist auf ein Pamphlet von Isaac Pennington aus dem Jahr 1651 zurückzuverfolgen und später, im Jahr 1655, auf eine Rede von Oliver Cromwell vom 22. Januar im Parlament, als er sagte: „Ich habe auf ihre Sicherheit und auf die Sicherheit jener, die sie repräsentieren, achtgegeben". Aber schon im Jahr 1624 hatte „Repräsentation" die Bedeutung „Ersatz eines Gegenstandes oder einer Person durch einen anderen bzw. eine andere" angenommen, besonders mit dem Recht oder der Vollmacht, im Auftrag des anderen zu handeln. Einige Jahre später, im Jahr 1649, wird das Wort „repräsentativ" zur Beschreibung der parlamentarischen Versammlung in dem Gesetz verwendet, mit welchem nach der Hinrichtung von Charles I. das Königsamt abschafft wurde. Das Gesetz erwähnt die „Repräsentanten" der „Nation" als jene Personen, von denen das Volk regiert wird, die das Volk auswählt und damit betraut, gemäß seinen „gerechten und alten Rechten".

Der Gegenstand selbst war sicherlich älter als das Wort. Zum Beispiel war das berühmte Prinzip „no taxation without representation", dessen Bedeutung für das Schicksal der Vereinigten Staaten zu betonen unnötig ist, in England schon im Jahr 1297 durch die Erklärung *De tallagio non concedendo* etabliert worden, was später durch die „Petition of Right" im Jahr 1628 bestätigt wurde. Früher noch, im Jahr 1295, setzte Eduard I. mit seinem berühmten Erlass an den Sheriff von Northamptonshire, die gewählten Repräsentanten der Grafschaften und der Gemeinden zum Parlament in Westminster zusammenzurufen, erstmals in der politischen Praxis (wenn wir einen älteren Erlass von Heinrich III. und ein älteres Parlament nicht-gewählter Repräsentanten aus dem Jahr 1275 außer Acht lassen) ein Instrument ein, das in jüngeren Zeiten als die brillanteste Neuschöpfung auf dem Feld der Politik seit den Tagen der Griechen und Römer gepriesen wurde.[58] Eduards Erlass an den Sheriff beschrieb deutlich, dass die Leute *gewählt* zu sein hatten *(elegi facias)* – Bürger für die Gemeinden und Städte, Ritter für die

---

[57] Über diesen und weitere in diesem Kapitel erwähnten Punkte vgl. den verständlichen und informativen Artikel über „Representation" von H. Chisholm in der *Encyclopaedia Britannica* (14. Aufl.).

[58] Jedoch scheint die politische Theorie der Repräsentation im Mittelalter von einer ähnlichen Theorie des römischen Juristen Pomponius beeinflusst worden zu sein, die in einem Fragment des Digest beinhaltet ist („deinde quia difficile plebs convenire coepit, populus certe multo difficilius in tanta turba hominum, necessitas ipsa curam reipublicae ad senatum deduxit", also aufgrund der mit der Einberufung der Plebejer verbundenen Schwierigkeiten sowie der noch größeren Schwierigkeit, eine Versammlung einer riesigen, die gesamte Wählerschaft umfassende Menge abzuhalten, wurde dem Senat die Übernahme der Verantwortung für die Gesetzgebung zugeleitet). Vgl. Otto Gierke, *Political Theories of the Middle Age,* übersetzt von Maitland (Cambridge University Press, 1922), S. 168 ff.

Grafschaften – und betonte, dass sie „vollständige und ausreichende Macht [haben müssen], für sich und ihre Gemeinden, ... um das zu tun, was dann gemäß der Ratsversammlung an Ort und Stelle bestimmt werden soll, damit die zuvor erwähnte Angelegenheit [also das zu tun, was notwendig war, um einige schwerwiegende Gefahren zu vermeiden, die das Königreich bedrohten] nicht aufgrund einer Unvollkommenheit dieser Macht in irgendeiner Form unvollendet bleibt". Daher ist es klar, dass Menschen, die vom König nach Westminster einberufen wurden, als ordentliche Anwälte und Bevollmächtige ihrer Gemeinden begriffen wurden.

Sehr interessant aus unserer Sicht ist die Tatsache, dass „Repräsentation in der Ratsversammlung" nicht notwendigerweise bedeutete, dass Entscheidungen entsprechend der Mehrheitsherrschaft getroffen werden mussten. Wie schon von einigen Gelehrten betont worden ist (zum Beispiel von McKechnie in seinem *Commentary Magna Charta* [1914]), war die frühe mittelalterliche Version des Prinzips „no taxation without representation" als „keine Besteuerung ohne Zustimmung des besteuerten Individuums" gemeint, und uns wird gesagt, dass im Jahr 1221 der Bischof von Westminster, „herbeizitiert, um einem Schildpfennig zuzustimmen, sich weigerte zu zahlen, nachdem der Rat seine Bewilligung gegeben hatte, mit der Begründung, dass er nicht zugestimmt habe, und der Schatzkanzler unterstütze seinen Einspruch".[59] Wir wissen auch von dem deutschen Gelehrten Gierke, dass in den mehr oder weniger „repräsentativen" Versammlungen, die unter den germanischen Stämmen gemäß germanischem Recht abgehalten wurden, „Einstimmigkeit notwendig war", obwohl eine Minderheit gezwungen werden konnte nachzugeben, und dass sich die Idee eines Zusammenhangs zwischen Repräsentation und Mehrheitsherrschaft einen Weg in die politische Sphäre über die Kirchenräte bahnte, die es vom Recht der Unternehmen übernahmen, obwohl selbst in den Kirchen die Kanonisten behaupteten, dass Minderheiten bestimmte unumstößliche Rechte hätten und dass Angelegenheiten des Glaubens nicht durch einfache Mehrheiten entschieden werden könnten.[60]

Die Entstehung von Entscheidungsgruppen und von Gruppenentscheidungen gemäß einem auf der Idee der Mehrheitsherrschaft fußenden Zwangsverfahren in religiösen und in politischen Räten, ungeachtet dessen, ob die Gruppen andere Menschen nur „präsentierte" oder „repräsentierte", erschien somit offenbar unseren Vorfahren anfangs, zumindest eine Zeit lang, als etwas Unnatürliches, und wahrscheinlich konnte nur Zweckdienlichkeit den Weg zu ihrer Weiterentwicklung in jüngeren Zeiten ebnen. Tatsächlich ist dieses Verfahren etwas unnatürlich, da mit ihm einige Wahlmöglichkeiten nur deswegen überstimmt werden, weil die Menschen, die sie bevorzugen, weniger zahlreich sind als die anderen, wobei

---

[59] H. Chisholm, a. a. O.
[60] Gierke, op. cit., p. 64.

diese Methode der Entscheidungsfindung unter anderen Umständen nie benutzt wird und, falls doch, zu offenkundig unpassenden Ergebnissen führen würde. Wir werden später auf diesen Punkt zurückkommen. Hier reicht der Hinweis aus, dass politische Repräsentation in ihrem Ursprung eng mit der Idee verbunden war, dass die Repräsentanten als Vertreter anderer Menschen und gemäß deren Willen handelten.

Als in modernen Zeiten das Prinzip der Repräsentation in England wie auch in anderen Ländern auf praktisch alle Individuen einer politischen Gemeinde, zumindest auf alle ihr angehörenden Erwachsenen ausgedehnt wurde, entstanden drei große Probleme, die gelöst werden mussten, wenn das Prinzip der Repräsentation wirklich funktionieren sollte: (1) die Zahl der wahlberechtigten Bürger so zu setzen, dass sie der wirklichen Struktur der Nation entspricht; (2) solche Kandidaten dazu zu bewegen, sich für Repräsentantenämter aufstellen zu lassen, die angemessene Vertreter des Willens des repräsentierten Volkes sind; und (3) ein System anzunehmen, das im Ergebnis die Meinungen der repräsentierten Menschen angemessen widerspiegelt.[61]

Es kann kaum gesagt werden, dass diese Probleme bis jetzt befriedigend gelöst worden sind. In keinem Land ist eines davon bislang gelöst worden; keine Nation ist in der Lage gewesen, den Geist der Repräsentation als eine Aktivität zu bewahren, die gemäß dem Willen des repräsentierten Volkes ausgeführt wird. Wir wollen solch wichtige Fragen wie jene von John Stuart Mill im berühmten Aufsatz über *Representative Government* (1861) beiseite lassen, die sich darauf beziehen, welche Menschen das Recht haben, repräsentiert zu werden, und welche unterschiedliche Gewichtung den repräsentierten Menschen gemäß ihren Fähigkeiten oder ihren Beiträgen zu den Aufgaben der Gemeinschaft möglicherweise zu geben ist und so weiter. Wir wollen im Moment auch eine weitere Frage beiseite lassen, die zweifellos sehr wichtig und schwer zu lösen ist, nämlich ob eine Repräsentation des Volkswillens mit Blick auf eine Vielzahl von Angelegenheiten überhaupt ein konsistentes Ergebnis erbringen kann oder nicht; oder mit anderen Worten, ob es tatsächlich möglich ist, von einem „gemeinsamen Willen" der Menschen zu sprechen, wenn das Wesen der Wahl eine Alternative ist und wo es unwahrscheinlich ist, dass ein Weg entdeckt wird, der den Menschen erlaubt, sich überhaupt über irgendeine Entscheidung zu einigen. Schumpeter hat in *Kapitalismus, Sozialismus und Demokratie* darauf hingewiesen und den Schluss gezogen, dass der „gemeinsame Wille" ein Ausdruck ist, dessen Inhalt zwangsläufig widersprüchlich sein muss, wenn er auf individuelle Mitglieder einer Gemeinde bezogen wird, die angeblich einen „gemeinsamen Willen" hat. Wenn politische Angelegenheiten genau

---

[61] Für eine aktuelle Diskussion der Probleme der Repräsentation in Verbindung mit der Mehrheitsherrschaft siehe Burnham, *The Congress and the American Tradition* (Chicago: Regnery, 1959), insbesondere das Kapitel mit dem Titel: „What Is a Majority?" S. 311 ff.

jene sind, die nicht mehr als eine Alternative zulassen, und wenn es darüber hinaus keine Möglichkeit gibt, über irgendeine objektive Methode die für eine Gemeinde passendste Entscheidung zu entdecken, dann sollten wir schlussfolgern, dass politische Entscheidungen immer ein Element beinhalten, das nicht mit individueller Freiheit vereinbar ist, und daher nicht vereinbar mit einer wahrhaftigen Repräsentation des Willens derjenigen Menschen, deren Wahl möglicherweise mit der angenommenen Entscheidung abgewiesen worden ist. Schließlich wollen wir gewisse spezielle Fragen, die sich auf verschiedene Auswahlsysteme beziehen, beiseite lassen, da sie für unseren Zweck nicht entscheidend sind. Wir müssen erkennen, dass Wählen nicht das einzige System der Auswahl von Repräsentanten ist. Es gibt andere historisch relevante Systeme, beispielsweise die in einigen Fällen von den antiken griechischen Städten oder die durch die aristokratische Republik von Venedig in mittelalterlicher und in moderner Zeit vorgenommenen Abstimmungen, die zu anderen Wahlsystemen in einer Beziehung stehen, wenn denn Wählen der Weg sein soll, eine Auswahl zu treffen. Diese Fragen können gewissermaßen als reine Formsachen betrachtet werden, die jenseits unseres Untersuchungsbereiches liegen. Wir haben uns jetzt mit anderen Schwierigkeiten auseinanderzusetzen.

Es stimmt, dass die Ausweitung des Prinzips der Repräsentation durch die Ausweitung des Wahlrechts auf alle Bürger perfekt mit der individualistischen Vorstellung von Repräsentation übereinzustimmen scheint, der zufolge jedes Individuum auf irgendeine Weise in den über die allgemeinen Angelegenheiten der Nation zu treffenden Entscheidungen repräsentiert sein muss. Jedes Individuum muss sein Recht ausüben, Repräsentanten auszuwählen, sie zu betrauen und zu beauftragen, um über eine freie Manifestation seines Willens politische Entscheidungen zu treffen. Natürlich, wie Disraeli sagen würde, kann der Wille mancher Menschen in einigen Fällen einwandfrei durch andere Menschen repräsentiert werden, die die Wünsche ersterer erraten, ohne von ihnen Anweisungen erhalten zu haben, wie es Schumpeter zufolge Napoleon tat, als er in seiner Zeit als Konsul sämtliche religiösen Kämpfe beendete. Wir können uns auch vorstellen, dass die *wirklichen* Interessen einiger Menschen (zumindest die Interessen, die einige Menschen später als ihre eigenen wahren Interessen erkennen, ungeachtet irgendeiner gegensätzlichen Meinung, die sie vorher gehabt haben mögen) besser durch einige kompetente und unbestechliche Vertreter ihres Willens repräsentiert werden können, die niemals von ihnen betraut oder beauftragt worden wären. Dies ist zum Beispiel bei Eltern der Fall, die im Privatleben und in der Privatwirtschaft in ihrer Eigenschaft als Repräsentanten ihrer Kinder handeln. Aber aus einer individualistischen Sichtweise scheint es klar zu sein, dass niemand kompetenter ist, den eigenen Willen zu kennen, als man selbst. Daher muss die wahrhaftige Repräsentation dieses Willens das Ergebnis einer Wahl des Individuums sein, das zu repräsentieren ist. Die Ausweitung der Repräsentation in moderner Zeit scheint mit dieser Überlegung übereinzustimmen. So weit, so gut.

Aber sehr ernsthafte Schwierigkeiten tauchen auf, sobald das Prinzip der Repräsentation durch individuelle Wahl der Repräsentanten auf das politische Leben angewandt wird. Im Privatleben existieren diese Schwierigkeiten in der Regel nicht. Jeder kann mit jeder anderen Person seines Vertrauens in Kontakt treten und diese als Bevollmächtigten engagieren, um zum Beispiel gemäß eindeutig darstellbaren, verständlichen und durchführbaren Anweisungen einen Vertrag auszuhandeln.

Im politischen Leben findet nichts dergleichen statt, und dies scheint auch eine Folge gerade der Ausweitung der Repräsentation in einer politischen Gemeinschaft auf so viele Individuen wie möglich zu sein. Es scheint ein großes Unglück dieses Prinzips zu sein, dass, je mehr man es ausweitet, sein Zweck umso mehr vereitelt wird. Es muss beachtet werden, dass das politische Leben nicht das einzige Feld ist, auf dem diese Schwierigkeiten in jüngerer Zeit aufgetaucht sind. Ökonomen und Soziologen haben unsere Aufmerksamkeit schon auf die Tatsache gelenkt, dass Repräsentation in großen Privatunternehmen schlecht funktioniert. Aktionäre haben demnach einen geringen Einfluss auf die Politik der Geschäftsführung, und die Handlungsfreiheit der letzteren, die sowohl ein Ergebnis wie auch eine Ursache der „Managementrevolution" unserer Zeit ist, ist umso größer, je zahlreicher die Aktionäre sind, die die Geschäftsführer in einem Unternehmen „repräsentieren".[62] Die Geschichte der Repräsentation im politischen wie im wirtschaftlichen Leben erteilt uns eine Lektion, die die Menschen noch nicht gelernt haben. Es gibt in meinem Land ein Sprichwort, *chi vuole vada*, was bedeutet, Sie müssen selbst hingehen und sehen, was zu tun ist, statt einen Boten zu senden. Natürlich kann Ihre Handlung keine guten Resultate erbringen, wenn Sie nicht weise, geschickt oder ausreichend gut informiert sind, um das von Ihnen gewünschte Ergebnis zu erreichen. Und das ist, was Geschäftsführer und Repräsentanten in der Politik wie in der Wirtschaft sagen würden, wenn sie sich nur die Mühe machen würden, den von ihnen repräsentierten Menschen zu erklären, wie die Dinge tatsächlich gehandhabt werden.

John Stuart Mill wies auf die Tatsache hin, dass Repräsentation nicht funktionieren kann, wenn die repräsentierten Menschen nicht in irgendeiner Form an den Aktivitäten ihrer Repräsentanten teilnehmen.

> „Repräsentative Institutionen sind nicht viel wert, und sie sind möglicherweise lediglich ein Werkzeug der Tyrannei oder der Intrigen, wenn die Allgemeinheit der Wähler an ihrer eigenen Regierung nicht ausreichend interessiert ist, um ihr ihre Stimmen zu geben, oder, sollten sie überhaupt wählen, ihre Stimmen nicht aus Gründen öffentlichen Wohls abgeben, sondern gegen Geld verkaufen, oder auf

---

[62] Dies trifft trotz der von Professor Milton Friedman festgestellten Tatsache zu, dass Aktionäre letzten Endes den Bestand jener Firmen abstoßen können, die sie nicht hinreichend kontrollieren können, wohingegen die Bürger das mit ihrer Bürgerschaft nicht so einfach machen können.

Zeichen von jemandem stimmen, der Macht über sie hat oder den sie aus privaten Gründen günstig stimmen wollen. Eine so praktizierte demokratische Wahl ist, statt eine Sicherheit gegen eine schlechte Regierung zu sein, ein zusätzliches Rad in ihrer Maschinerie."[63]

Aber viele Schwierigkeiten tauchen in der politischen Repräsentation auf, die sehr wahrscheinlich nicht auf einen Mangel an Weisheit oder auf Böswilligkeit oder Apathie der repräsentierten Menschen zurückgehen. Es ist eine Binsenweisheit, dass die im politischen Leben auf dem Spiel stehenden Angelegenheiten zu zahlreich und zu kompliziert sind, und dass sehr viele von ihnen sowohl den Repräsentanten als auch den Repräsentierten tatsächlich unbekannt sind. Unter diesen Umständen könnte in den meisten Fällen keine Anweisung erteilt werden. Dies geschieht in jedem Augenblick im politischen Leben einer Gemeinschaft, wenn die selbsternannten Repräsentanten nicht in der Lage sind, den tatsächlichen Willen des angeblich „repräsentierten Volkes" zu vertreten oder wenn es Gründe für die Annahme gibt, dass die Repräsentanten und das repräsentierte Volk nicht über die auf dem Spiel stehenden Angelegenheiten einig sind.

Mit dem Hinweis auf diese Tatsache beziehe ich mich nicht nur auf den üblichen Weg der Auswahl von Repräsentanten in der Gegenwart, auf Wahlen. Alle hier zuvor gezeigten Schwierigkeiten bleiben bestehen, unabhängig davon, ob Abstimmung die Methode ist, Repräsentanten auszuwählen, oder nicht. Aber Wahlen an sich scheinen die Schwierigkeiten hinsichtlich der Bedeutung von „Repräsentation" und „Freiheit" der Individuen, ihre eigene Auswahl zu treffen, zu verschärfen. All diese Schwierigkeiten, die sich auf Entscheidungsgruppen und Gruppenentscheidungen beziehen, bleiben erhalten, wenn wir das Wahlverfahren in gegenwärtigen politischen Systemen betrachten. Eine Wahl ist das Ergebnis einer Gruppenentscheidung, wo alle Wähler als Mitglieder einer Gruppe zu betrachten sind, zum Beispiel ihres Wahlkreises oder der Wählerschaft als Ganzes. Wir haben gesehen, dass Gruppenentscheidungen Vorgänge wie Mehrheitsherrschaft zur Folge haben, die nicht mit individueller Freiheit der Auswahl von der Art vereinbar sind, die jeder individuelle Käufer oder Verkäufer am Markt genießt und bei jeder anderen Auswahl, die er im seinem Privatleben trifft. Politiker, Soziologen, Politikwissenschaftler und besonders Mathematiker haben auf die Wirkungen des Zwangs in der Maschinerie der Wahlen hingewiesen. Gewisse paradoxe Aspekte dieses Zwangs sind von Kritikern solch klassischer Methoden der Repräsentation wie dem in den englischsprachigen Ländern immer noch gültigen sogenannten Single-Member-System besonders betont worden. Ich möchte Ihre Aufmerksamkeit darauf lenken, dass diese Kritik hauptsächlich auf der angeblichen Tatsache fußt, dass das System nicht mit dem Prinzip der „Repräsentation" übereinstimmt,

---

[63] John Stuart Mill, *Considerations on Representative Government* (New York: Henry Holt & Co., 1882).

und zwar dann, wie John Stuart Mill sagte, wenn politische Angelegenheiten „von einer Mehrheit innerhalb der Mehrheit [entschieden werden], die lediglich eine Minderheit des Ganzen sein könnte, und es oft auch ist". Lassen Sie mich den diesbezüglichen Absatz in Mills Aufsatz zitieren:

> „Angenommen, dass in einem von gleichem und allgemeinem Wahlrecht regierten Land in jedem Wahlkreis ein Wahlkampf stattfindet, und jede Wahl von einer kleinen Mehrheit gewonnen wird. Das so zusammengestellte Parlament repräsentiert kaum mehr als eine knappe Mehrheit des Volkes. Dieses Parlament schickt sich an, Gesetze zu verfassen, und nimmt mit knapper eigener Mehrheit wichtige Maßnahmen an. Welche Garantie gibt es, dass diese Maßnahmen den Wünschen der Mehrheit des Volkes entsprechen? Fast die Hälfte der Wähler hat, da sie im Wahlkampf überstimmt wurde, überhaupt keinen Einfluss auf die Entscheidung gehabt, und möglicherweise alle von ihnen – wahrscheinlich eine Mehrheit von ihnen – sind den Maßnahmen gegenüber feindselig eingestellt, da sie gegen jene gestimmt haben, von denen sie durchgesetzt werden. Von den verbleibenden Wählern hat fast die Hälfte Repräsentanten gewählt, die vermutlich gegen die Maßnahmen sind. Es ist daher möglich und überhaupt nicht unwahrscheinlich, dass nur eine Minderheit der Nation mit der Meinung, die sich durchgesetzt hat, einverstanden ist."[64]

Dieses Argument ist nicht gänzlich überzeugend, da der von Mill vorgebrachte Fall wahrscheinlich nur theoretisch ist, aber es ist etwas Wahres an diesem Argument, und wir alle kennen die Vorkehrungen, die erfunden worden sind, beispielsweise das Verhältniswahlrecht, von dem es nicht weniger als dreihundert Varianten gibt, damit Wahlen den vermeintlichen Wählerwillen „repräsentativer" darstellen. Bekannt ist aber auch, dass kein anderes Wahlsystem diesen unüberwindlichen Schwierigkeiten entgeht, wie durch die Existenz genau solcher Instrumente wie Referenden, Initiativen und so weiter bewiesen ist, die eingeführt wurden, nicht um die Repräsentation zu verbessern, sondern eher um die Repräsentation durch irgendein anderes System zu ersetzen, auf der Grundlage eines anderen Prinzips, nämlich der direkten Demokratie.

Tatsächlich kann kein auf Wahlen basierendes repräsentatives System richtig funktionieren, wenn Wahlen mit dem Ziel abgehalten werden, Gruppenentscheidungen auf dem Weg der Mehrheitsherrschaft oder nach einer anderen Regel zu erreichen, deren Wirkung es ist, Zwang auf den auszuüben, der zu den Verlierern der Wahl zählt.

Somit sind „repräsentative" Systeme, so wie sie üblicherweise verstanden werden, in denen Wahl und Repräsentation miteinander verknüpft sind, unvereinbar mit individueller Freiheit im Sinne der Freiheit, einen Repräsentanten zu wählen, zu ermächtigen und zu beauftragen.

---

[64] Ibid., p. 147.

Trotzdem ist „Repräsentation" bis zum heutigen Tag als eine der angeblich bezeichnenden Eigenschaften unseres politischen Systems erhalten geblieben, indem das Wort einfach seiner historischen Bedeutung beraubt wurde und indem es als Schlagwort oder, wie zeitgenössische englische analytische Philosophen sagen würden, als ein „überredendes" Wort verwendet wurde. Tatsächlich hat „Repräsentation" in der Politik immer noch einen vorteilhaften Beiklang, da Menschen es unvermeidlich verstehen als eine Art Verhältnis zwischen Treuhandbegünstigtem und einem Treuhänder, genau wie das im Privatleben und in der Privatwirtschaft bestehende Verhältnis, von dem Austin annahm, dass es unter dem Verfassungsrecht Englands bestünde. Wie einer der neueren Parteienforscher, R. T. McKenzie, betont hat, „werden zugunsten der klassischen Vorstellung der Demokratie immer noch Lippenbekenntnisse selbst von vielen derjenigen abgegeben, die sich des Ausmaßes ihrer Undurchführbarkeit bewusst sind … Es ist auch zunehmend deutlich geworden, dass die klassische Theorie dem Wähler einen gänzlich unrealistischen Grad an Initiative zuschrieb; die Bedeutung der Führung im politischen Prozess wurde fast gänzlich ignoriert."[65] Währenddessen findet innerhalb von Gruppen wie den politischen Parteien ständig ein Prozess der *Monokratisierung* statt (um Webers Wort zu verwenden), zumindest in Europa, wobei die Prophezeiung meines Landsmannes Roberto Michels in Erfüllung geht, der in seinem berühmten, im Jahr 1927 im *American Political Science Review* veröffentlichten Aufsatz über den soziologischen Charakter politischer Parteien das sogenannte eiserne Gesetz der Oligarchie als die Hauptregel der internen Entwicklung aller gegenwärtigen Parteien formulierte. All dies wirkt sich nicht nur auf das Schicksal der Demokratie aus, sondern auch auf das Schicksal der individuellen Freiheit, insofern das Individuum am sogenannten demokratischen Prozess beteiligt ist und insofern die Ideen der Demokratie mit denen der individuellen Freiheit vereinbar sind.

Die Tendenz geht dahin, die Dinge so zu akzeptieren, wie sie sind, nicht nur weil die Menschen nichts Besseres sehen können, sondern auch weil ihnen die wahren Vorgänge oft nicht bewusst sind. Die Menschen rechtfertigen die gegenwärtige „Demokratie", weil sie zumindest eine lose Beteiligung von Individuen am Gesetzgebungsvorgang und an der Verwaltung ihres Landes sicherzustellen scheint – eine Beteiligung, die, so lose sie sein mag, als die unter den Umständen am besten erreichbare betrachtet wird. Auf ähnliche Weise schreibt R. T. McKenzie: „Es ist … realistisch zu argumentieren, das Wesentliche des demokratischen Prozesses sei, dass er für einen freien Wettbewerb um die politische Führung sorgen soll." Er fügt hinzu, dass „die wesentliche Rolle des Wählers nicht ist, Entscheidungen über bestimmte politische Angelegenheiten zu treffen, sondern zu entscheiden, welche von zwei oder mehr konkurrierenden Mannschaften potentieller Führungspersön-

---

[65] R. T. McKenzie, op. cit., S. 588.

lichkeiten die Entscheidungen treffen soll."[66] Jedoch ist dies nicht viel für eine politische Theorie, die noch immer Begriffe wie „Demokratie" oder „Repräsentation" verwendet. Auch ist es nicht sehr viel, wenn wir uns vergegenwärtigen, dass „Repräsentation" etwas anderes ist, als diese neuen Theorien andeuten, oder zumindest ist sie bis vor kurzem in der Politik als etwas anderes verstanden worden und wird im Privatleben und in der Privatwirtschaft immer noch als etwas anderes verstanden. So gibt es gewichtige Einwände gegen die Argumente jener, die diese verwässerte Version der individualistischen Sichtweise akzeptieren und denken, dass das „repräsentative System", wie es gegenwärtig funktioniert, besser als jedes andere System ist, das Menschen ermöglicht, sich in Übereinstimmung mit der Wahlfreiheit des Individuums auf irgendeine Weise an der Gestaltung der Politik und besonders an der Gestaltung des Rechts zu beteiligen. Man kann sagen, dass Menschen nur über den Weg der Gruppenentscheidungen – beispielsweise im Wahlkreis oder in einem Rat von Repräsentanten wie einem Parlament – Anteil an diesen Prozessen haben. Aber das zu sagen bedeutet, einen streng *legalistischen* Standpunkt einzunehmen, also einen, der auf den gegenwärtigen rechtlichen Regelungen basiert, ohne all das in Betracht zu ziehen, das hinter den offiziellen Regeln steht oder nicht steht. Diese legalistische Sichtweise wird unhaltbar, sobald wir feststellen, dass die Wurzel der Gesetzgebung und Verfassungen, auf deren Grundlage wir entscheiden sollten, ob etwas „legal" ist oder nicht, selber oft überhaupt nicht „legal" ist. Die amerikanische Verfassung, jene großartige Errungenschaft so vieler erstklassiger Staatsmänner des späten achtzehnten Jahrhunderts, war das Ergebnis einer auf der Philadelphia Convention im Jahr 1787 vorgenommenen *illegalen* Handlung der Founding Fathers, denen von der rechtmäßigen Autorität, von der sie abhängig waren, nämlich dem Continental Congress, keinerlei derartige Macht verliehen worden war. Der Ursprung des letzteren war wiederum *illegal*, da er als Ergebnis einer Rebellion der amerikanischen Kolonien gegen die legale Macht der britischen Krone zustande gekommen war.

Der jüngsten Verfassung meines Landes kann man kaum ein größeres Maß an Legalität zusprechen als der amerikanischen, obwohl dies vielen nicht bewusst ist.

Tatsächlich wurde die gegenwärtige Verfassung Italiens von einer verfassungsgebenden Versammlung entworfen, deren Zusammenstellung wiederum auf eine vom italienischen Erbprinzen Humbert erlassene Verordnung vom 25. Juni 1944 zurückging, der von seinem Vater, König Viktor Emmanuel III., am 5. Juni 1944 per königlicher Verordnung ohne Machteinschränkung zum „Generalleutnant" des Königreichs Italien ernannt worden war. Aber weder der Generalleutnant des Königreichs Italien noch der König selbst hatten eine legale Macht, die Verfassung zu verändern oder zu diesem Zweck eine Versammlung einzuberufen. Darüber hinaus stammte die Verkündung der erwähnten Verordnung aus der sogenann-

---

[66] Ebd., S. 589.

ten Salerno-Vereinbarung, die unter wohlmeinender Beobachtung der alliierten Mächte zwischen König Viktor Emmanuel III. und den „Repräsentanten" der italienischen Parteien vollzogen wurde, die niemand in unserem Land auf dem üblichen Weg der Wahl ausgewählt hatte. Die verfassungsgebende Versammlung war daher aus Sicht des existierenden Rechts des Königreichs als *illegal* zu betrachten, da die Handlung, aus der die Versammlung hervorging, selber illegal war, denn ihr Urheber, der „Generalleutnant", hatte sie unter Übertretung seiner Befugnisse verkündet. Freilich wäre es sehr schwer gewesen, in einer Situation wie dieser „illegale" Handlungen zu vermeiden. Keine der von den Verfassungsgesetzen des Königreiches vorgesehenen Institutionen überlebte bis zum Juni 1944. Die Eigenschaft der Krone hatte sich nach der Ernennung des Generalleutnants verändert; eine der Abteilungen des Parlaments, die Kammer der Fasces und der Unternehmen, war abgeschafft worden, ohne durch eine andere ersetzt zu werden, und die andere Abteilung, der Senat, war damals nicht in einem funktionsfähigen Zustand. Das ist die Lehre für alle, die davon sprechen, dass etwas auf der Grundlage angeblich „legaler" Verfassungen *legal oder nicht legal sei* und sich nicht darum kümmern, was dahinter liegt. Leslie Stephen zeigte recht gut die Grenzen der legalistischen Sichtweise auf:

> „Juristen neigen dazu, so zu reden, als sei der Gesetzgeber allmächtig, da es für sie nicht nötig ist, über seine Entscheidungen hinauszugehen. Er ist natürlich allmächtig in dem Sinne, dass er jedes Gesetz nach Belieben machen kann, insofern ein Gesetz jede Regel bedeutet, die vom Gesetzgeber verfasst wurde. Aber aus wissenschaftlicher Sicht ist die Macht der Gesetzgebung natürlich streng begrenzt. Sie ist, sozusagen, sowohl von innen als auch von außen begrenzt: Von innen, weil der Gesetzgeber das Produkt gewisser gesellschaftlicher Bedingungen ist und von dem bestimmt wird, wodurch auch immer die Gesellschaft bestimmt ist; und von außen, weil die Macht, Gesetze aufzuerlegen, vom Instinkt der Unterordnung abhängig ist, der an sich begrenzt ist. Wenn ein Gesetzgeber entscheidet, dass alle blauäugigen Säuglinge zu ermorden sind, wäre die Bewahrung von blauäugigen Säuglingen illegal; aber der Gesetzgeber müsste verrückt werden, bevor er ein solches Gesetz verabschiedet, und Staatsbürger müssten idiotisch sein, wenn sie sich ihm fügen könnten."[67]

Während ich mit Leslie Stephen übereinstimme, frage ich mich freilich, ob die Idiotie der „Staatsbürger" erst an diesem Punkt beginnt und ob zeitgenössische „Staatsbürger" nicht wahrscheinlich Entscheidungen wie diese in der Zukunft akzeptieren werden, wenn die Ideale der „Repräsentation" und der „Demokratie" immer noch für lange Zeit ernsthaft mit der simplen Macht identifiziert werden (wie R. T. McKenzie es sagen würde) zu entscheiden, „welche von zwei oder mehr konkurrierenden Mannschaften potentieller Führungspersönlichkeiten die Entscheidungen" über jede Art von Handeln und Verhalten ihrer Mitbürger treffen soll.

---

[67] Leslie Stephen, *The Science of Ethics*, zitiert bei Dicey, op. cit., S. 81.

Natürlich ist das Treffen einer Auswahl zwischen potentiellen Konkurrenten die angemessene Aktivität eines freien Individuums auf dem Markt. Aber es gibt einen großen Unterschied. Wenn Marktkonkurrenten ihre Position beibehalten wollen, arbeiten sie notwendigerweise für ihre Wähler (also für ihre Kunden), auch wenn weder sie noch ihre Wähler sich dessen vollständig bewusst sind. Politische Konkurrenten dagegen arbeiten nicht notwendigerweise für ihre Wähler, da letztere nicht wirklich auf dieselbe Weise die besonderen „Produkte" der Politiker auswählen können. Die politischen Produzenten (wenn ich dieses Wort verwenden darf) sind gleichzeitig die Verkäufer und die Käufer ihrer Produkte, beides im Namen ihrer Mitbürger. Von letzteren erwartet man nicht, dass sie sagen: „Ich will dieses Statut nicht, ich will jene Verordnung nicht", da sie, gemäß der Theorie der Repräsentation, diese Macht der Auswahl schon an ihre Repräsentanten delegiert haben.

Sicher ist dies ein *legalistischer* Standpunkt, der nicht notwendigerweise mit der tatsächlichen Einstellung der betroffenen Menschen übereinstimmt. In meinem Land unterscheiden Bürger oft zwischen dem *legalistischen* Standpunkt und anderen Standpunkten. Ich habe immer Länder bewundert, in denen der legalistische Standpunkt so weit wie möglich mit jedem anderen übereinstimmt. Ich bin überzeugt worden, dass ihre großartigen Errungenschaften in der Politik hauptsächlich auf diese Übereinstimmung zurückgehen. Ich bin immer noch davon überzeugt, aber ich frage mich, ob diese Tugend nicht ein Laster werden kann, wenn der legalistische Standpunkt aus der blinden Akzeptanz unangemessener Entscheidungen resultiert. Ein Sprichwort in meinem Land kann vielleicht erklären, warum Theoretiker der Politik von Machiavelli bis Pareto, Mosca und Roberto Michels sich wenig mit dem *legalistischen* Standpunkt befassten, aber immer versuchten, darüber hinauszugehen und zu sehen, was dahinter stattfindet. Ich glaube nicht, dass die deutsch- oder englischsprachigen Völker ein ähnliches Sprichwort kennen: *Chi comanda fa la legge,* das heißt: „Wer die Macht hat, macht das Recht". Dies klingt nach einem Hobbes'schen Satz, aber es mangelt ihm an der Hobbes'schen Betonung der *Notwendigkeit* einer höchsten Macht. Stattdessen ist er, wenn ich mich nicht irre, ein zynischer Satz, oder, wenn Sie das bevorzugen, ein realistischer. Natürlich hatten die Griechen eine ähnliche Doktrin, jedoch weiß ich nicht, ob sie ein ähnliches Sprichwort hatten.

Denken Sie bitte nicht, dass ich einen solchen politischen Zynismus empfehle. Ich weise lediglich auf die wissenschaftlichen Folgerungen eines derartigen politischen Zynismus hin, wenn wir die Lehren tatsächlich als zynisch bewerten dürfen. Wer die Macht hat, macht das Recht. Stimmt, aber was ist mit den Menschen, die keine Macht haben? Das Sprichwort schweigt anscheinend darüber. Doch ich nehme an, dass eine ziemlich kritische Sicht über die Grenzen des um politische Macht zentrierten Rechts der aus dieser Lehre zu ziehende natürliche Schluss ist. Dies ist wahrscheinlich der Grund, weshalb meine Mitbürger im Gegensatz zu vielen Amerikanern ihre Verfassung nicht auswendig kennen. Meine Mitbürger sind überzeugt, ich würde sagen instinktiv, dass geschriebene Gesetze und Verfassungen nicht das Ende der politischen Geschichte sind. Sie verändern sich nicht nur und können sich auch ziemlich häufig verändern, sie stimmen auch oft nicht mit den *in lebendigen Tafeln geschriebenen Gesetzen* überein, wie sich Lord Bacon ausgedrückt hätte. Ich wage zu behaupten, dass es eine Art zynisches System des Common Law gibt, das dem System geschriebenen Rechts in meinem Land zugrunde liegt, und das sich vom englischen System des Common Law insofern unterscheidet, als es sowohl ungeschrieben als auch unbekannt ist.

Darüber hinaus nehme ich an, dass Ähnliches in anderen Ländern stattfindet und vielleicht in einem noch größeren Ausmaß stattfinden wird, in denen die Übereinstimmung zwischen dem legalistischen Standpunkt und anderen Standpunkten bis vor kurzem so perfekt war. Blinde Akzeptanz des zeitgenössischen legalistischen Standpunktes wird zur allmählichen Zerstörung der Wahlfreiheit sowohl in der Politik als auch auf dem Markt und im Privatleben führen. Denn der zeitgenössische legalistische Standpunkt bedeutet, dass individuelle Auswahl zunehmend durch Gruppenentscheidungen ersetzt wird und dass spontane Anpassungen nicht nur zwischen individueller Nachfrage und individuellem Angebot von Gütern und Dienstleistungen, sondern jeder Art von Verhalten durch rigide und zwangsbewehrte Prozeduren wie die der Mehrheitsherrschaft zunehmend eliminiert werden.

Um meine Meinung zu diesem Thema zusammenzufassen: Es gibt in allen gegenwärtigen politischen Systemen weit mehr Gesetzgebung, es gibt weit mehr Gruppenentscheidungen, weit mehr rigide Auswahlalternativen, und weit weniger „auf lebendigen Tafeln geschriebene Gesetze", weit weniger individuelle Entscheidungen, weit weniger freie Auswahlalternativen, als notwendig wären, um die individuelle Wahlfreiheit zu bewahren.

Ich sage nicht, dass wir gänzlich ohne Gesetzgebung auskommen sollten und völlig auf Gruppenentscheidungen und Mehrheitsherrschaft verzichten sollten, um die individuelle Freiheit der Auswahl in all jenen Bereichen wiederzuerlangen, in denen wir sie verloren haben. Ich stimme völlig damit überein, dass in einigen Fällen die betroffenen Angelegenheiten jeden etwas angehen und nicht über die spontane Anpassung und wechselseitig einvernehmliche Wahl durch Individuen behandelt werden können. Es gibt keinen historischen Beweis, dass jemals ein anarchischer Zustand existierte, der resultieren würde, wenn Gruppenentscheidungen und die Erzwingung individueller Auswahl gänzlich aufgehoben würden.

Aber ich bin überzeugt, je mehr wir das derzeit von Gruppenentscheidungen besetzte Gebiet in Politik und Recht, mit all den Instrumenten der Wahlen, der Gesetzgebung und so weiter, zu verkleinern vermögen, desto mehr wird es uns gelingen, einen Zustand ähnlich dem zu erreichen, der in den Gebieten der

Sprache, des Common Law, des freien Marktes, der Mode, der Gebräuche usw. vorherrscht, wo alle individuellen Auswahlalternativen sich gegenseitig anpassen und keine individuelle Wahlentscheidung überstimmt wird. Ich würde die These vorschlagen, dass gegenwärtig die Reichweite des Gebietes, in dem Gruppenentscheidungen als notwendig oder sogar als angemessen betrachtet werden, maßlos überschätzt worden ist, und das Gebiet, in dem spontane individuelle Anpassungen als notwendig betrachtet worden sind, weit stärker eingeschränkt worden ist, als es ratsam ist, wenn wir die traditionellen Bedeutungen der allermeisten großen Ideale des Westens erhalten wollen.

Meine Empfehlung ist, dass die Landkarten der oben genannten Bereiche neu gezeichnet werden müssen, da viele Länder und Meere auf ihnen jetzt an Orten dargestellt werden, wo auf den alten, klassischen Landkarten nichts markiert war. Ich habe auch den Verdacht, wenn ich diese Metapher weiter verwenden darf, dass es auf den gegenwärtigen Landkarten Zeichen und Markierungen gibt, die in Wirklichkeit überhaupt nicht neu entdecktem Land entsprechen und dass einige Länder nicht dort zu finden sind, wo sie gegenwärtig von ungenauen Geographen der politischen Welt eingezeichnet worden sind. Tatsächlich scheinen einige Markierungen auf gegenwärtigen politischen Landkarten lediglich kleine Flecken zu sein, hinter denen nichts Reales steht, und wir behandeln sie wie den Kapitän, der das, was eine Fliege auf seiner Karte hinterlassen hat, mit einer Insel verwechselt, nach der er nun vergeblich sucht.

Wenn wir das Gebiet der Gruppenentscheidungen nun von den individuellen Entscheidungen abgrenzen, sollten wir berücksichtigen, dass nach Professor Buchanan die ersteren der Logik des Alles-oder-Nichts folgen, während letztere mit den Entscheidungen anderer Menschen vereinbar sind bzw. sie ergänzen.

Als goldene Regel sollte – wenn ich mich nicht irre – gelten, dass individuelle Entscheidungen dort kollektive Entscheidungen ersetzen, wo man zu Unrecht Unvereinbarkeit unterstellt hat. Es wäre zum Beispiel dumm, Individuen einer Gruppenentscheidung hinsichtlich solcher Fragen zu unterwerfen wie jener, ob sie ins Kino oder spazieren gehen sollen, wenn sich beides nicht ausschließt.

Fürsprecher von Gruppenentscheidungen (zum Beispiel der Gesetzgebung) neigen immer dazu, zu denken, dass in diesem oder jenem Fall individuelle Auswahlmöglichkeiten wechselseitig unvereinbar sind, dass die betroffenen Angelegenheiten unbedingt von der Alles-oder-Nichts-Variante sind, und dass die einzige Möglichkeit, eine endgültige Wahl zu treffen, diejenige ist, ein Zwangsverfahren wie die Mehrheitsherrschaft zu übernehmen. Diese Menschen geben vor, für die Demokratie einzutreten. Aber wir sollten uns stets daran erinnern, dass immer dann, wenn individuelle Auswahl unnötigerweise von Mehrheitsherrschaft verdrängt wird, die Demokratie mit der individuellen Freiheit in Konflikt steht. Es ist diese spezielle Art der Demokratie, die auf ein Minimum reduziert werden sollte, um ein Maximum von Demokratie zu erhalten, die mit individueller Freiheit vereinbar ist.

Natürlich wäre es notwendig, am Anfang der von mir vorgeschlagenen Reform Missverständnisse zu vermeiden. Freiheit kann nicht indifferent als „Freiheit von Mangel" und „Freiheit von Menschen" verstanden werden, genau wie Zwang nicht als von solchen Menschen ausgeübter „Zwang" verstanden werden soll, die absolut nichts getan haben, um irgendjemand anderen zu zwingen.

Die Bewertung verschiedener Arten des Verhaltens und die Entscheidungen über den Bereich, dem sie angehören und dem sie deshalb zuzuordnen sind, würde offensichtlich eine große Revolution auf dem Feld gegenwärtiger Verfassungen und des Gesetzgebungs- und Verwaltungsrechts bedeuten. Diese Revolution würde zum größten Teil eine Verlagerung von Regelungen aus dem Bereich des geschriebenen in den Bereich des ungeschriebenen Rechts bedeuten. In diesem Verlagerungsverfahren sollte der Vorstellung von *der Rechtssicherheit*, verstanden als langfristige Sicherheit, größte Aufmerksamkeit gewidmet werden, um den Individuen zu ermöglichen, im Hinblick nicht nur auf die Gegenwart, sondern auch auf die Zukunft eine freie Auswahl zu treffen. Im Verlauf sollte die Rechtsprechung so weit wie möglich von anderen Gewalten getrennt werden, wie in der Zeit der Römer und im Mittelalter, als *jurisdictio* so weit wie möglich vom *imperium* getrennt war. Rechtsprechung sollte sich der Entdeckung des Rechts widmen, statt den Streitparteien das aufzuerlegen, was die Richter sich wünschen.

Das Verfahren der Rechtsherstellung sollte reformiert werden, indem es hauptsächlich, wenn auch nicht gänzlich, in ein spontanes Verfahren verwandelt wird, wie das Verfahren des Handels, der Sprache oder der Pflege gegenseitiger, einvernehmlicher Beziehungen zwischen Individuen.

Man mag einwenden, dass eine derartige Reform der Schaffung einer utopischen Welt entspräche. Aber eine solche Welt war, insgesamt betrachtet, in mehreren Ländern und in mehreren historischen Phasen, von denen manche noch nicht ganz aus der Erinnerung lebender Generationen verschwunden sind, sicherlich nicht utopisch. Indes ist es wahrscheinlich viel utopischer, weiterhin Appelle an eine Welt zu richten, in der alte Ideale absterben und nur alte Wörter zurückbleiben, als leere Hülsen, die jeder ungeachtet der Endergebnisse mit seiner favorisierten Bedeutung füllen kann.

Kapitel 7
Freiheit und der allgemeine Wille

Mein Vorschlag, die Landkarten der jeweils von individuellen Auswahlentscheidungen oder von Gruppenentscheidungen bestimmten Gebiete zu revidieren, mag bei vordergründiger Betrachtung mehr als ein herausfordernder Angriff auf das gegenwärtige System und seine Betonung der Gruppen und ihrer Entscheidung erscheinen und nicht so sehr als ein überzeugendes Argument für ein anderes System, das die individuellen Entscheidungen hervorhebt.

In der Politik scheint es viele Angelegenheiten zu geben, über die zumindest anfänglich keine Einmütigkeit erzielt werden kann, weshalb Gruppenentscheidungen, mit ihren Begleiterscheinungen wie Zwangsverfahren, Mehrheitsherrschaft und so weiter, unvermeidbar sind. Dies mag für gegenwärtige Systeme zutreffen, solange die Angelegenheiten, die von Gruppen anhand von Zwangsverfahren entschieden werden sollen, nicht gründlich überprüft wurden.

Entscheidungsgruppen erinnern uns oft an Räuberbanden, über die der hervorragende amerikanische Gelehrte Lawrence Lowell einmal bemerkte, dass sie keine „Mehrheit" darstellen, wenn sie – nachdem sie an einsamer Stelle auf einen Reisenden gewartet haben – ihm seine Brieftasche rauben. Lowell zufolge sind ein paar Leute, verglichen mit dem Mann, den sie beraubt haben, nicht die „Mehrheit". Genauso wenig kann man ihn als „Minderheit" bezeichnen. Es gibt in den Vereinigten Staaten wie in anderen Staaten verfassungsmäßige Schutzeinrichtungen und natürlich eine Strafgesetzgebung, die die Bildung solcher „Mehrheiten" verhindern. Dennoch haben viele Mehrheiten unserer Zeit viel mit der von Lawrence Lowell beschriebenen eigenartigen „Mehrheit" gemeinsam. Sie sind *legale* Mehrheiten, die entsprechend dem geschriebenen Recht und den Verfassungen oder zumindest einer ziemlich dehnbaren Interpretation der Verfassungen vieler gegenwärtiger Länder zusammengestellt sind. Immer wenn es zum Beispiel einer Mehrheit der angeblichen „Repräsentanten des Volkes" gelingt, eine Gruppenentscheidung zu treffen wie den gegenwärtigen „Landlord and Tenant Act" in England oder ähnliche Statuten in Italien oder anderswo, die dem Zweck dienen, Vermieter zu zwingen, gegen ihren Willen und gegen alle vorherigen Übereinkünfte Mieter für geringe Miete in ihrem Haus zu behalten, die in vielen Fällen mit Leichtigkeit einen marktüblichen Preis zahlen könnten, kann ich keinen Grund sehen, diese Mehrheit von der von Lawrence Lowell beschriebenen zu unterscheiden. Es gibt nur einen Unterschied: Letztere ist vom geschriebenen Gesetz nicht zugelassen, während erstere es ist.

Eine Eigenschaft, die beide „Mehrheiten" tatsächlich gemeinsam haben, ist der Zwang, den eine gewisse größere Zahl von Menschen gegen andere, weniger zahlreiche Menschen ausübt, um letztere erleiden zu lassen, was sie niemals erleiden würden, wenn sie frei entscheiden könnten. Man darf annehmen, dass diese Mehrheiten nicht anders als ihre gegenwärtigen Opfer empfinden würden, wenn sie selbst zu der Minderheit gehörten, auf die Zwang ausgeübt wird. Der Spruch des Evangeliums (der zumindest bis Konfuzius zurückreicht und wahrscheinlich eine prägnante Regel der Philosophie individueller Freiheit ist) – „Was Du nicht willst, dass man Dir tu, das füg auch keinem anderen zu" – wird von Mehrheiten der Lowell'schen Art zu der Maxime abgewandelt: „Was Du nicht willst, dass man Dir tu, das füg anderen zu." Schumpeter hatte Recht, als er sagte, dass der „allgemeine Wille" in modernen politischen Gemeinschaften eine Täuschung sei. Wir müssen mit ihm übereinstimmen, wenn wir Gruppenentscheidungen wie die von mir erwähnten betrachten. Leute, die innerhalb einer Gruppe zu den Gewinnern zählen, behaupten, sie entschieden im gemeinsamen Interesse und in Übereinstimmung mit dem „allgemeinen Willen".

Wenn Entscheidungen zur Debatte stehen, die Minderheiten zwingen, Geld abzugeben oder in ihren Häusern andere Menschen zu behalten, die sie dort nicht behalten wollen, wird es freilich unter den Mitgliedern der Gruppe niemals Einmütigkeit geben. Es stimmt, dass viele Menschen gerade diesen Mangel an Einmütigkeit als guten Grund ansehen, Entscheidungsgruppen und Zwangsverfahren einzusetzen. Dies ist jedoch kein ernsthafter Einwand gegen die von mir vorgeschlagene Reform. Wenn wir bedenken, dass eines der Hauptziele einer solchen Reform die Wiederherstellung individueller Freiheit als Freiheit von Zwang durch andere Menschen wäre, werden wir keinen Grund finden, in unserem System Raum für solche Entscheidungen zu lassen, die die Ausübung von Zwang über weniger zahlreiche Menschen zugunsten anderer, zahlreicherer Menschen, einschließen. In dieser Art von Entscheidungen könnte es keinen „allgemeinen Willen" geben, es sei denn, man setzt den „allgemeinen Willen" einfach mit dem Willen der Mehrheit gleich, ohne Rücksicht auf die Freiheit der Menschen, die den Minderheiten angehören.

Dabei hat der „allgemeine Wille" eine viel überzeugendere Bedeutung als von den Befürwortern oder Gruppenentscheidungen angenommen. Er ist *der Wille, der aus der Zusammenarbeit aller betroffenen Menschen ohne Rückgriff auf Gruppenentscheidungen und Entscheidungsgruppen entsteht.* In der Umgangssprache wie auch in Übereinstimmungen und gegenseitigen Verpflichtungen bringt dieser allgemeine Wille, ohne Zwang zu benötigen, soziale Beziehungen hervor und hält sie auch lebendig. Er hebt Künstler, Schriftsteller, Schauspieler oder auch Ringer hervor. Er schafft Moden, Regeln der Höflichkeit, Regeln der Moral und so weiter, und bewahrt sie. Dieser Wille ist „allgemein" in dem Sinne, dass all jene Individuen, die in einer Gemeinschaft an seiner Manifestation und Ausübung teilnehmen, die

Freiheit haben, dies zu tun, während all jene, die irgendwann einmal nicht damit übereinstimmen, auch diese Freiheit haben, ohne von anderen Menschen gezwungen zu werden, deren Entscheidung anzunehmen. Unter einem solchen System scheinen alle Mitglieder der Gemeinschaft im Prinzip darüber einig zu sein, dass die Gefühle, Handlungen, Verhaltensformen usw. der Individuen, die der Gemeinschaft angehören, vollkommen zulässig und erlaubt sind, ohne irgendwen zu stören, ungeachtet der Zahl der Individuen, denen danach ist, auf diese Weise sich zu verhalten oder zu handeln.

Es stimmt, dass dies mehr ein theoretisches Modell des „allgemeinen Willens" als ein in allen Einzelheiten historisch belegbarer Zustand ist. Aber die Geschichte bietet uns Beispiele von Gesellschaften, von denen man sagen kann, dass in ihnen ein „allgemeiner Wille" von der beschriebenen Art existierte. Selbst in der Gegenwart und selbst in Ländern, wo Zwangsmethoden weit verbreitet sind, gibt es weiterhin viele Situationen, in denen ein wahrer allgemeiner Wille entsteht und niemand ernsthaft dessen Existenz bestreiten oder sich einen anderen Zustand wünschen würde.

Wir wollen nun sehen, ob wir uns einen „allgemeinen Willen" vorstellen können, der sich nicht nur in einer gemeinsamen Sprache oder in einem Common Law, in gemeinsamen Moden, Geschmäckern und so weiter widerspiegelt, sondern auch in Gruppenentscheidungen mit all den Begleiterscheinungen von Zwangsverfahren.

Streng gesprochen sollten wir festhalten, dass keine Gruppenentscheidung, wenn sie nicht einmütig ist, Ausdruck des gemeinsamen Willens aller Beteiligten sein kann. Dennoch werden in einigen Fällen Entscheidungen gegen Minderheiten getroffen, beispielsweise wenn Geschworene ein Urteil gegen einen Räuber oder Mörder fällen, die wiederum selbst so entscheiden würden, wenn sie die Opfer wären. Seit der Zeit Platos ist es wiederholt festgestellt worden, dass selbst Piraten und Räuber ein Recht zulassen müssen, das für sie alle *gemeinsam* gilt, damit ihre Bande nicht von innen aufgelöst oder zerstört wird. Wenn wir dies in Betracht ziehen, können wir sagen, dass es Entscheidungen gibt, die, obwohl sie nicht in jedem Augenblick den Willen aller Mitglieder der Gruppe widerspiegeln, als der Gruppe „gemein" betrachtet werden können, insofern jeder sie unter ähnlichen Umständen akzeptieren würde. Ich glaube, dass dies der Kern der Wahrheit in gewissen paradoxen Überlegungen von Rousseau ist, die auf seine Gegner oder seine oberflächlichen Leser ziemlich dumm wirken. Wenn der französische Philosoph sagt, dass ein Krimineller seine eigene Verurteilung wünscht, weil er zuvor mit anderen Menschen übereinkam, alle Kriminellen zu bestrafen und auch sich selbst, wenn das auf ihn zutrifft, dann macht er eine Aussage, die wörtlich genommen Unsinn ist. Aber die Annahme, dass jeder Kriminelle unter den gleichen Umständen eine Verurteilung anderer Krimineller zulassen und sogar beantragen würde, ist nicht Unsinn. In dem Sinne hat jedes Mitglied einer Gemeinschaft einen „allgemeinen

Willen", gewisse Verhaltensarten, die in dieser Gesellschaft als kriminell eingestuft werden, zu behindern und schließlich zu bestrafen. Das Gleiche trifft mehr oder weniger auf alle Verhaltensarten zu, die in englischsprachigen Ländern „torts" [unerlaubte Handlungen] genannt werden, also Verhaltensformen, die gemäß einer allgemein verbreiteten Überzeugung in der Gemeinschaft verboten sind.

Es gibt einen offensichtlichen Unterschied zwischen dem Ziel einer Gruppenentscheidung hinsichtlich der Verurteilung solcher Verhaltensformen wie Verbrechen und unerlaubter Handlungen auf der einen Seite und Entscheidungen hinsichtlich anderer Verhaltensformen wie jener, die Vermietern in den oben erwähnten Statuten auferlegt werden, auf der anderen Seite. Im ersteren Fall verkündet eine Gruppe Urteile gegen ein Individuum oder eine Minderheit von individuellen Mitgliedern der Gruppe, die innerhalb der Gruppe selbst einen Raub begangen haben. Im letzteren Fall werden Entscheidungen getroffen, die einfach darin bestehen, einen Raub gegen andere Menschen zu begehen, nämlich gegen Menschen, die zu einer Minderheit der Gruppe gehören. Im ersteren Fall würde jeder, einschließlich jedes Mitglieds der wegen Raubes verurteilten Minderheit, in jedem anderen Einzelfall als in seinem eigenen einer Verurteilung zustimmen; wohingegen im letzteren Fall das genaue Gegenteil stattfindet: Die Entscheidung (zum Beispiel, eine Minderheit innerhalb einer Gruppe zu berauben) würde von eben jenen Mitgliedern der siegreichen Mehrheit in jedem Einzelfall, in dem sie selber die Opfer wären, nicht befürwortet. Aber in beiden Fällen glauben alle Mitglieder der Gruppe, wie wir gesehen haben, dass einige Verhaltensformen verdammenswert sind. Dies ist, was es uns erlaubt, zu sagen, dass es tatsächlich Gruppenentscheidungen gibt, die mit einem „allgemeinen Willen" übereinstimmen können, immer wenn wir annehmen können, dass das Ziel solcher Entscheidungen unter gleichen Umständen von allen Mitgliedern der Gruppe befürwortet würde, einschließlich der Minderheit, zu deren Lasten im gegebenen Fall entschieden wird. Umgekehrt können wir nicht davon ausgehen, dass Entscheidungen mit dem „allgemeinen Willen" übereinstimmen, die unter gleichen Umständen nicht von allen Mitgliedern der Gruppe gebilligt würden, einschließlich derer, die im konkreten Falle zu ihren Nutznießern gehören.

Gruppenentscheidungen der letzteren Art müssten gänzlich von der Landkarte entfernt werden, die das Gebiet darstellt, wo Gruppenentscheidungen in gegenwärtigen Gesellschaften angemessen und notwendig sind. Alle Gruppenentscheidungen der ersten Art sollten, nach einer strengen Bewertung ihrer Ziele, auf der Landkarte verbleiben. Natürlich stelle ich mir nicht vor, dass die Beseitigung solcher Gruppenentscheidungen für irgendwen in der gegenwärtigen Zeit eine leichte Aufgabe wäre. Eine Beseitigung aller von Mehrheiten vorgenommenen Gruppenentscheidungen der Lowell'schen Art würde ein für alle Mal die Beendigung jener Sorte von legaler Kriegsführung bedeuten, die in gegenwärtigen Gesellschaften Gruppe gegen Gruppe aufbringt, aufgrund des fortwährenden Versuchs ihrer jeweiligen Mitglieder, zu ihren eigenen Gunsten andere Mitglieder der Gesellschaft zu zwingen, missproduktive Handlungen und Behandlungen zu akzeptieren. Aus dieser Sicht könnte man bei einem auffälligen Teil gegenwärtiger Gesetzgebung die Definition anwenden, die der deutsche Theoretiker Clausewitz auf den Krieg anwandte, nämlich, dass er ein Mittel ist, jene Ziele zu erreichen, die durch übliche Verhandlungen nicht mehr zu erreichen sind. Es ist diese vorherrschende Vorstellung von Recht als einem Werkzeug für partikulare Zwecke, die im neunzehnten Jahrhundert Bastiat zu seiner berühmten Definition des Staates anregte: „L'Etat, la grande fiction à travers laquelle tout le monde s'efforce de vivre au dépens de tout le monde" („jenes große fiktive Wesen, mit dem jeder versucht, auf Kosten eines jeden anderen zu leben"). Wir müssen zugeben, dass diese Definition auch in unserer Zeit gültig ist.

Ein aggressives Konzept der Gesetzgebung zur Bedienung von Partikularinteressen hat das Ideal einer politischen Gesellschaft als homogenes Wesen, nein, als Gesellschaft überhaupt untergraben. Minderheiten, die gezwungen werden, Ergebnisse der Gesetzgebung anzuerkennen, denen sie unter anderen Umständen niemals zustimmen würden, fühlen sich ungerecht behandelt und akzeptieren ihre Situation nur, um Schlimmeres zu vermeiden, oder betrachten sie als Entschuldigung dafür, zu ihren Gunsten andere Gesetze zu erhalten, die wiederum ganz anderen Menschen schaden. Vielleicht trifft dieses Bild nicht in solchem Maße auf die Vereinigten Staaten zu wie auf viele Nationen in Europa, in denen sozialistische Ideale so viele Partikularinteressen vorübergehender wie auch dauerhafter Mehrheiten in jedem Land abdecken. Aber ich brauche nur auf Gesetze wie den Norris-La Guardia Act zu verweisen, um meine Leser zu überzeugen, dass das, was ich sage, auch für ihr Land gilt. Hier jedoch werden rechtliche Privilegien nicht, wie in europäischen Ländern der Fall, von einer anderen Partikulargruppe bezahlt, sondern von allen Bürgern in ihrer Eigenschaft als Steuerzahler.

Zum Glück für alle Menschen, die Hoffnung haben, dass die von mir vorgeschlagene Reform irgendwann einmal stattfindet, sind weder alle Gruppenentscheidungen in unserer Gesellschaft von der von mir betrachteten schikanösen Art noch sind alle Mehrheiten von der Lowell'schen Variante.

Auf unseren gegenwärtigen politischen Landkarten gibt es auch Gruppenentscheidungen, die eigentlich zu den individuellen Entscheidungen gehören. Solche Ziele zum Beispiel werden immer dann von der gegenwärtigen Gesetzgebung gedeckt, wenn letztere sich darauf beschränkt, das zu verkörpern, was allgemein als ein Recht oder eine Pflicht der Menschen eines Landes verstanden wird. Ich vermute, dass viele von denen, die sich geschriebene Gesetze gegen die willkürliche Macht individueller Menschen wünschen – ob dies Tyrannen oder Staatsbeamte oder sogar vorübergehende Mehrheiten wie jene sind, die in der zweiten Hälfte des fünften Jahrhunderts v. Chr. vorherrschten –, sich mehr oder weniger bewusst vorstellen, dass Gesetze einfach ungeschriebene Regeln verkörpern, die ohnehin von allen Menschen in einer gegebenen Gesellschaft akzeptiert sind. Tatsächlich könnten und können noch viele geschriebene Gesetze einfach als Verkörperung ungeschriebener Regeln betrachtet werden, zumindest in Bezug auf ihren Inhalt, wenn nicht auf die Absicht der beteiligten Gesetzgeber. Ein klassischer Fall ist Justinians *Corpus Juris*. Dies trifft ungeachtet der Tatsache zu, dass gemäß der ausdrücklichen Absicht dieses Kaisers, der (das dürfen wir nicht vergessen) einem Land und einem Volk angehörte, das dazu neigte, das Recht des Landes mit seinem *schriftlichen* Recht gleichzusetzen, der gesamte *Corpus Juris* von seinen Untertanen als ein vom Kaiser selbst erlassenes Statut zu akzeptieren war.

Jedoch zeigt der Inhalt des *Corpus Juris* eine offensichtliche Verbindung zwischen dem Ideal des *Corpus* als schriftlichem Gesetz und dem darin enthaltenen allgemeinen oder ungeschriebenen Recht. Tatsächlich bestand dessen zentraler und dauerhafterer Teil, die sogenannten *Pandectae* oder *Digesta*, gänzlich aus Darlegungen der alten römischen Juristen, die sich auf das ungeschriebene Recht bezogen. Ihre Werke wurden nun von Justinian (der im Übrigen als Redakteur des berühmtesten *Reader's Digest* aller Zeiten angesehen werden kann) gesammelt und ausgewählt, damit sie seinen Untertanen als individuelle Formulierung seiner eigenen persönlichen Anweisungen präsentiert würden. Es stimmt, dass Justinians Sammlung, Auswahl und Verarbeitung modernen Gelehrten zufolge ziemlich kompliziert gewesen sein muss, zumindest in mehreren Fällen, wo über die Authentizität der Texte, die im *Corpus* enthalten sind und angeblich dem Werk alter römischer Juristen wie Paulus oder Ulplian angehören, Zweifel bestehen. Dass aber die Auswahl im Ganzen auf Justinian zurückgeht, ist unter den Gelehrten unbestritten, und auch Zweifel an der authentischen Auswahl in einzelnen Fällen sind zuletzt von den meisten Gelehrten verworfen worden.

Die Justinianische Auswahl wiederum wurde vor unserer gegenwärtigen Zeit der Gesetzbücher und der geschriebenen Verfassungen von den Juristen des Mittelalters und der Neuzeit ähnlich behandelt. Ihnen ging es nicht um Justinians Auswahl, sondern um Interpretation, also darum, die Bedeutung der Justinianischen Texte zu dehnen, wenn es notwendig war, und neuen Erfordernissen Ausdruck zu verleihen, während das Ganze im Wesentlichen bis in jüngere Zeiten hinein in den meisten kontinentaleuropäischen Ländern als geltendes Recht Gültigkeit behielt. Während somit der alte Kaiser das von den römischen Juristen festgestellte Common Law in ein von ihm formal in Kraft gesetztes schriftliches Gesetz umwandelte, verwandelten die mittelalterlichen und neuzeitlichen kontinentaleuropäischen Juristen wiederum, vor dem Erlass gegenwärtiger Gesetzbücher, das formal von Justinian erlassene Gesetz in ein neues, von den Juristen festgesetztes Recht, in ein *Juristenrecht*, wie es die Deutschen nannten, das annähernd eine überarbeitete Ausgabe des Justinianischen *Corpus* und daher altes römisches Recht war.

Einer meiner italienischen Kollegen entdeckte vor einigen Jahren, sehr zu seiner Überraschung, dass der Justinianische *Corpus* in einigen Ländern der Welt buchstäblich noch Geltung hatte – zum Beispiel in Südafrika. Eine seiner Klientinnen, eine in Italien lebende Dame, die Eigentum in Südafrika besaß, hatte ihm die Verantwortung für die diesbezüglichen Transaktionen übertragen, die auszuführen er ordnungsgemäß unternahm. Später bat ihn sein Geschäftspartner in Südafrika, ihm eine von der Dame unterzeichnete Erklärung zu schicken, mit der Angabe, dass sie darauf verzichtet, in Zukunft das vom *Senatus Consultum Velleianum* den Frauen gegebene Privileg wahrzunehmen, also eine vom römischen Senat vor neunzehn Jahrhunderten erlassene Vorschrift, die Frauen berechtigte, ihr gegebenes Wort zurückzunehmen und allgemein gewisse Verpflichtungen anderer Menschen gegenüber nicht einzuhalten. Diese weisen römischen Senatoren waren sich der Tatsache bewusst, dass Frauen dazu neigten, ihre Meinung zu ändern und dass es daher ungerecht wäre, von ihnen dieselbe Konsequenz zu verlangen, die Männern normalerweise vom Recht auferlegt war. Das Ergebnis der Vorschrift des Senats ist, so scheint es mir, etwas anders gewesen als das, was die Senatoren erwarteten. Nach der Inkraftsetzung des *Senatus Consultum* hatten Menschen wenig Neigung, eine Vereinbarung mit Frauen einzugehen. Zur Abhilfe wurde deshalb Frauen erlaubt, auf das Privileg des *Senatus Consultum* zu verzichten, wenn sie Verträge beispielsweise über den Verkauf von Grundstücken schlossen. Mein Kollege schickte eine solche Erklärung seiner Klientin nach Südafrika, und der Verkauf wurde zu gegebener Zeit vollzogen.

Als mir diese Geschichte erzählt wurde, reflektierte ich mit Vergnügen darüber, dass es Menschen gibt, die glauben, dass wir zum Glücklichsein nur neue Gesetze brauchen. Im Gegenteil, uns liegen eindrucksvolle historische Beweise vor, die die Schlussfolgerung nahelegen, dass selbst Gesetzgebung in vielen Fällen nach Jahrhunderten und Generationen viel mehr einen spontanen Prozess der Gesetzesherstellung widerspiegelt als den willkürlichen Willen einer Mehrheitsentscheidung einer Gruppe von Gesetzgebern.

Das deutsche Wort *Rechtsfindung*, also das Verfahren der *Findung* des Rechts, scheint die zentrale Idee des *Juristenrechts* und der Aktivität des kontinentaleuropäischen Juristen als Ganzes gut wiederzugeben. Das Recht stellte man sich nicht als etwas *Erlassenes* vor, sondern als etwas *Existierendes*, das zu finden, zu *entdecken* notwendig war. Dieses Verfahren war nicht unmittelbar durch Feststellung menschlicher Verpflichtungen oder menschlicher Gefühle hinsichtlich der Rechte und Pflichten durchzuführen, sondern zunächst (zumindest scheinbar) durch Interpretation eines zweitausend Jahre alten geschriebenen Textes wie der Justinianischen Sammlung.

Diese Idee ist aus unserer Sicht interessant, da sie uns einen Beweis für die Tatsache liefert, dass *geschriebenes Recht an sich nicht immer notwendigerweise Gesetzgebung,* also *erlassenes Recht* ist. Der Justinianische *Corpus Juris* in Kontinentaleuropa war nicht mehr Gesetzgebung, zumindest in der fachlichen Bedeutung des Wortes, also ein von der gesetzgebenden Gewalt der europäischen Länder erlassenes Recht. (Dies könnte nebenbei bemerkt jene Menschen erfreuen, die am Ideal der Rechtssicherheit im Sinne eines präzise formulierten Textes festhalten, ohne das Ideal einer Rechtssicherheit zu opfern, die verstanden wird als Möglichkeit, langfristige Pläne zu machen.)

Die kontinentaleuropäischen Gesetzbücher bieten ein weiteres Beispiel des Phänomens, dessen sich sehr wenige Menschen heute bewusst sind, und zwar der strengen Verknüpfung zwischen dem Ideal eines formal erlassenen Gesetzes und dem Ideal eines Gesetzes, dessen Inhalt tatsächlich unabhängig von der Gesetzgebung ist. Diese Gesetzbücher können wiederum hauptsächlich als Verkörperung des Justinianischen *Corpus Juris* betrachtet werden und als Interpretationen, denen die Justinianische Zusammenstellung durch europäische Juristen mehrere Jahrhunderte im Mittelalter und in der Neuzeit vor der Inkraftsetzung der Gesetzesbücher unterzogen wurde.

Wir könnten die kontinentaleuropäischen Gesetzbücher zu einem gewissen Grade mit den von den Obrigkeiten, zum Beispiel in den italienischen *municipia* der römischen Zeit, herausgegebenen offiziellen Verlautbarungen gleichsetzen, die die Reinheit und das Gewicht der von Privatpersonen bei der Herstellung von Münzen verwendeten Metalle bescheinigten, während die heutige Gesetzgebung in der Regel einen Eingriff der gegenwärtigen Regierungen in die Wertbestimmung ihrer nichtkonvertierbaren gesetzlichen Zahlungsmittel bedeutet. (Nebenbei bemerkt sind gesetzliche Zahlungsmittel an sich selbst ein treffendes Beispiel der Gesetzgebung im zeitgenössischen Sinn, also einer Gruppenentscheidung, deren Ergebnis ist, dass einige Mitglieder der Gruppe zugunsten anderer geopfert werden, was nicht geschehen könnte, wenn erstere frei entscheiden könnten, welches Geld sie akzeptieren und welches Geld sie verweigern.)

Die kontinentaleuropäischen Gesetzbücher wie der Code Napoléon oder das österreichische Allgemeine Bürgerliche Gesetzbuch von 1811 oder das deutsche Bürgerliche Gesetzbuch von 1900 waren das Ergebnis mehrerer kritischer Beurteilungen, denen die bereits in *Juristenrecht* umgewandelte Justinianische Sammlung unterzogen worden war. Ein Wunsch nach Rechtssicherheit, im Sinne einer Wortgenauigkeit, war einer der Hauptgründe für die vorgeschlagene Kodifizierung. Die *Pandectae* schienen ein ziemlich lockeres System von Regeln zu sein, von denen viele als spezielle Fälle einer allgemeineren Regel betrachtet werden konnten, die die römischen Juristen nie zu formulieren sich bemüht hatten. Tatsächlich hatten sie solche Formulierungen in vielen Fällen absichtlich gescheut, um zu vermeiden, Gefangene ihrer eigenen Regeln zu werden, wenn sie es mit präzedenzlosen Fällen zu tun hatten. Tatsächlich gab es in der Justinianischen Sammlung einen Widerspruch. Der Kaiser hatte versucht, das, was römische Juristen immer als ein *offenes* und spontanes System betrachtet hatten, in ein *geschlossenes* und geplantes System zu verwandeln, aber er versuchte dies, indem er sich das Werk eben dieser Juristen zunutze machte. Somit erwies sich das Justinianische System als zu offen für ein geschlossenes System, während das *Juristenrecht* wiederum, das in seiner ihm typischen unsystematischen Weise arbeitete, den ursprünglichen Widerspruch im Justinianischen System verschärfte, statt ihn abzumildern.

Die Kodifizierung bedeutete einen beträchtlichen Schritt in Richtung der Idee Justinians, dass das Recht ein geschlossenes System ist, das es unter Führung der politisch Verantwortlichen von Experten zu planen gilt, aber sie implizierte auch, dass die Planung sich mehr auf die Form des Rechts beziehen sollte als auf dessen Inhalt.

Demgemäß schrieb ein hervorragender deutscher Gelehrter, Eugen Ehrlich, dass „die Neugestaltung des Rechts im deutschen Bürgerlichen Gesetzbuch von 1900 und den vorhergehenden kontinentaleuropäischen Gesetzbüchern mehr Schein als Wahrheit war".[68] Das Juristenrecht wurde fast unverändert, wenn auch in ziemlich abgekürzter Form in die neuen Gesetzbücher übertragen, deren Interpretation weiterhin umfangreiches Wissen über die vorhergehende juristische Literatur Kontinentaleuropas mit einbezog.

Nach einer gewissen Zeit erwies sich das neu übernommene Ideal, einem nicht-legislativen Inhalt eine legislative Form zu geben, leider als in sich widersprüchlich. Nicht-legislatives Recht verändert sich ständig, wenn auch langsam und auf recht verborgene Weise. Es kann ebenso wenig in ein geschlossenes System verwandelt werden wie die normale Sprache, obwohl von Gelehrten in mehreren Ländern ein solcher Versuch unternommen wurde, beispielsweise von den Gründern von Esperanto und anderen künstlichen Sprachen. Aber die gegen diese Unannehmlichkeit übernommene Abhilfe erwies sich als ziemlich ineffizient. Neue schriftliche Gesetze mussten erlassen werden, um die Gesetzbücher abzuwandeln, und allmählich wurde das ursprünglich geschlossene System der Gesetze von einer gewaltigen Zahl anderer schriftlicher Gesetze umringt und überladen, deren Anhäufung eine der bemerkenswertesten Eigenschaften gegenwärtiger europäischer Rechtssysteme ist. Dessen ungeachtet werden Gesetzbücher nach wie vor in europäischen Ländern als der Kern des Rechts betrachtet, und soweit ihr ursprünglicher Inhalt erhalten geblieben ist, soweit können wir in ihnen die Verbindung zwischen dem Ideal eines formal erlassenen Gesetzes und einem Inhalt erkennen, der bis zum ungeschriebenen Recht zurück zu verfolgen ist, das Justinians Sammlung überhaupt erst ausgelöst hatte.

---

[68] Eugen Ehrlich, *Juristische Logik* (Tübingen: Mohr, 1918), S. 166.

Wenn wir allerdings betrachten, was in vergleichsweise jüngeren Zeiten in den
englischsprachigen Ländern geschehen ist, können wir leicht Beispiele gleicher
Vorgänge finden. Mehrere Gesetze des Parlaments sind mehr oder weniger Ver-
körperungen des von Gerichtshöfen im Verlauf eines langen Prozesses herausgear-
beiteten *rationes decidendi*.

Wer mit der Geschichte des englischen Common Law vertraut ist, wird der Erinnerung zustimmen, dass zum Beispiel der „Infant Relief Act" aus dem Jahr 1874
nichts bewirkte, außer die Regel des Common Law zu bestätigen, dass Verträge
mit Kindern auf Wunsch des Kindes aufhebbar sind. Um ein anderes Beispiel zu
nehmen, fixierte der „Sale of Goods Act" aus dem Jahr 1893 schriftlich die Regel
des Common Law, dass, wenn Güter in einer Versteigerung verkauft werden und
keine gegensätzliche Absicht geäußert wird, das höchste Gebot das Angebot darstellt und der Hammerschlag die Annahme. Mehrere andere Gesetze wiederum
wie das „Statute of Frauds" aus dem Jahr 1677 oder der „Law of Property Act"
aus dem Jahr 1925 fixierten schriftlich andere Regeln des Common Law (wie
die Regel, dass gewisse Verträge nicht geltend gemacht werden können, wenn sie
nicht schriftlich festgehalten sind), und der „Companies Act" aus dem Jahr 1948,
der Firmenvertreter verpflichtet, bestimmte spezifische Angelegenheiten in ihren
Prospekten offenzulegen, stellte lediglich die konkrete Anwendung einiger Regeln
dar, die von den Gerichten in Bezug auf die Fehlinterpretation von Verträgen
festgestellt worden waren. Es wäre überflüssig, die anderen Beispiele zu nennen,
die erwähnt werden könnten.

Schließlich, wie Dicey schon aufzeigte, können viele moderne Verfassungen und
Menschenrechtserklärungen wiederum nicht als Schöpfungen *de nihilo* moderner
Solons betrachtet werden, sondern sie sind mehr oder weniger gewissenhafte Ver-
körperungen einer Sammlung von *rationes decidendi*, die Gerichtshöfe in England
bei Entscheidungen, die die Rechte bestimmter Individuen betrafen, Schritt für
Schritt entdeckt und angewendet haben.

Die Tatsache, dass schriftliche Gesetze und Verfassungen, obwohl sie im neunzehnten Jahrhundert als erlassenes Recht präsentiert wurden, inhaltlich in Wirklichkeit ein Gesetzherstellungsverfahren widerspiegeln, das im Wesentlichen auf
dem spontanen Verhalten privater Individuen im Verlauf von Jahrhunderten und
Generationen beruht, konnte und kann immer noch liberale Denker dazu veranlassen, schriftliches Recht (verstanden als eine Sammlung präzise formulierter
allgemeiner Regeln) als ein unverzichtbares Mittel zur Erhaltung individueller
Freiheit in unserer Zeit zu betrachten.

Tatsächlich konnten die in schriftlichen Gesetzen und Verfassungen verkörperten
Regeln als der beste Ausdruck liberaler Prinzipien erscheinen, insofern sie einen
langen historischen Prozess widerspiegelten, dessen Ergebnis im Wesentlichen
kein vom Gesetzgeber, sondern ein von Richtern oder von Juristen hergestelltes

Recht war. Dies bedeutet, es als ein „von allen" hergestelltes Recht von der Art zu beschreiben, die der alte Cato der Censor als Hauptgrund für die Großartigkeit des römischen Systems gelobt hatte.

Die Tatsache, dass erlassene Gesetze, obwohl sie allgemein formuliert, präzise ausgedrückt, theoretisch unparteiisch und auch in mancher Hinsicht „sicher" sind, auch einen Inhalt haben könnten, der mit individueller Freiheit gänzlich *unvereinbar* sein könnte, wurde von den kontinentaleuropäischen Verfechtern geschriebener Gesetze und besonders geschriebener Verfassungen außer Acht gelassen. Sie waren überzeugt, dass der *Rechtsstaat* oder der *état de droit* dem englischen *Rule of Law* vollständig entspreche und ihm auch aufgrund einer klareren, umfassenderen und bestimmteren Formulierung vorzuziehen sei. Als der *Rechtsstaat* korrumpiert wurde, erwies sich diese Überzeugung bald als ein Irrtum.

In unserer Zeit hatten subversive Gruppen aller Art, die versuchten, den Inhalt von Gesetzen und Verfassungen zu ändern, es dennoch leicht, den Anschein zu erwecken, dass sie mit ihrer Sorge für die „Allgemeinheit", „Gleichheit" und „Sicherheit" der geschriebenen Gesetze, die von den „repräsentativen" Abgeordneten des „Volkes" entsprechend der Mehrheitsherrschaft anerkannt wurden, immer noch die klassische Idee des Rechtsstaates respektierten. Die Vorstellung des neunzehnten Jahrhunderts, dass das *Juristenrecht* in Kontinentaleuropa erfolgreich wiederhergestellt und noch eindeutiger in den Gesetzesbüchern neu geschrieben worden sei (und dass darüber hinaus die Prinzipien, die der von Richtern hergestellten Verfassung des englischen Volkes zugrunde liegen, erfolgreich in geschriebene Verfassungen übertragen wurden, die von gesetzgebenden Körperschaften erlassen worden waren), ebnete nun den Weg zu einem neuen, abgeschwächten Konzept des Rechtsstaates – eines Staat des Rechts, in dem alle Regeln von der Legislative erlassen werden mussten. Die Tatsache, dass in den ursprünglichen Gesetzbüchern und Verfassungen des neunzehnten Jahrhunderts die Gesetzgebung sich weitgehend auf die Darstellung eines Rechts beschränkte, das nicht erlassen worden war, geriet allmählich in Vergessenheit, oder ihr wurde wenig Bedeutung beigemessen, verglichen damit, dass sowohl die Gesetzbücher als auch die Verfassungen von Legislativen erlassen worden war, deren Mitglieder „Repräsentanten" der Völker waren.

Diese Entwicklung ging mit einer anderen einher, auf die Professor Ehrlich hingewiesen hat. Das in die Gesetzbücher eingeführte Juristenrecht war verkürzt worden, aber in einer Form, die zeitgenössische Juristen ohne Schwierigkeit durch Rückgriff auf einen juristischen Hintergrund verstehen konnten, mit dem sie vor dem Erlass der Gesetzesbücher vollkommen vertraut gewesen waren.[69] Jedoch waren die Juristen der zweiten Generation dazu nicht mehr in der Lage. Es wurde

---

[69] Ebd., S. 167.

ihnen zur Gewohnheit, sich weit mehr auf das Gesetzbuch selbst zu beziehen als auf dessen historischen Hintergrund. Trockenheit und Dürftigkeit waren, Ehrlich zufolge, die charakteristischen Eigenschaften der Kommentare der zweiten und folgenden Generationen kontinentaleuropäischer Juristen – ein Beweis für die Tatsache, dass die Aktivität des Juristen nicht auf hohem Niveau verharren kann, wenn sie nur auf einem geschriebenen Gesetz ohne den Hintergrund einer langen Tradition fußt.

Die wichtigste Konsequenz des neuen Trends war, dass kontinentaleuropäische Völker und zu einem gewissen Grade auch die englischsprachigen Länder sich immer mehr daran gewöhnten, das Recht als *geschriebenes Recht* aufzufassen, also als eine einzige Reihe von Inkraftsetzungen durch die gesetzgebenden Körperschaften, entsprechend der Mehrheitsherrschaft. Somit fing man an, sich das Recht als Ganzes als Ergebnis von Gruppenentscheidungen statt von individuellen Auswahlentscheidungen vorzustellen, und einige Theoretiker – wie Professor Hans Kelsen – gingen so weit zu leugnen, dass es überhaupt möglich ist, bei Individuen von juristischem oder politischem Verhalten zu sprechen, ohne dass Bezug genommen wird auf eine Sammlung von Zwangsregeln, nach denen sämtliches Verhalten als „legal" oder nicht eingestuft wird.

Eine weitere Folge dieses revolutionären Konzepts des Rechts in unserer Zeit war, dass man das Verfahren zur Rechtsherstellung nicht mehr in erster Linie als eines betrachtete, das mit gedanklicher Aktivität von Experten wie Richtern und Rechtswissenschaftlern zu tun hatte, sondern eher mit dem einfachen Willen, Mehrheiten innerhalb der gesetzgebenden Körperschaften zu gewinnen. Das Prinzip der „Repräsentation" schien wiederum eine angebliche Verbindung zwischen jenen siegreichen Mehrheiten und jedem als Mitglied der Wählerschaft verstandenen Individuum abzusichern. Somit hat die Teilnahme von Individuen am Rechtsherstellungsverfahren aufgehört, effektiv zu sein. Sie ist mehr und mehr eine Art leere Zeremonie geworden, die periodisch in den Parlamentswahlen eines Landes stattfindet.

Das spontane Rechtsherstellungsverfahren vor der Inkraftsetzung der Gesetzbücher und Verfassungen des neunzehnten Jahrhunderts war keineswegs einzigartig, wenn man es mit anderen spontanen Prozessen vergleicht, beispielsweise mit dem Prozess der normalen Sprache, der alltäglichen wirtschaftlichen Transaktionen oder der sich wandelnden Moden. Eine charakteristische Eigenschaft all dieser Prozesse ist, dass sie in freiwilliger Zusammenarbeit von einer gewaltigen Zahl von Individuen ausgeführt werden, von denen jedes einen Anteil am Verfahren selbst hat, entsprechend seiner Bereitwilligkeit und seiner Fähigkeit, den gegenwärtigen Zustand der wirtschaftlichen Angelegenheiten, der Sprache, der Mode usw. zu erhalten oder sogar abzuändern. Es gibt keine Gruppenentscheidungen in diesem Verfahren, die irgendwen zwingen, ein neues Wort anstelle eines alten zu übernehmen, eine neue Art von Anzug statt eines altmodischen zu tragen oder einen Film anstelle eines Theaterstücks zu bevorzugen. Es stimmt, dass die gegenwärtige Zeit uns das Schauspiel mächtiger Lobbys präsentiert, deren Propaganda den Zweck hat, Menschen dazu zu bewegen, neuartige wirtschaftliche Transaktionen vorzunehmen und neuartige Moden oder gar neue Wörter und Sprachen wie Esperanto oder Volapük anzunehmen. Wir können nicht bestreiten, dass diese Gruppen möglicherweise eine große Rolle darin spielen, die Auswahlentscheidungen einzelner Individuen zu beeinflussen, aber diese werden nie erzwungen. Lobbyismus oder Propaganda mit Zwang zu verwechseln, wäre ein Fehler ähnlich dem, den wir in der Analyse bestimmter anderer Verwechslungen in Bezug auf die Bedeutung des Wortes „Zwang" beobachtet haben. Einige Formen von Lobbyismus können mit Zwang verbunden oder sogar gleichgesetzt werden. Aber diese sind immer mit Zwang im richtigen Sinn des Wortes verbunden, beispielsweise wenn es den Einwohnern eines Landes verboten ist, ausländische Zeitungen oder Zeitschriften zu importieren oder ausländische Rundfunkübertragungen zu empfangen oder einfach überhaupt ins Ausland zu reisen. In solchen Fällen ähneln Propaganda und Lobbyismus innerhalb eines Landes sehr den Formen von Zwang, die richtigerweise so genannt werden. Die Menschen können nicht die Propaganda hören, die sie bevorzugen würden, können keine Informationsauswahl treffen und können es manchmal nicht vermeiden, Übertragungen anzuhören oder Zeitungen zu lesen, die unter der Anweisung ihrer Herrscher innerhalb des Landes redigiert worden sind.

Eine ähnliche Situation entsteht im Bereich der Wirtschaft, wenn mit Hilfe der Gesetzgebung (also von Gruppenentscheidungen und Zwangsmaßnahmen) innerhalb eines Landes Monopole errichtet werden, deren Zweck es zum Beispiel ist, den Import von Gütern ausländischer Wettbewerber zu behindern oder zu beschränken. Auch hier werden Individuen auf gewisse Weise gezwungen, aber die Ursache dieses Zwangs ist nicht auf eine Handlung oder ein Verhalten eines einzelnen Individuums im normalen Prozess spontaner Zusammenarbeit zurückzuführen, die ich schon beschrieben habe.

Besondere Fälle wie unterschwellig wirkende Geräte oder unsichtbare Werbung mittels Infrarotstrahlung, die auf unsere Augen wirkt und daher auf unsere Gehirne, oder obsessive Werbung und Propaganda, die zu sehen oder zu hören man nicht vermeiden kann, widersprechen den in jedem zivilisierten Land akzeptierten Regeln, die jeden gegen den Zwang durch andere Menschen schützen sollen. Solche Fälle können richtigerweise daher als Beispiele von Zwang betrachtet werden, die zu vermeiden sind, indem schon existierende Regeln zugunsten der individuellen Freiheit angewendet werden.

Jetzt erweist sich die Gesetzgebung am Ende als ein viel weniger offensichtliches und ein viel weniger normales Werkzeug, als sie erschiene, wenn wir nicht darauf achteten, was in anderen wichtigen Bereichen menschlichen Handelns und menschlichen Verhaltens geschieht. Ich würde sogar so weit gehen zu sagen, dass Gesetzgebung, insbesondere wenn sie auf die unzähligen Entscheidungen angewandt wird, die Individuen in ihrem täglichen Leben treffen, als etwas absolut außergewöhnliches und sogar als gegensätzlich zu dem erscheint, was im Rest der menschlichen Gesellschaft stattfindet. Der bemerkenswerteste Gegensatz zwischen Gesetzgebung und anderen Prozessen menschlicher Aktivität kommt immer dann zum Vorschein, wenn wir ersteres mit den naturwissenschaftlichen Verfahren vergleichen. Ich würde sogar sagen, dass dies eines der größten Paradoxe der gegenwärtigen Zivilisation ist: Sie hat zwar wissenschaftliche Methoden zu einem erstaunlichen Grad entwickelt, doch gleichzeitig hat sie derart exakt konträre Verfahren wie jene der Entscheidungsgruppen und der Mehrheitsherrschaft ausgeweitet, hinzugefügt und gefördert.

Kein wirklich wissenschaftliches Ergebnis ist jemals durch Gruppenentscheidungen und Mehrheitsherrschaft erzielt worden. Die gesamte Geschichte der modernen westlichen Wissenschaft zeigt, dass keine Mehrheiten, keine Tyrannen, kein Zwang langfristig gegen Individuen obsiegen können, wenn die letzteren in der Lage sind, auf eine bestimmte Weise zu demonstrieren, dass ihre eigenen wissenschaftlichen Theorien besser funktionieren als andere und dass ihre eigene Sicht der Dinge die Probleme und Schwierigkeiten besser löst als andere, ganz gleich, wie groß deren Zahl, Autorität oder Macht sein mag. Tatsächlich belegt die Geschichte der modernen Wissenschaft auf überzeugende Weise, wie wenig die auf Zwangsverfahren basierenden Entscheidungssysteme leisten. Der Prozess gegen Galileo am Anbruch des naturwissenschaftlichen Zeitalters ist in diesem Sinn ein Symbol. Keine wissenschaftliche These ist jemals als Ergebnis eines wie auch immer gearteten Zwanges begründet oder widerlegt worden.

Im Gegenteil, wissenschaftliche Forschung ist das offensichtlichste Beispiel eines spontanen Verfahrens, das mit der freien Zusammenarbeit unzähliger Individuen verbunden ist, die sämtlich entsprechend ihrer jeweiligen Bereitwilligkeit und Fähigkeit einen Anteil daran haben. Das Gesamtergebnis dieser Zusammenarbeit ist nie von einzelnen Individuen oder Gruppen vorausgesehen oder geplant worden.

Was wäre wohl in den Ländern des Westens passiert, wenn der wissenschaftliche Fortschritt auf Gruppenentscheidungen und Mehrheitsherrschaft beschränkt worden wäre, die auf Prinzipien wie der „Repräsentation" von Wissenschaftlern basieren, gedacht als den Mitgliedern einer Wählerschaft, ganz zu schweigen von einer „Repräsentation" des Volkes als Ganzem? Plato umriss eine solche Situation in seinem Dialog *Politikos*, als er die sogenannte Wissenschaft von der Regierung und die Wissenschaft im Allgemeinen den schriftlichen, von den Mehrheiten in den griechischen Demokratien der Antike erlassenen Gesetzen gegenüberstellte. Eine der Figuren im Dialog schlägt vor, dass die Regeln der Medizin, der Navigation, der Mathematik, der Landwirtschaft und aller Wissenschaften und Technologien, die zu seiner Zeit bekannt waren, als schriftliche Gesetze (*syngrammata*) von den Legislativen erlassen werden sollten. Es ist klar, so schließen die restlichen Figuren im Dialog, dass in solch einem Fall alle Wissenschaften und Technologien ohne Hoffnung auf Wiederbelebung verschwänden, da sie von einem Gesetz verbannt worden wären, das sämtliche Forschung verhinderte, und das Leben, fügen sie traurig hinzu, das ohnehin so schwer sei, würde gänzlich unmöglich.

Die endgültige Schlussfolgerung dieses platonischen Dialogs weicht jedoch ziemlich davon ab. Obwohl wir einen Zustand wie diesen im Bereich der Wissenschaft nicht dulden können, müssen wir ihn, sagte Plato, im Bereich unseres Rechts und unserer Institutionen akzeptieren. Keiner wäre so intelligent und so ehrlich, dass er seine Mitmenschen unter Missachtung festgeschriebener Gesetze regieren könne, ohne viel mehr Unannehmlichkeiten zu verursachen als ein System rigider Gesetzgebung. Diese unerwartete Schlussfolgerung stimmt einigermaßen mit jener der Autoren der Gesetzbücher und der geschriebenen Verfassungen des neunzehnten Jahrhunderts überein. Sowohl Plato als auch diese Theoretiker stellten geschriebene Gesetze den willkürlichen Handlungen eines Herrschers gegenüber und behaupteten, dass das erstere dem letzteren vorzuziehen sei, da kein individueller Herrscher sich mit ausreichender Weisheit verhalten könne, um die allgemeine Wohlfahrt seines Landes zu bewahren. Ich widerspreche dieser Schlussfolgerung nicht, vorausgesetzt, wir akzeptieren ihre Prämisse: dass nämlich die willkürlichen Anweisungen von Tyrannen die einzige Alternative zu geschriebenen Gesetzen eröffnen. Aber die Geschichte liefert uns eine Fülle von Beweisen, die die Schlussfolgerung stützen, dass diese Alternative weder die einzige noch gar die bedeutsamste ist, die Menschen offensteht, die individuelle Freiheit hoch schätzen. Es stünde viel mehr in Einklang mit der historischen Beweislage, auf eine andere Alternative hinzuweisen – zum Beispiel auf die Alternative zwischen willkürlichen, von einzelnen Individuen oder Gruppen festgelegten Regeln einerseits und spontaner Beteiligung eines jeden Einwohners am Prozess der Rechtsherstellung eines Landes andererseits.

Wenn wir die Alternative in diesem Licht betrachten, gibt es keinen Zweifel über die Wahl zugunsten der individuellen Freiheit, die als der Zustand verstanden wird, in dem jeder Mensch seine eigenen Entscheidungen treffen kann, ohne von irgendwem sonst gezwungen zu werden, widerwillig etwas zu tun, was letzterer ihm auferlegt. Niemand mag von Königen, Staatsbeamten, Diktatoren usw. ausgehende willkürliche Anweisungen. Aber Gesetzgebung bietet nicht die angemessene Alternative zur Willkür, denn Willkür kann in vielen Fällen mit Hilfe schriftlicher Regeln ausgeübt werden – und wird tatsächlich ausgeübt –, die die Menschen ertragen müssen, da abgesehen von einer Handvoll Gesetzgeber sich niemand an ihrer Herstellung beteiligt.

Professor Hayek, in der gegenwärtigen Zeit einer der bedeutendsten Unterstützer schriftlicher, allgemeiner und sicherer Regeln als Mittel gegen die Willkür, ist sich selber der Tatsache vollkommen bewusst, dass die Rule of Law „nicht ausreicht, um den Zweck zu erzielen", die individuelle Freiheit zu bewahren, und gibt zu, dass er „keine hinreichende Bedingung individueller Freiheit ist, da er noch einen riesigen Bereich für mögliche Staatshandlung offen lässt".[70]

Dies ist auch der Grund, weshalb freie Märkte und freier Handel als ein von Gesetzgebung so weit wie möglich unabhängiges System nicht nur als das effizienteste Mittel zur Erlangung einer freien Auswahl von Gütern und Dienstleistungen für die betroffenen Individuen angesehen werden müssen, sondern auch als Modell für ein anderes System, dessen Zweck es ist, freie individuelle Auswahl zuzulassen, einschließlich solcher, die sich auf das Recht und die Institutionen des Rechts bezieht.

Natürlich sind Systeme, die auf der spontanen Beteiligung aller betroffenen Individuen beruhen, kein Allheilmittel. Wie in jedem anderen Bereich existieren auf dem Markt Minderheiten, und deren Beteiligung an seinem Prozess ist nicht immer befriedigend, zumindest bis ihre Mitglieder ausreichend zahlreich sind, um Produzenten zu veranlassen, ihrer Nachfrage zu entsprechen. Wenn ich in einer Kleinstadt ein seltenes Buch oder eine seltene Schallplatte kaufen will, muss ich möglicherweise nach einigen Versuchen aufgeben, da kein örtlicher Verkäufer von Büchern oder Schallplatten meinen Wunsch erfüllen kann. Aber dies ist überhaupt kein Fehler, den Zwangssysteme vermeiden könnten, es sei denn, wir denken an jene anscheinend utopischen Systeme, die von sozialistischen Reformern und Träumern ausgedacht wurden und dem Motto entsprechen: Jedem alles nach seinen Bedürfnissen.

Das Land Utopia ist noch nicht entdeckt worden. Dementsprechend gering wäre der Nutzen, ein System zu kritisieren, indem es mit nicht-existenten Systemen verglichen wird, die die Fehler des ersteren – vielleicht – vermeiden würden.

Um zusammenzufassen: Individuelle Freiheit kann immer dann nicht mit dem „allgemeinen Willen" im Einklang stehen, wenn letzterer nur eine Täuschung ist, um die Ausübung von Zwang durch Mehrheiten der Lawrence Lowell'schen Sorte über Minderheiten zu verdecken, die wiederum niemals die resultierende Situation akzeptieren würden, wenn sie die Freiheit hätten, sie zurückzuweisen.

Aber individuelle Freiheit steht immer dann im Einklang mit dem allgemeinen Willen, wenn sein Ziel mit dem Prinzip vereinbar ist, das mit der Regel: „Was Du nicht willst, dass man Dir tu, das füg auch keinem anderen zu" formuliert ist. In diesem Fall sind Gruppenentscheidungen mit individueller Freiheit insofern

---

[70] F. A. Hayek, op. cit., S. 46.

vereinbar, als sie Strafe und Wiedergutmachung gegen Verhaltensformen androhen, die von allen Mitgliedern der Gruppe missbilligt würden, einschließlich der sich so verhaltenden Menschen, wenn sie selber Opfer eines solchen Verhaltens wären.

Darüber hinaus kann individuelle Freiheit mit Entscheidungsgruppen und Gruppenentscheidungen insofern vereinbar sein, als letztere die Ergebnisse spontaner Beteiligung aller Mitglieder der Gruppe an der Gestaltung des allgemeinen Willens widerspiegeln, zum Beispiel in einem von der Gesetzgebung unabhängigen Rechtsherstellungsverfahren. Jedoch ist die Vereinbarkeit von individueller Freiheit und Gesetzgebung prekär – aufgrund des möglichen Widerspruchs zwischen dem Ideal der spontanen Gestaltung eines allgemeinen Willens und dem Ideal einer Aussage über letzteren, die auf dem Weg eines Zwangsverfahrens erreicht wird, wie es in der Gesetzgebung üblicherweise geschieht.

Schließlich ist individuelle Freiheit vollkommen vereinbar mit all jenen Verfahren, die ohne Rückgriff auf Entscheidungsgruppen und Gruppenentscheidungen in die Herausbildung eines allgemeinen Willens münden. Normale Sprache, alltägliche wirtschaftliche Transaktionen, Bräuche, Moden, spontane Rechtsherstellungsverfahren und, vor allem, wissenschaftliche Forschung sind die häufigsten und überzeugendsten Beispiele für diese Vereinbarkeit – tatsächlich dieser engen Verbindung – zwischen individueller Freiheit und der spontanen Herausbildung eines allgemeinen Willens.

Gesetzgebung erscheint im Gegensatz zu dieser spontanen Methode der Bestimmung des allgemeinen Willens als ein weniger effizientes Instrument zur Erreichung eines solchen Ziels, wie es sich erweist, wenn wir auf den eindrucksvollen Bereich achten, innerhalb dessen der allgemeine Wille in den Ländern des Westens sowohl in der Vergangenheit als auch in der Gegenwart spontan bestimmt worden ist. Die Geschichte belegt, dass Gesetzgebung keine angemessene Alternative zur Willkür eröffnet, sondern dass sie oft in einer Reihe mit den schikanösen Anweisungen von Tyrannen oder arroganter Mehrheiten gegen alle Arten spontaner Verfahren der Herausbildung eines allgemeinen Willens steht. Anhänger der individuellen Freiheit misstrauen nicht nur Beamten und Herrschern, sondern auch Gesetzgebern. Daher können wir Montesquieus berühmte Definition der Freiheit als „das Recht, alles zu tun, was die Gesetze uns zu tun erlauben" nicht akzeptieren. Wie Benjamin Constant in diesem Zusammenhang anmerkte: „Ohne Zweifel gibt es keine Freiheit, wenn die Menschen nicht all das tun können, was ihnen die Gesetze zu tun erlauben; aber Gesetze könnten so viele Dinge verbieten, dass sie die Freiheit gänzlich abschaffen könnten."[71]

---

[71] B. Constant, *Cours de politique constitutionnelle* (Brüssel, 1851), I, 178.

Kapitel 8
Analyse einiger Schwierigkeiten

Wir wollen einige der Einwände erwägen, die gegen ein System erhoben werden könnten, in dem Gruppenentscheidungen und Entscheidungsgruppen eine weit weniger wichtige Rolle spielen würden, als es derzeit allgemein im politischen Leben für notwendig erachtet wird.

Kein Zweifel, heutige Regierungen und Parlamente und ein großer Teil der Bildungsschicht und der Bevölkerung im Ganzen haben sich in den vergangenen hundert Jahren allmählich daran gewöhnt, Eingriffe der Obrigkeiten in Privataktivitäten als viel nützlicher einzuschätzen, als sie es in der ersten Hälfte des neunzehnten Jahrhunderts empfunden hätten.

Wenn gegenwärtig jemand vorzuschlagen wagt, Regierungen und Gesetzgeber sollen sich zugunsten der Privatinitiative zurückziehen, begegnet er dem Einwand, man könne „die Uhr nicht zurückdrehen", die Zeiten des *laissez-faire* seien für immer vorbei und so weiter.

Wir sollten also sorgfältig zwischen dem unterscheiden, was die Leute im Hinblick auf die Wiederherstellung eines maximalen Bereiches freier individueller Wahl für machbar halten und dem, was tatsächlich möglich wäre. Wenn wir versuchen, unsere Ziele in Übereinstimmung mit liberalen Prinzipien zu erreichen, kann natürlich ohne die Zustimmung unserer Mitbürger nichts erreicht werden, in der Politik ebenso wenig wie in vielen anderen Bereichen, und diese Zustimmung hängt davon ab, an was die Menschen glauben. Aber es ist offensichtlich wichtig, wenn möglich festzustellen, ob es richtig ist oder nicht, dass die Menschen zu Recht auf einer Meinung beharren oder nicht. Die öffentliche Meinung ist nicht alles, nicht einmal in einer liberalen Gesellschaft, obwohl gerade in einer solchen Gesellschaft Meinungen wichtig sind. Einer meiner Landsleute schrieb vor Jahren: „Ein Dummkopf ist ein Dummkopf, zwei Dummköpfe sind zwei Dummköpfe, fünfhundert Dummköpfe sind fünfhundert Dummköpfe, aber fünftausend, ganz zu schweigen fünf Millionen Dummköpfe sind eine große historische Kraft." Ich bestreite nicht den Wahrheitsgehalt dieser zynischen Aussage, aber eine historische Kraft kann begrenzt oder umgewandelt werden, und dies ist umso wahrscheinlicher der Fall, je mehr das, woran die Menschen glauben, von den Tatsachen widerlegt wird. Was Hippolyte Taine einmal sagte, nämlich dass zehn Millionen Fälle von Ignoranz kein Wissen darstellen, trifft auf jede Art der Ignoranz zu, einschließlich der Ignoranz von Menschen, die heutigen politischen Gemeinschaften angehören, mit all ihrem Beiwerk demokratischer Verfahren, der Mehrheitsherrschaft und der allmächtigen Gesetzgeber und Regierungen.

Die Tatsache, dass Menschen im Allgemeinen immer noch glauben, Regierungseingriffe seien angemessen oder tatsächlich notwendig, selbst wenn viele Ökonomen sie für unnütz oder gefährlich halten, ist für Anhänger einer neuartigen Gesellschaft kein unüberwindbares Hindernis. Auch wäre es ein Fehler, wenn diese neue Gesellschaft am Ende vielen alten, erfolgreichen Gesellschaften ähnelte.

Es stimmt, dass sozialistische Lehren zusammen mit der mehr oder weniger offenen Verurteilung der individuellen Freiheit durch Regierungen und Gesetzgeber den Massen genießbarer erscheinen als die kühle Argumentation der Ökonomen. Unter diesen Umständen scheint die Sache der Freiheit in den meisten Ländern der Welt ein hoffnungsloser Fall zu sein.

Dennoch ist es zweifelhaft, ob die Massen in Sachen individueller Freiheit wirklich die Protagonisten im Drama der öffentlichen Meinung sind. Wenn ich zwischen den Anhängern des liberalen Ideals unserer Zeit wählen muss, schließe ich mich eher Professor Mises als den Pessimisten an.

> „Der Hauptfehler des weitverbreiteten Pessimismus ist der Glaube, dass die umstürzlerischen Ideen und die Politik unserer Zeit von den Proletariern ausging und ein „Aufstand der Massen" sei. Tatsächlich folgen Massen Führern, gerade weil sie nicht kreativ sind und keine eigenen Philosophien entwickeln. Die Ideologien, die all das Unheil und die Katastrophen unseres Jahrhunderts hervorriefen, sind keine Errungenschaft des Mobs. Sie sind die Taten von Pseudogelehrten und Pseudointellektuellen. Sie wurden von den Lehrstühlen der Universitäten und von den Kanzeln propagiert; sie wurden über die Presse verbreitet, über Romane, Theaterstücke, Filme und das Radio. Die Intellektuellen sind für die Bekehrung der Massen zum Sozialismus und Interventionismus verantwortlich. Was nötig ist, um die Flut rückgängig zu machen, ist ein Wandel in der Mentalität der Intellektuellen. Dann werden die Massen entsprechend folgen."[72]

Ich würde nicht so weit gehen zu glauben, wie es Professor Mises zu tun scheint, dass der Wandel der Mentalität der sogenannten Intellektuellen eine einfache Aufgabe wäre. Professor Mises hat in seinem aktuellen Buch *The Anti-Capitalistic Mentality* darauf hingewiesen, dass die Ursachen der Feindschaft, die viele sogenannte Intellektuelle der individuellen Freiheit und dem freien Unternehmertum gegenüber hegen, nicht nur oder hauptsächlich falsche Argumente oder unzureichende Informationen über das gesamte Thema sind, sondern eher emotionale Einstellungen, zum Beispiel Neid auf erfolgreiche Geschäftsleute oder Minderwertigkeitsgefühle ihnen gegenüber. Wenn dem so ist, werden sich kühle Argumentation und bessere Informationen für die Bekehrung von Intellektuellen als ebenso nutzlos erweisen, wie sie es für die Bekehrung der „stumpfen und geistig trägen Menschen" sind, die zu den Massen gehören, die die politische Szene bevölkern.

---

[72] Ludwig von Mises, *Planning for Freedom* (South Holland, Ill.: Libertarian Press, 1952), letztes Kapitel.

Glücklicherweise sind nicht alle ungebildeten Menschen so „stumpf", dass sie nicht in der Lage sind, zu verstehen oder von alleine richtige Schlüsse zu ziehen, insbesondere wenn sich dies auf die normale Erfahrung im täglichen Leben bezieht. In vielen offensichtlichen Fällen bestätigt ihre Erfahrung die von den Feinden der individuellen Freiheit vorgebrachten Theorien nicht. In vielen anderen Fällen besitzt die sozialistische Interpretation ebenso wenig Beweiskraft wie andere sophistische Argumente, die für die sogenannten Intellektuellen überzeugender sind als für ungebildete Menschen, die mit dem gesunden Menschenverstand urteilen. Der Trend der sozialistischen Propaganda der Gegenwart scheint diese Tatsache zu bestätigen. Die merkwürdige und komplizierte Theorie des sogenannten „Mehrwerts" wird der Öffentlichkeit von gegenwärtigen Vertretern des marxistischen Sozialismus nicht mehr erklärt, ungeachtet der Tatsache, dass Marx gerade diese Theorie mit der Aufgabe betraut hatte, alle seine Angriffe auf die angebliche Ausbeutung der Arbeiter durch die kapitalistischen Arbeitgeber theoretisch zu untermauern.

Unterdessen wird den Intellektuellen von heute die marxistische Politik immer noch als eine Interpretation der Welt empfohlen, die sich auf der Höhe der Zeit befindet. Viel mehr Betonung scheint jetzt auf den angeblich philosophischen als auf den politischen Inhalt der Werke von Vertretern des Kommunismus wie W. I. Lenin gelegt zu werden. Dabei sind viele Lehren der Ökonomie bezüglich der Eignung individueller Freiheit für alle Sorten von Menschen, einschließlich der Sozialisten, derart einfache Weiterentwicklungen von Grundannahmen des gesunden Menschenverstandes in Spezialbereichen, dass ihre Richtigkeit dem gesunden Menschenverstand der einfachen Menschen am Ende nicht entgehen kann, ungeachtet der Lehren von Demagogen und der sozialistischen Propaganda aller Art. All diese Tatsachen geben der Hoffnung Auftrieb, dass Menschen im allgemeinen irgendwann überzeugt werden können, in weit mehr Angelegenheiten und konsequenter als heute liberale Prinzipien (im europäischen Sinne des Wortes) zu übernehmen.

Eine andere Frage ist es, zu überprüfen, ob überzeugende Argumente von Vertretern der eigenartigen Wissenschaft Ökonomie, einerseits, und von Vertretern jener älteren, Politikwissenschaft genannten Disziplin, andererseits, immer die Grundlage liberaler Prinzipien sind. Dies ist eine bedeutende und wichtige Frage, von deren Lösung sehr wohl die Möglichkeit abhängen kann, von einem System der individuellen Freiheit sowohl in der Politik als auch in der Wirtschaft zu sprechen.

Wir wollen das Problem des Verhältnisses zwischen der Wissenschaft auf der einen und politischen oder wirtschaftlichen Idealen auf der anderen Seite beiseite lassen. Wissenschaft sollte nicht mit Ideologie verwechselt werden, obwohl letztere aus einer Ansammlung von Alternativen bestehen kann, die sich auf die möglichen politischen oder ökonomischen Systeme beziehen, welche unweigerlich auf vielfache Weise mit den Ergebnissen der ökonomischen und der politischen Wissenschaft verbunden sind, die nach Webers Theorie der Sozialwissenschaften als „neutrale" oder „wertfreie" Aktivitäten betrachtet werden. Ich denke, dass Webers Unterscheidung zwischen „wertfreien" Aktivitäten und Ideologien als Ansammlung von Werturteilen immer noch gültig ist, aber wir brauchen über diesen speziellen Punkt nicht ausführlich zu diskutieren.

Sehr viel schwieriger, so scheint mir, ist die methodologische Frage der Beweiskraft ökonomischer und politischer Argumentation, wenn sie mit anderen Argumentationsarten verglichen werden – zum Beispiel mit in der Mathematik oder in den Naturwissenschaften gebräuchlichen.

Dass den entsprechenden Theorien die Beweiskraft fehlt, die Argumente und Veranschaulichungen in anderen wissenschaftlichen Gebieten besitzen, ist meiner persönlichen Überzeugung zufolge genau der Hauptgrund, weshalb politische und wirtschaftliche Angelegenheiten so oft die Ursache von Meinungsverschiedenheiten und Kontroversen sind. Ich widerspreche Hobbes darin, dass die Arithmetik sich völlig von dem unterscheiden würde, was sie ist, wenn es für eine motivierende Macht wichtig genug wäre, dass zwei plus zwei fünf ist und nicht vier. Ich bezweifle, dass überhaupt irgendeine Macht die Arithmetik entsprechend ihrem Interesse oder ihren Wünschen verändern könnte. Im Gegenteil: Ich bin überzeugt, dass es für jede Macht wichtig ist, keine Anstrengung zu unternehmen, die Arithmetik in die seltsame Art von Wissenschaft zu verwandeln, die sie nach Hobbes' Vermutung werden würde. Freilich könnte eine Macht tatsächlich einen Gewinn darin sehen, diese oder jene angeblich wissenschaftliche These immer dann, aber nur dann, zu unterstützen, wenn es keine Sicherheit über das endgültige Ergebnis des wissenschaftlichen Prozesses selbst gibt.

In diesem Zusammenhang würde sich eine Neuformulierung dessen lohnen, was wir in unserer Zeit eine wissenschaftliche Veranschaulichung nennen. Vielleicht könnte die Situation der Sozialwissenschaften als Ganzes durch eine sachliche und eingehende Analyse in diesem Bereich erheblich verbessert werden. Aber in der Zwischenzeit sind die Dinge, wie sie sind. Ökonomische und politische Theorien sind mehreren Einschränkungen unterworfen, selbst wenn wir sie für Folgerungen auf empirischer oder apriorischer Basis halten.

Methodologische Probleme sind wichtig, weil sie mit der Fähigkeit von Ökonomen verknüpft sind, unmissverständliche Schlussfolgerungen zu erreichen und daher andere Menschen dazu zu bewegen, diese Schlussfolgerungen als Prämisse für ihre eigenen Entscheidungen zu akzeptieren; nicht nur hinsichtlich ihrer eigenen alltäglichen Handlungen im Privat- und Geschäftsleben, sondern auch hinsichtlich der von der Gemeinschaft zu übernehmenden politischen und wirtschaftlichen Systeme.

Die Ökonomie als eine empirische Wissenschaft hat leider noch nicht die Fähigkeit erlangt, unzweifelhafte Schlüsse zu ziehen, und die in unserer Zeit so oft gemachten Versuche von Ökonomen, die Rolle der Physiker zu spielen, richten wahrscheinlich viel mehr Schaden als Nutzen darin an, Menschen zu veranlassen, ihre Entscheidungen auf der Basis der Ergebnisse dieser Wissenschaft zu treffen.[73]

Von besonderer Bedeutung sind jüngere methodologische Untersuchungen, die sich mit der Ökonomie befassen, beispielsweise jene, die Professor Milton Friedman in seinen brillanten *Essays in Positive Economics* präsentiert hat.

Ich stimme völlig mit Professor Friedman überein, wenn er sagt, dass „die Tatsache, dass der Ökonomie der dramatische und direkte Beweis des *entscheidenden* Experiments versagt bleibt, ein Hindernis für die adäquate Überprüfung von Hypothesen ist", und dass es deshalb sehr schwierig ist, einen Konsens darüber zu erreichen, welche Schlussfolgerungen aus den verfügbaren Daten gezogen werden können.

Professor Friedman weist in diesem Zusammenhang darauf hin, dass dies „das Ausjäten erfolgloser Hypothesen verlangsamt und erschwert", so dass „sie selten für immer zu Fall gebracht werden und immer wieder zutage treten". Er führt als Beispiel an, Inflationen belegten „die Hypothese, dass ein erhebliches Wachstum der Geldmenge innerhalb einer relativ kurzen Zeit von einer erheblichen Preiserhöhung begleitet wird". Hier sei die Evidenz dramatisch, und zur Interpretation benötige man nur eine recht kurze Argumentationskette. „Dennoch, trotz zahlreicher Fälle erheblicher Preissteigerungen, ihrer deutlichen Übereinstimmung mit erheblichen Zunahmen im Geldbestand und der großen Unterschiedlichkeit anderer Umstände, die ansonsten relevant sein könnten, bringt jede neue Erfahrung von Inflation die nachdrücklichen Behauptungen hervor, und zwar nicht nur von Laien, dass der Anstieg im Geldbestand entweder eine zufällige Wirkung eines von anderen Faktoren verursachten Preisanstiegs oder eine rein zufällige und unnötige Begleiterscheinung des Preisanstiegs sei."[74]

Im Prinzip stimme ich auch mit dem überein, was Professor Friedman in seiner Analyse der Rolle empirischer Beweise in der theoretischen Arbeit der Ökonomie und der Sozialwissenschaften wie auch anderer Wissenschaften im allgemeinen behauptet, nämlich dass der Test empirischer Annahmen nicht in ihrer vermutlichen Fähigkeit zur Beschreibung der Realität, sondern in ihrer Eignung zu genauen Voraussagen bestehe. Ich widerspreche jedoch Professor Friedmans Vorschlag, die Hypothesen der Ökonomie mit denen der Physik gleichzusetzen, weil so die bestehenden Unterschiede übersehen würden.

---

[73] Vielleicht sollte man auch den Schaden in Betracht ziehen, der sich daraus ergibt, dass Physiker die Rolle von Ökonomen spielen!

[74] M. Friedman, *Essays in Positive Economics* (University of Chicago Press, 1953), S. 11.

Als Beispiel für eine Hypothese in der Physik führt er diejenige an, wonach die
Beschleunigung eines im Vakuum fallenden Körpers eine Konstante ist, also nicht
von der Form des Körpers, der Art des Fallenlassens und so weiter abhängt. All
dies wird in der Formel $S = gt^2/2$ ausgedrückt, wobei S für die Strecke steht, die
ein fallender Körper in einer bestimmten Zeit zurücklegt, g für die konstante
Beschleunigung und t für die Zeit in Sekunden. Diese Hypothese bewährt sich,
wenn es darum geht, die Bewegung eines in der Luft fallenden Körpers vorauszusagen, obwohl andere relevante Faktoren wie die Dichte der Luft selbst, die
Form des Körpers usw. vernachlässigt werden. In diesem Sinne ist die Hypothese
nützlich, nicht weil sie genau beschreibt, was wirklich passiert, wenn ein Körper
in der Luft fällt, sondern weil sie es möglich macht, erfolgreiche Voraussagen über
seine Bewegung zu machen.[75]

Als Beispiel, in dem es um menschliches Verhalten geht, nennt Professor Friedman (zusammen mit Professor Savage) die Stöße geübter Billardspieler, die die
Zuschauer mit Hilfe einer Hypothese vorhersehen.

Friedman und Savage zufolge

> „scheint es überhaupt nicht übertrieben, dass sich ausgezeichnete Vorhersagen aus
> der Hypothese ergeben würden, dass der Billardspieler seine Stöße vornimmt, als
> ob er die komplizierten mathematischen Formeln kenne, die der Kugel die opti-
> male Richtung gäben, blitzschnell kalkuliere etc. ...[76] Professor Friedman sagt
> ganz richtig, dass unser Vertrauen zu dieser Hypothese nicht auf dem Glauben
> beruht, Billardspieler, selbst erfahrene, seien dazu in der Lage. Wir unterstellen
> stattdessen, dass sie keine erfahrenen Billardspieler wären, wenn sie nicht im We-
> sentlichen das gleiche Ergebnis erzielen könnten."[77]

Das einzige Problem mit diesem Vergleich ist meiner Ansicht nach, dass im ersteren Fall unsere Hypothese uns ermöglichen könnte, sagen wir, die Geschwindigkeit eines fallenden Körpers zu jedem möglichen Zeitpunkt mit ausreichendem
Näherungswert vorherzusagen, während wir im letzteren Fall nicht in der Lage
sind, irgendetwas vorherzusagen, und noch weniger, „ausgezeichnete Vorhersagen" über die Stöße von Billardspielern zu machen – außer dass es wahrscheinlich
„gute Stöße" sein werden. Tatsächlich wird uns allein die Hypothese, dass der
Billardspieler sich verhält, als kenne er alle für das Billardspiel wesentlichen phy-
sikalischen Gesetze, sehr wenig über diese Gesetze sagen und noch weniger über
die Position der Kugel nach einem künftigen Stoß unseres brillanten Spielers. Mit
anderen Worten, anders als im Beispiel des fallenden Körpers ist uns keine Vor-
hersage erlaubt.

---

[75] Ebd., S. 16/18.
[76] Ebd., S. 21.
[77] a. a. O.

Die Art, wie der Vergleich vorgenommen wurde, scheint mir zu suggerieren, dass wir zum Beispiel die künftige Position der Kugel nach jedem Stoß durch unseren Spieler vorhersagen könnten. Aber dies ist nicht der Fall. Ein Freund von mir, Eugenio Frola, Professor der Mathematik an der Universität von Turin, und ich selbst zogen nach einer Betrachtung des Problems einige ziemlich amüsante Schlüsse.

Zunächst kann jeder Billardspieler die Kugel an einer unendlichen Zahl von Ausgangspositionen platzieren – oder auffinden –, die von einem System cartesianischer Koordinaten definiert sind, die den zwei Kanten des Billardtisches entsprechen. Jede dieser Positionen ist eine Kombination der unendlich vielen Zahlen, die von diesen zwei Koordinaten übernommen werden können, und die Gesamtheit kann daher mathematisch mit $\infty 2$ symbolisiert werden. Darüber hinaus sollten wir die Neigung und Richtung beachten, die der Billardstock in dem Augenblick einnimmt, wenn der Spieler die Kugel stößt. Hier sehen wir uns nochmals einer unendlichen Zahl von Kombinationen dieser Faktoren gegenüber, die wiederum mit $\infty 2$ symbolisiert werden können. Daneben kann die Kugel an einer unendlichen Zahl von Punkten getroffen werden, von denen jeder mit einem Längen- und einen Breitengrad auf der Kugeloberfläche definiert werden kann. Wieder erhalten wir eine weitere unendliche Anzahl von Kombinationen, die wie zuvor mit $\infty 2$ symbolisiert werden kann. Ein anderer Faktor, der in Betracht zu ziehen ist, um Voraussagen über die endgültige Position der Kugel zu machen, ist die Kraft des Aufpralls, wenn die Kugel von unserem Spieler gestoßen wird. Hier haben wir wieder, dem verwendeten Impuls entsprechend, eine unendliche Anzahl von Möglichkeiten, die mit dem Symbol ∞ gekennzeichnet werden.

Wenn wir alle Faktoren zusammenbringen, die wir in Betracht ziehen sollten, um vorauszusagen, was mit der Kugel im Moment des Aufpralls geschehen wird, erhalten wir ein Ergebnis, das mit $\infty 7$ symbolisiert werden kann, was bedeutet, dass die in Betracht zu ziehenden Faktoren so zahlreich sind wie die *Punkte eines siebendimensionalen Raums.*

Auch dies ist nicht das Ende der Geschichte. Für jeden Stoß müssten wir auch die Bewegung bestimmen, also die Art, wie die Kugel auf der Ebene des Billardtisches rotieren wird und so weiter, wozu ein System nichtlinearer Differentialgleichungen nötig wäre, was nicht leicht zu lösen ist. Darüber hinaus müssten wir die Art in Betracht ziehen, wie die Kugel die Kanten des Tisches treffen wird, wie viel Geschwindigkeit sie deswegen verlieren wird, was die neue Rotation der Kugel als Folge des Treffers sein wird und so weiter. Um schließlich abschätzen zu können, wie viele gelungene Versuche ein erfahrener Spieler jeweils mit Blick auf die Regeln, die Charakteristik des Tisches oder die speziellen Fähigkeiten eines Gegners im Kopf haben sollte, bevor er selbst die Kugel anstößt, müssten wir die Lösungsformel entsprechend weit fassen.

All dies zeigt, wie sehr sich die Arbeitshypothesen der Physik (wie jene, die sich auf fallende Körper beziehen) von solchen Hypothesen unterscheiden, bei denen es um anscheinend nicht sehr komplizierte Vorgänge wie ein Billardspiel geht.

Mit Sicherheit kann man sagen, unsere Hypothese, ein guter Billardspieler werde sich so verhalten, als ob er die Antwort auf die entsprechenden wissenschaftlichen Fragen kenne, noch lange keine Voraussage über die künftigen Stöße unseres Spielers zulässt. Sie ist lediglich eine Metapher, um die Zuversicht auszudrücken, dass er in Zukunft ebenso „gute Stöße" vollbringen wird wie in der Vergangenheit. Wir sind wie ein Physiker, der, statt seine Hypothesen in Bezug auf fallende Körper anzuwenden, um zum Beispiel ihre Geschwindigkeit zu jedem Zeitpunkt vorauszusagen, nur erklärt, die Körper verhielten sich so, als wären ihnen die entsprechenden Gesetze bekannt, die er selbst aber weder formulieren noch anwenden könne.

Professor Friedman sagt:

> „Es ist nur ein kleiner Schritt von diesen Beispielen zu der ökonomischen Hypothese, unter vielen denkbaren Bedingungen verhielten individuelle Firmen sich so, als ob sie ihren erwarteten Ertrag rational zu maximieren trachteten und vollständiges Wissen über die Daten hätten, die für den Erfolg dieses Versuches nötig sind, also als ob ihnen die relevanten Kosten- und Nachfragefunktionen, die kalkulierten Grenzkosten und Grenzerträge aller ihrer Handlungsalternativen bekannt seien und sie jede Handlungsmöglichkeit bis an den Punkt verfolgten, wo die relevanten Grenzkosten und der Grenzertrag identisch wären."[78]

Ich räume ein, dass es nur ein kleiner Schritt vom vorhergehenden Beispiel zum neuen ist, wenn wir beide lediglich als *Metapher* betrachten, die unsere allgemeine Zuversicht bezüglich der Fähigkeit guter Geschäftsleute zum Ausdruck bringt, im Markt zu bleiben, genauso wie wir erwarten können, dass ein guter Billardspieler in Zukunft ebenso viele Spiele gewinnen wird wie in der Vergangenheit.

Aber es wäre mehr als ein kleiner Schritt vom Beispiel des Billardspielers zum Beispiel eines Unternehmens am Markt, wenn unterstellt wird, dass wir in irgendeiner wissenschaftlichen Art die Ergebnisse des Handelns dieses Unternehmens zu irgendeiner Zeit in der Zukunft berechnen könnten.

Die Schwierigkeiten einer solchen Berechnung sind viel gewaltiger als im Falle eines Billardspielers. Geschäftstätigkeit hat nicht nur mit der Steigerung des Ertrages zu tun. Viele andere Faktoren menschlichen Verhaltens müssen in Betracht gezogen werden und können nicht durch eine Rechenoperation ersetzt werden. Dies macht das Problem der Berechnung solcher Maxima in der Ökonomie sehr viel komplizierter als die numerische Beschreibung eines Billardspiels. Mit anderen Worten, während in einem Billardspiel die Erfolgsmaximierung ein ma-

---

[78] a. a. O.

thematisches Problem sein mag, kann in der Ökonomie der Erfolg nicht mit der Maximierung von Erträgen gleichgesetzt werden. In der Ökonomie sind Maximierungsprobleme überhaupt keine mathematischen Probleme, und das Konzept eines Maximums im wirtschaftlichen Verhalten ist nicht mit dem Konzept eines Maximums identisch, wie es in der Mathematik angewendet wird. Wir sehen uns hier einer semantischen Verwirrung gegenüber vergleichbar mit derjenigen eines Mannes, der, nachdem er von der Existenz des schönsten Mädchens in der Stadt erfahren hat, eine mathematische Berechnung der für alle Mädchen maximalen Schönheit vornimmt, um es zu entdecken.

Wenn wir bei dem Vergleich zwischen dem Billardspiel und der Ökonomie bleiben, sollten wir eine Situation in Betracht ziehen, in welcher der Billardtisch selbst sich bewegte, die Kanten sich unregelmäßig ausdehnten und zusammenzögen, die Kugeln ihrerseits kämen und gingen, ohne auf die Stöße der Spieler zu warten, und vor allem sollten wir berücksichtigen, dass früher oder später jemand die Regeln ändert, dass also Gesetzgeber und Regierungen intervenieren, um die Regeln des ökonomischen „Spiels" in einem gegebenen Land zu verändern.

Die Ökonomie als apriorische Wissenschaft wäre aber nicht weniger zum Scheitern verurteilt, wenn wir erwarten könnten, nur von ihren tautologischen Grundannahmen her die praktischen Fragen entscheiden zu können, die für das Leben von bestimmten Individuen wie auch von Mitgliedern politischer oder wirtschaftlicher Gemeinschaften entscheidend sind. In dieser Hinsicht stimme ich völlig mit Professor Friedman überein, wenn er sagt, während „die Grundsätze der formalen Logik allein zeigen können, ob eine bestimmte Sprache vollständig und konsistent ist, … können allein Tatsachenbeweise zeigen, ob die Kategorien des analytischen Ordnungssystems ein empirisches Gegenstück haben, ob sie also bei der Analyse einer bestimmten Klasse konkreter Probleme nützlich sind". Und ich stimme auch zu, wenn er als Beispiel die Verwendung der Kategorien von Nachfrage und Angebot vorbringt, deren Nützlichkeit „von den empirischen Verallgemeinerungen abhängt, dass eine Aufzählung von Kräften, die bei jeglichem Problem die Nachfrage beeinflussen, und von Kräften, die das Angebot beeinflussen, zwei Listen hervorbringen wird, die wenig Punkte gemeinsam haben werden". Aber sobald wir den Bereich empirischer Annahmen betreten, werden alle Beschränkungen auftauchen, die wir im Zusammenhang mit dem empirischen Ansatz in der Ökonomie gesehen haben, mit dem Ergebnis, dass bislang weder der empirische noch der apriorische Ansatz in der Ökonomie völlig befriedigend ist.

Dies bedeutet natürlich, dass weder gebildete Menschen noch die Allgemeinheit mit ökonomischen Argumenten, deren Beweiskraft Argumenten der Mathematik oder der Physik vergleichbar wäre, für ein System individueller Freiheit zu gewinnen sind, und für die Politikwissenschaft gilt das Gleiche, ob wir sie auf derselben Ebene wie die Ökonomie sehen oder nicht.

Es gibt immer noch einen weiten Randbereich von Fragwürdigem, eine Art Niemandsland, das oberflächliche Denker und Demagogen aller Länder sorgfältig auf ihre Art kultivieren, um dort alle Arten von Pilzen, einschließlich vieler giftiger, zu züchten und sie ihren Mitbürgern anzubieten, als ob sie das Produkt wissenschaftlicher Arbeit wären.

Freilich ist es schwierig, den Menschen wissenschaftliche Schlussfolgerungen nahezubringen und sie davon zu überzeugen, dass unsere Lehren zutreffend sind. Man kann aber etwas Trost daraus schöpfen, dass liberalen Ideen zufolge nur einige wenige allgemeine Annahmen akzeptiert werden müssen, um ein liberales System zu gründen und zu verwirklichen, da es ja zur Natur eines solchen Systems gehört, Menschen so arbeiten zu lassen, wie es ihrer Vorstellung entspricht, vorausgesetzt, sie beeinträchtigen nicht die Arbeit anderer Menschen.

Die freie Zusammenarbeit der Individuen muss nicht zu schlechteren Entscheidungen des Einzelnen führen, als wenn sie unter Anleitung von Ökonomen oder Politikwissenschaftlern handelten. Mir wurde einmal gesagt, dass ein berühmter Ökonom unserer Zeit seine Tante fast ruinierte, als er ihren drängenden Bitten nachgab und sie in Sachen des Aktienmarktes beriet. Jeder kennt seine eigene persönliche Situation und ist wahrscheinlich in einer besseren Position, entsprechende Entscheidungen zu fällen. Wahrscheinlich kann jeder mehr Gewinn aus einem System ziehen, in dem Entscheidungen anderer Menschen seinen Entscheidungen nicht im Weg stehen, als er dadurch zu verlieren hat, dass er umgekehrt nicht in deren Entscheidungen eingreifen kann.

Darüber hinaus gibt ein System der freien Auswahl in der Wirtschaft und in der Politik jedem die Chance, sich einerseits aus Angelegenheiten herauszuhalten, die ihm zu kompliziert und schwierig oder auch unwichtig erscheinen,, und andererseits andere zur Zusammenarbeit aufzufordern, wenn es um Probleme geht, die für ihn ebenso schwierig wie wichtig sind. Es gibt keinen Grund zur Annahme, dass die Menschen sich in dieser Hinsicht anders verhalten würden, als sie es tun, wenn sie zum Beispiel zu ihrem Rechtsanwalt, ihrem Arzt oder ihrem Psychiater gehen. Das bedeutet natürlich nicht, dass es Experten gibt, die jede Art von Problem lösen können. Es ist kaum nötig, nochmals an das zu erinnern, was wir über ökonomische Argumentation gesagt haben. Aber wenn eine objektive Lösung eines Problems nicht möglich ist, folgt daraus nicht, dass Individuen unter Führung der Obrigkeiten handeln sollten, sondern im Gegenteil, dass die Obrigkeiten davon Abstand nehmen sollten, Anweisungen zu erteilen, die nicht auf einer objektiven Lösung des betroffenen Problems basieren können.

Wenige Fürsprecher gegenwärtiger sozialistischer Lösungen würden zugeben, dass ihre Theorien nicht auf objektiver Argumentation fußen. Aber meistens genügt es festzuhalten, dass ihre Einwendungen gegen einen größtmöglichen Bereich individueller Wahlfreiheit auf philosophischen beziehungsweise auf ethischen Postulaten zweifelhafter Stichhaltigkeit und auf ebensolchen ökonomischen Argumenten beruhen.

Der oft gehörte Spruch, wir könnten in Wirtschaft und Politik „die Uhr nicht zurückdrehen", unterstellt auch, ganz abgesehen von der Prahlerei, die sozialistischen Ideen seien weit verbreitet, dass die sozialistische Uhr immer richtig geht, eine Unterstellung, die wir nicht akzeptieren müssen.

Es ist aber den heutigen Gegnern eines freien Wirtschaftssystems nicht gelungen, eine einzige stichhaltige Aufgabe zu beschreiben, die nicht von den klassischen Ökonomen, die ein liberales System empfahlen, schon genannt wurde.

Soweit die Wirtschaft betroffen ist, und sie ist gegenwärtig tatsächlich der Lieblingsbereich aller Fürsprecher von Zwangsverfahren, gilt die Verstaatlichung mehrerer Industriezweige als notwendig oder zumindest als geeigneter Ersatz für Privatunternehmen, die den Gesetzen und obrigkeitlichen Anordnungen unterworfen sind. Viele Gründe werden zur Unterstützung derartiger Verstaatlichungen geltend gemacht. Einige wirken akzeptabel, obwohl sie nicht neu sind, während umgekehrt neue mit inakzeptablen Argumenten begründet werden.

Aus einem Statement der Politik und der Prinzipien des sogenannten britischen demokratischen Sozialismus, das von der britischen Labour Partei im Jahr 1950 herausgegeben wurde, erfahren wir, dass es hauptsächlich drei Prinzipien gebe, auf die sich die Verstaatlichung von Industrien stütze.

(1) Sicherzustellen, dass Monopole – immer wenn sie „unvermeidbar" sind – die Öffentlichkeit nicht „ausbeuten", was diesen Sozialisten zufolge notwendigerweise passieren würde, wenn Monopole privat wären.

(2) Die Grundindustrien und -dienstleistungen, von denen das wirtschaftliche Leben und die Wohlfahrt der Gemeinschaft abhängen, zu „kontrollieren", weil die Kontrolle nicht „gefahrlos" in den Händen von Privateigentümern belassen werden kann, die der Gemeinschaft gegenüber „nicht haftbar" sind.

(3) Sich mit Industriezweigen auseinanderzusetzen, in denen „Ineffizienz" fortdauert und wo es Privateigentümern entweder am Willen oder an der Kapazität mangelt, Verbesserungen vorzunehmen.

Keines dieser Prinzipien ist wirklich überzeugend, wenn es einer sorgfältigen Analyse unterzogen wird. Monopole können, wenn es nötig ist, leicht von den Behörden kontrolliert werden, ohne dass diese die Initiative des von ihnen kontrollierten Monopols durch ihre eigene ersetzen müssen. Allerdings wird nicht stichhaltig bewiesen, dass staatliche Monopole, also Monopole, die von staatlichen Verantwortlichen oder von anderen, von ihnen delegierten Menschen geleitet werden, die Öffentlichkeit nicht oder weniger ausbeuten würden als private Monopole. Beweise aus vielen Ländern zeigen tatsächlich, dass die vom Staat verantworteten Monopole die Öffentlichkeit viel konsequenter und viel gefahrloser ausbeuten können als private. Die Behörden durch andere Behörden oder durch Privatpersonen kontrollieren zu lassen, erweist sich als viel schwieriger als die Kontrolle privater Monopolisten durch die Behörden oder sogar durch private Individuen oder Gruppen.

Das zweite Prinzip, dass die sogenannte Kontrolle der Grundlagenindustrie nicht in den Händen von Privateigentümern bleiben könne, beinhaltet die stillschweigende Annahme, Privateigentümer könnten nicht haftbar gemacht werden und umgekehrt seien staatliche Eigentümer der Gemeinschaft gegenüber wirklich haftbar. Unglücklicherweise für die Fürsprecher der Verstaatlichung kann auf der Grundlage dieses Prinzips weder die erste noch die zweite These stichhaltig begründet werden. Privateigentümer sind der Gemeinschaft gegenüber aus dem einfachen Grund haftbar, dass sie zwingend darauf angewiesen sind, ihre Produkte zu verkaufen und Rohstoffe, Maschinenanlagen, Dienstleistungen, Kapital, Werkzeuge und so weiter zu kaufen. Wenn sie sich weigern, den Erfordernissen der Gemeinschaft zu entsprechen, verlieren sie Kunden und können sich auf dem Markt nicht halten. Sie müssen dann anderen, „haftbareren" Eignern von Grundlagenindustrien weichen. Allerdings sind staatliche Behörden überhaupt nicht auf die gleiche Art auf die Gemeinschaft angewiesen, da sie im Prinzip über Gesetze und Anweisungen mittels Zwang Preise von Gütern und Dienstleistungen diktieren können, um so, wenn nötig, andere Verkäufer und Käufer auszunutzen. Darüber hinaus sind sie nicht zum Scheitern verdammt, da sie, zumindest im Prinzip, die Verluste, die sie ihrer Industrie zufügen, ausgleichen können, indem sie ihren Bürgern weitere Steuern auferlegen, also der Gemeinschaft, der sie angeblich „verpflichtet" sind. Natürlich werden die Fürsprecher des staatlichen Eigentums an Grundlagenindustrien einwenden, dass die Obrigkeiten gewählt werden müssen, dass sie daher die Gemeinschaft „repräsentieren" und so weiter. Aber wir kennen diese Geschichte schon und haben gesehen, was sie bedeutet: eine ziemlich leere Zeremonie und eine weitgehend symbolische Kontrolle durch die Wähler.

Das dritte Prinzip ist nicht weniger fragwürdig als die vorangegangenen. Es gibt kein stichhaltiges Argument dafür, dass Ineffizienz von Industrien entweder auf das private Eigentum zurückgeht oder dass die Effizienz durch die Initiative staatlicher Behörden wiederhergestellt werden kann, sobald Privateigentum dem staatlichen Eigentum weicht.

All diesen Forderungen liegt die Annahme zugrunde, staatliche Ämter seien bei der Ausübung wirtschaftlicher Aktivitäten nicht nur ehrlicher, sondern auch weiser, geschickter und effizienter als Privatpersonen. Diese Annahme ist offenbar unbewiesen, und es gibt viele historische Beweise, die dagegen sprechen.

Andere Unterscheidungen, die zur Begründung von Verstaatlichungen vorgebracht werden, beispielsweise zwischen „Wünschen", für die der individuelle Konsument zahlen könnte, und „Bedürfnissen", für die das Individuum nicht zahlen könne oder gar wolle, beruhen auf einer ähnlichen unbewiesenen Vorstellung, nämlich dass die Behörden besser qualifiziert sind, die individuellen „Bedürfnisse" zu entdecken und sogar zu befriedigen, die Privatbürger nicht in der Lage oder sogar nicht willens wären, zu befriedigen, wenn sie die Wahlfreiheit hätten.

Natürlich sind einige alte Argumente zugunsten der Verstaatlichung weiterhin gültig. Das ist der Fall bei Industrien oder Dienstleistungen, deren Gesamtkosten aufgrund der damit verbundenen Schwierigkeiten nicht durch Belastung der Konsumenten gedeckt werden können (wie zum Beispiel im Fall von Leuchttürmen) oder auch weil die Eintreibung der Gebühren (im Fall stark befahrener Straßen, Brücken und so weiter) schwierig wäre. In diesen Fällen würde es sich für die Privatwirtschaft nicht rentieren, Güter oder Dienstleistungen anzubieten, und irgendein anderes System muss die Aufgabe übernehmen. Aber es ist interessant, dass in diesen Fällen das Prinzip der freien Auswahl nicht aufgegeben oder gar angezweifelt wird. Es wird zugegeben, dass Menschen, die freiwillig diese Dienstleistungen auswählten, willens wären, für sie zu zahlen, wenn es möglich wäre, und dass sie daher mit Bezug auf ihren mutmaßlichen Nutzen und deren Kosten besteuert werden können. Besteuerung kann niemals gänzlich mit der Zahlung eines Preises im Marktsystem gleichgesetzt werden, aber sie kann in diesem Falle als eine gute Annäherung an die Leistung eines Preissystems betrachtet werden. Das gilt nicht für andere Steuern, die aufgrund der sozialistischen Annahme erhoben wurden, dass die Ämter besser als die Individuen wissen, was die Individuen tun sollen.

Es kann sein, dass moderne Technik und moderne Lebensformen die Häufigkeit der Fälle von Dienstleistungen erhöht haben, die nicht leicht oder gar nicht über das übliche Preissystem bezahlt werden können. Aber es ist auch wahr, dass in mehreren Fällen dieses System immer noch durchführbar ist und dass das private Unternehmertum unter neuen Umständen effizient bleiben kann. Das enorme Verkehrswachstum auf den normalen Straßen und Brücken in industrialisierten Ländern hat es schwierig oder gar unmöglich gemacht, privat betriebene Mautstraßen beizubehalten, aber heutige Autobahnen führen ähnliche Bedingungen zwecks Einsammlung von Gebühren wieder ein. Ein anderes Beispiel bieten Fernsehen und Rundfunk. Die Fürsprecher staatlichen Eigentums an diesen Unternehmen behaupten beispielsweise oft, dass Privateigentum aufgrund der Unmöglichkeit, Gebühren zu verlangen, ungeeignet wäre, wobei Privatunternehmen in den Vereinigten Staaten dieses Problem schon gelöst haben, indem sie ihre Dienste jenen Firmen verkaufen, die für ihre Produkte werben wollen und daher bereit sind, das Programm zu finanzieren. Selbst hier könnten einige Unternehmer einen Weg finden, Gebühren für das Fernsehen zu erheben, wenn die Ämter ihnen den Versuch gestatten würden!

Allerdings können neue technische Bedingungen die individuelle Freiheit einschränken, zum Beispiel in Bezug auf das Recht auf Grundeigentum. Doch das
allgemeine Prinzip, dass die Auswahl dem Individuum und nicht den Behörden
überlassen werden sollte, kann auch unter modernen Bedingungen aufrecht erhalten werden. Dies zeigt sich beispielsweise an der Effizienz des amerikanischen
Systems, Öl und Rohstoffe zu fördern, ohne das Eigentum an Grund und Boden
einzuschränken, während in anderen Ländern Bergbau und Privateigentum als
unvereinbar gelten.

Aus einer anderen Überlegung könnten Schwierigkeiten anderer Art entstehen.
Wir haben versucht, Zwang als eine unmittelbare Handlung einiger Menschen zu
definieren, die den Zweck hat, andere am Erreichen bestimmter Ziele zu hindern
und ganz allgemein sie zu Entscheidungen zu veranlassen, die sie von sich aus
nicht getroffen hätten.

Eine unmittelbare Handlung kann als körperliche Einwirkung verstanden werden, und in sämtlichen Fällen haben wir eine einfache Methode für die Definition von Zwang. Aber in den meisten Fällen wird Zwang über die Androhung
einer Art physischer Handlung ausgeübt, die nicht tatsächlich stattfindet. Zwang
ist mehr ein Gefühl der Einschüchterung als ein physisches Ereignis, und das
macht die Identifizierung von Zwang schwieriger, als man sich zunächst vorstellt.
Drohungen und damit verbundene Gefühle stellen eine Kette dar, deren Glieder
nicht unter allen Umständen leicht aufzuspüren oder durch einen anderen als
den Betroffenen nicht leicht zu definieren sind. In sämtlichen Fällen dieser Art
ist die Annahme, dass eine Handlung oder ein Verhalten eine bestimmte Handlung oder Verhaltensweise anderer erzwingt, nicht eindeutig oder objektiv genug,
um die Grundlage für eine empirisch feststellbare Aussage zu bilden. Dies bringt
alle Unterstützer eines Systems individueller Freiheit insofern in Verlegenheit,
als Freiheit eine negative Eigenschaft hat, deren präzise Darstellung einen Bezug
auf Zwang unvermeidlich macht. Wenn wir sagen sollen, welches Verhalten oder
welche Handlung in einem gegebenen Fall „frei" wäre, müssen wir auch sagen,
welches Verhalten oder welche Handlung entsprechenden Zwang darstellt, also
welche Handlung in dem betreffenden Fall die Menschen ihrer Freiheit beraubt.
Wenn unsicher ist, worin der zu vermeidende Zwang besteht, ist es tatsächlich
sehr schwierig, die Umstände zu bestimmen, unter denen wir Handlungsfreiheit
sichern oder deren Inhalt definieren können.

Insofern Freiheit weder durch empirische noch durch apriorische Methoden festgestellt werden kann, ist ein politisches und ökonomisches System, das auf „Freiheit",
verstanden als Abwesenheit von „Zwang", basiert, ähnlicher Kritik unterworfen,
wie wir sie am empirischen Ansatz in der Ökonomie geäußert haben. Das ist der
Grund, weshalb ein auf Freiheit basierendes politisches System immer zumindest
ein Minimum an Zwang beinhaltet, nicht nur im Sinne einer Behinderung von

Zwang, sondern auch im Sinne der Bestimmung – zum Beispiel durch Mehrheitsherrschaft –, mittels einer Gruppenentscheidung, was die Gruppe in sämtlichen
Fällen, die keiner objektiven Bestimmung zugänglich sind, als frei zulassen und
was sie als Zwang verbieten wird. Mit anderen Worten, ein System politischer
und ökonomischer Freiheit beruht vor allem, aber nicht ausschließlich, auf dem
empirischen Ansatz von Ökonomie und Politik. Somit gibt es in diesem „freien"
System immer irgendein Opfer des Zwangs. Sie können versuchen, Menschen davon zu überzeugen, sich auf eine Weise zu verhalten, die Sie für „frei" halten, und
sie davon abhalten, sich auf eine Weise zu verhalten, die Sie für „Zwang" halten.
Aber Sie können nicht immer zeigen, dass das, was Sie für frei halten, wirklich frei
ist, oder dass das, was Sie für Zwang halten, wirklich Zwang in einem objektiven
Sinn des Wortes ist.

Religiöse Intoleranz mag als Beispiel dienen. Manche Menschen werden ungehal-
ten, wenn Sie sich auf eine Weise verhalten, die mit ihren religiösen Gefühlen unvereinbar ist, selbst wenn Sie sich nicht vorstellen können, damit Zwang ausüben.
Dennoch fühlen solche Menschen sich beleidigt, weil Sie in ihren Augen entweder
gegen den Willen ihres Gottes handeln oder dessen Geboten nicht folgen, womit
Sie den göttlichen Zorn auf alle ziehen. Tatsächlich betrachten sie den Gott ihrer
Religion auch als den Ihren und finden daher, dass Ihr Verhalten ihrem Gott an-
stößig erscheinen müsse, wie ihnen selbst auch.

Ich sage natürlich nicht, dass alle Religionen intolerant sind. Hinduismus, Buddhismus, die alten griechischen und römischen Religionen waren, soweit ich weiß,
nicht intolerant, da ihre Anhänger dazu neigen würden, zuzugestehen, dass Sie
Ihre Götter ebenso haben dürften wie sie ihre. Das ist bei anderen Religionen
nicht immer der Fall. Es gab in England ein zur Zeit von Königin Elisabeth I.
erlassenes Gesetz, das den Menschen untersagte, sonntags einer Vergnügung
nachzugehen. Missetäter konnten bestraft werden, und die Opfer des „Skandals"
konnten eine Entschädigung verlangen. Dieses Gesetz wird nicht mehr beachtet,
aber vor mehreren Jahren las ich in den Zeitungen, dass ein englisches Mädchen
auf dieser Grundlage eine Klage auf Entschädigung gegen ein englisches Kinounternehmen erhob, das, wie üblich, sonntags Filme zeigte. Der Zeitung zufolge
war das Mädchen ziemlich arm, aber sie hatte darauf geachtet, sich als Täter ein
sehr großes Kinounternehmen im Zentrum Londons auszusuchen. Die verlangte Entschädigung – ein hoher Betrag – war der Bedeutung des Unternehmens
völlig angemessen, allerdings wahrscheinlich nicht dem vom „Opfer" erlittenen
„Schaden". Ich erinnere mich nicht, wie das damit befasste englische Gericht in
diesem Fall entschied, aber ich glaube, dass seine Grundlage, das elisabethanische
Gesetz, als ein gutes Beispiel dessen angeführt werden kann, was ich mit religiöser
Intoleranz meine – und mit dem entsprechenden „Zwang", den einige religiöse
Menschen aufgrund von Verhalten zu erleiden meinen, das kein anderer als einen
gegen irgendwen gerichteten Zwang verstehen würde.

Ich wurde vor einigen Wochen an dieses elisabethanische Gesetz erinnert, als ich vor einem Café auf der Hauptstraße eines kleinen italienischen Dorfes saß. Eine Prozession ging soeben die Straße entlang, und ich achtete nicht darauf, dass alle aufstanden, als die Prozession vorbeizog. Eine Nonne in der Prozession schaute mich an, und als sie sah, dass ich immer noch saß, ohne das Tun der anderen Menschen zu beachten, machte sie mir Vorwürfe, indem sie darauf hinwies, dass man aufstehen *muss*, wenn die Prozession vorbeizieht. Ich glaube nicht, dass diese arme Nonne normalerweise eine arrogante Person war. Wahrscheinlich war sie ein sehr sanftes und nachsichtiges Wesen. Aber sie konnte nicht zulassen, dass irgendjemand vor einem Café sitzenblieb, während die Prozession, ihre Prozession, die Prozession ihres Gottes, vorbeizog. Dass ich in diesem Fall sitzen blieb, war für sie eine anstößige Verhaltensform, und ich bin sicher, dass sie sich in ihren Gefühlen irgendwie eingeschränkt, nein, fast beleidigt fühlte, ebenso wie ich mich ungerechterweise eingeschränkt fühlen würde, wenn mich jemand in überheblichem Ton anspräche.

Glücklicherweise verbietet das Gesetz meines Landes den Menschen bislang nicht, am Straßenrand sitzen zu bleiben, während eine Prozession vorbeizieht, aber ich bin sicher, dass die Nonne sofort einem Gesetz zustimmen würde, das solches Verhalten verböte, ebenso wie ich einem Gesetz zustimmen würde, das Beleidigungen oder ähnliche Dinge verböte.

Ich glaube, darin liegt eine Lektion verborgen. Meine Lektion jedoch ist beendet.

Fazit

Die beste Vorgehensweise beim Verfassen dieses Fazits ist vielleicht der Versuch, einige der Fragen zu beantworten, die mir meine Leser wahrscheinlich stellen würden, wenn sie könnten. Tatsächlich wurden mir solche Fragen gestellt, als ich den Inhalt dieses Buches in Form von Vorlesungen präsentierte.

1. Was meine ich, wenn ich (in Kapitel 8) sage, dass die öffentliche Meinung „nicht alles ist"? 2. Gibt es irgendeine Möglichkeit, das „Leoni-Modell" auf die gegenwärtige Gesellschaft zu übertragen? 3. Angenommen, die oben erwähnte Möglichkeit existierte, wie kann die hier erwähnte „goldene Regel" uns in die Lage versetzen, zwischen dem Bereich der Gesetzgebung und dem Bereich des Common Law zu unterscheiden? Was sind generell die Grenzen der Sphären, die diesem Modell zufolge jeweils der Gesetzgebung und dem Common Law zuzuordnen sind? 4. Wer wird die Richter oder die Anwälte oder andere derartige Honoratioren ernennen? 5. Wenn wir einräumen, dass der allgemeine Trend der gegenwärtigen Gesellschaft mehr gegen als für die individuelle Freiheit ist, wie können die erwähnten Honoratioren diesem Trend entgehen? Natürlich könnten wir viele andere Fragen mit einbeziehen, aber die oben erwähnten scheinen die springenden Punkte einer möglichen Diskussion des ganzen Gegenstandes zu sein.

1. Was meine ich, wenn ich (in Kapitel 8) sage, dass die öffentliche Meinung „nicht alles ist"?

Was dies betrifft, behaupte ich, dass die öffentliche Meinung nicht nur irren kann, sondern dass sie auch, indem man auf vernünftige Argumentation zurückgreift, korrigiert werden kann. Es stimmt schon, dass dies ein langfristiger Prozess ist. Es dauerte mehr als ein Jahrhundert, bis die Menschen mit den sozialistischen Ideen vertraut wurden; sie werden sicherlich eine beträchtliche Zeit brauchen, diese Ideen zurückzuweisen, aber das ist kein Grund, den Versuch aufzugeben. Während in Ländern, die nach westlichen Standards als unterentwickelt gelten, der Trend gegen die individuelle Freiheit weiterhin der vorherrschende ist, kann man an mehreren Symptomen erkennen, dass die Menschen in den Ländern des Westens einige Lektionen gelernt haben. Dort zeigte sich, dass die Beschränkung der individuellen Freiheit durch Gesetze, die von sozialistischen Führern als notwendige Bedingung für das Kommen einer „besseren Welt" angepriesen werden, kaum Vorteile brachten, die solchen Verlust ausgleichen könnten. Heute schon können wir zum Beispiel in England, Deutschland und möglicherweise Frankreich einen Rückzug des Sozialismus beobachten, was die sogenannte Verstaatlichung der Industrie betrifft. Es ist offensichtlich, dass als Ergebnis dieses Rückzugs die individuelle Initiative im wirtschaftlichen Bereich allmählich von der Drohung weiterer Eingriffe befreit wird. Kürzlich erschienene Bücher wie das eines ehemaligen Labour-Mitglieds in England, Herrn R. Kelf-Cohen, sind in dieser Hinsicht ziemlich erhellend.

Typisch für die sozialistische Lösung des sogenannten sozialen Problems ist nicht das Ziel, die öffentliche Wohlfahrt zu fördern und, soweit möglich, Armut, Unwissenheit und Verwahrlosung zu beseitigen, denn dieses Ziel ist nicht nur vollständig mit individueller Freiheit vereinbar, sondern kann als komplementär zu ihr verstanden werden. Der wahre Kern der sozialistischen Lösung ist die sonderbare Art, mit der ihre Anhänger dieses Ziel zu erreichen beabsichtigen, nämlich indem man sich auf ein Heer von Beamten verlässt, die im Namen des Staates handeln und sowohl in der Wirtschaft als auch in anderen Bereichen, die unentwirrbar mit dem Bereich der Wirtschaft verknüpft sind, die Privatinitiative einschränken, wenn nicht gänzlich unterdrücken.

Wenn der Sozialismus hauptsächlich, wie viele Personen immer noch glauben, aus seinen erklärten Zielen bestünde, wäre es wahrscheinlich schwer, Menschen davon zu überzeugen, ihn in naher Zukunft aufzugeben. Es ist allerdings durchaus möglich, Menschen davon zu überzeugen, dass der Fehler des Sozialismus nicht seine erklärten Ziele sind, sondern die für deren Erreichen angeblich notwendigen Mittel. Wie naiv die sozialistische Sichtweise gegenüber diesen Mitteln ist, bleibt erstaunlich. So schreibt der genannte Autor:

> „Die Wörter ‚öffentliches Amt' oder ‚öffentliches Unternehmen' waren magisch. Sie sollten personell durch selbstlose Menschen mit außergewöhnlichen Fähigkeiten besetzt werden, die sich dem nationalen Interesse aufopferungsvoll widmeten. Wir gingen davon aus, dass solche Menschen in großer Zahl zu finden waren; natürlich hatten sie in der degenerierten kapitalistischen Ära, in der wir lebten, keine Chance, hervorzutreten. Wir erwarteten auch, dass die Industriearbeiter sich durch das Verstaatlichungsgesetz verändern und sich aufopferungsvoll dem nationalen Interesse widmen würden. Somit würde die Kombination von selbstlosem Management und selbstlosen Arbeitern die – sich vom Kapitalismus völlig unterscheidende – schöne neue Welt des Sozialismus hervorbringen."[79]

Eine ähnlich unglaubliche Naivität ist typisch gewesen für berühmte Anführer der Arbeiterbewegung Großbritanniens wie Sidney und Beatrice Webb, die, wie Kelf-Cohen sagt, im neuen sozialistischen Staat großes Vertrauen auf „unabhängige und uneigennützige Experten" setzten. Sie hatten, wie derselbe Autor sagt,

> „großes Vertrauen zur Vernunft des Menschen, der immer von den ordnungsgemäß gesammelten und veröffentlichten Fakten beeinflusst werden konnte ... Natürlich glaubten sie, dass, wenn einmal das von den Kapitalisten repräsentierte

---

[79] R. Kelf-Cohen, *Nationalization in Britain: The End of a Dogma* (London: Macmillan, 1958), Vorwort, S. v.

persönliche Element verschwunden war, der Charakter sämtlicher beteiligter Personen sich so tiefgreifend verändern werde, dass die Industrien tatsächlich einen neuen Lebensstil repräsentieren würden ... Da das Wissen der Webbs über die Funktion des Managements und der Verantwortung für Entscheidungen gering war, erkannten sie nicht, dass es trotz eines Konglomerats von Ausschüssen und uneigennützigen Experten immer noch ein verantwortliches Management notwendig sein würde. Sie neigten dazu, die Funktion des Managements mit der Gier des Kapitalismus gleichzusetzen."[80]

Schließlich weist Kelf-Cohen ziemlich überzeugend nach, dass die Mitglieder der Labour-Regierung in der Wahlperiode von 1945 bis 1950 die gleiche Naivität an den Tag legten. Tatsächlich waren die Mitglieder der britischen Labour-Partei nicht allein mit dieser Einstellung, die sich bei allen Fürsprechern öffentlicher Unternehmen findet. Auf längere Sicht kann diese Einstellung nicht bestehen bleiben, und die Bevölkerung erkennt langsam, aber sicher das Scheitern öffentlicher Unternehmen. Entsprechend wird die öffentliche Meinung sich ändern.

2. Gibt es irgendeine Möglichkeit, das „Leoni-Modell" auf die gegenwärtige Gesellschaft zu übertragen?

Was ich oben gesagt habe, erlaubt mir, die Frage zu beantworten, ob man das, was einige meiner Freunde und Zuhörer in Claremont humorvoll das „Leoni-Modell" nannten, auf die gegenwärtige Gesellschaft übertragen kann. Es wird nicht in kurzer Zeit gelingen, den Schwerpunkt des Rechtssystems von der Gesetzgebung auf andere Arten der Herstellung von Recht zu verlagern. Das kann sich jedoch ergeben, wenn die öffentliche Meinung zu einer anderen Bewertung des Zusammenhanges von Gesetzgebung und individueller Freiheit kommt. Die Geschichte zeigt uns andere Beispiele eines ähnlichen Prozesses. Das Recht im klassischen Griechenland, das auf Gesetzgebung beruhte, wich dem römischen Recht, das hauptsächlich auf der Autorität der Rechtsberater, der Bräuche und des Richterrechts beruhte. Als ein römischer Kaiser griechischer Abstammung, Justinian, später die griechische Idee des Gesetzgebungsrechts wiederzubeleben versuchte, indem er eine riesige Sammlung von Meinungen klassischer römischer Rechtsberater erließ, als ob sie ein Statut sei, erlebte sein Versuch schließlich ein ähnliches Schicksal, indem er die Grundlage für ein Juristenrecht wurde, das bis in die Neuzeit hinein viele Jahrhunderte fortbestand.

Es stimmt, dass sich die Geschichte niemals auf die gleiche Weise wiederholt, aber ich würde nicht so weit gehen zu sagen, dass sie sich nicht auf andere Weise wiederholt. Es gibt gegenwärtig Länder, in denen die Ausübung der richterlichen Funktion durch von Regierungen ernannte Richter auf der Grundlage erlasse-

---

[80] Ebd., S. 12.

ner Gesetze so langsam und schwerfällig, um nicht zu sagen teuer ist, dass die
Menschen es vorziehen, zur Beilegung ihrer Kontroversen auf private Schlichter
zurückzugreifen. Ferner kommt es vor, wenn das erlassene Gesetz zu kompliziert
erscheint, dass im Schlichtungsverfahren die Grundlage des erlassenen Gesetzes
zugunsten anderer Urteilsmaßstäbe verlassen wird. Auch Geschäftsleute greifen,
wenn möglich, lieber auf Verhandlungen zurück als auf ein offizielles Urteil. Obwohl uns bezüglich der meisten Länder statistische Daten fehlen, scheint die Erwartung berechtigt, dass dieser Trend zunimmt und dass er als Symptom einer
neuen Entwicklung gelten kann.

Einen weiteren Hinweis auf einen solchen Trend geben Menschen, die in einigen
Ländern freiwillig, zumindest zu einem gewissen Grad, auf ihr Recht verzichten, sich diskriminierende Statuten wie den Landlord and Tenant Act zunutze zu
machen, die einer der Parteien gestatten, zum Beispiel in Fragen des Mietrechts,
vorherige Vereinbarungen zu brechen. Der Versuch des Gesetzgebers, durch ein
Gesetz die privaten Vertragsverhältnisse zu eliminieren, erweist sich als Fehl-
schlag, obwohl eine der Parteien ein Interesse daran haben sollte, sich auf das
Gesetz zu berufen. Gesetze dieser Art, wie sie in einigen Ländern eingeführt wurden, machten die betreffenden Diskriminierungen rechtsverbindlich, ganz gleich,
was die Beteiligten schon vorher oder trotz der neuen Gesetzeslage verabredeten.
Die Gesetzgeber wollten verhindern, dass die vermeintlichen Nutznießer auf ihre
Privilegien verzichteten, sei es wegen der Vorstellung, dass Verträge einzuhalten
sind, sei es wegen ihrer Einschätzung der eigenen Interessen, die sich nicht mit der
Sicht der paternalistischen Gesetzgeber deckte. Wir sehen also den anscheinend
paradoxen Vorgang, dass ein inoffizielles, aber effektives „Common Law" sich
gegen ein erlassenes Recht durchsetzt.

Ein allgemeineres Beispiel für dieses Ausweichen vor dem erlassenen Recht bieten
Fälle, in denen die Ausweichenden spüren, dass sie von zufälligen Mehrheiten in
gesetzgebenden Versammlungen ungerecht behandelt worden sind. Dies passiert
vor allem im Zusammenhang mit starker Steuerprogression. Es stimmt, dass man
in dieser Hinsicht zwischen verschiedenen Ländern unterscheiden muss, aber es
gibt viele Gründe für die Annahme, dass das Phänomen des Vermeidens starker
Steuerprogression in den Ländern des Westens allgemein üblicher und weiter verbreitet ist, als offiziell zugegeben oder möglicherweise anerkannt wird. Man könnte in dieser Hinsicht auch auf die zunehmende Praxis in den Vereinigten Staaten
hinweisen, Stiftungen und andere steuerfreie Organisationen zu gründen, deren
Zweck unter anderem der Transfer von „Kapital und Jahreseinkommen aus einem
Unternehmen heraus" ist.[81]

---

[81] Vgl. in diesem Zusammenhang M. Friedman, op. cit., S. 290 ff. und darin enthaltene
Zitate.

Nicht weniger interessant ist die wahre Einstellung der Menschen verglichen mit dem Gesetzgebungsrecht, das Angewohnheiten und Verhaltensweisen verbietet, die nach allgemeiner Meinung als moralisch zulässig und als Privatangelegenheit gelten.

Hierher gehört die Kritik einiger amerikanischer Soziologen an dem Versuch, Moral durch Gesetzgebung zu erzwingen (wie es noch immer in einigen Bundesstaaten stattfindet, wo die Menschen zum Beispiel „trocken abstimmen, aber feucht trinken"), oder die Empfehlungen eines kürzlich erschienenen britischen Berichts, in dem es heißt: „Unserer Meinung nach ist es nicht die Funktion des Gesetzes, sich in das Privatleben der Bürger einzumischen oder irgendein spezielles Verhaltensmuster über das hinaus zu erzwingen, was notwendig ist, um die Zwecke zu erfüllen, die wir umrissen haben ... Die öffentliche Ordnung und Disziplin aufrechtzuerhalten, die Bürger vor Anstößigem oder vor Schaden zu schützen, und ausreichenden Schutz gegen die Ausbeutung und Verführung anderer bereitzustellen ..."[82]

Um eine angemessene Vorstellung von den Grenzen der Gesetzgebung zu haben, die zwar „in Kraft" ist, aber in vielen Fällen nicht wirkt, gehört schließlich noch die konstitutive Unwissenheit der Allgemeinheit in das Bild – auch wenn die klassische Regel gültig bleibt, dass Unwissen nicht vor Strafe schützt.

Je mehr sich die Menschen dieser Grenzen der Gesetzgebung bewusst werden, desto mehr werden sie sich an die Vorstellung gewöhnen, dass die heutige Gesetzgebung mit ihrem Anspruch, alle menschlichen Verhaltensmuster abzudecken, tatsächlich viel weniger in der Lage ist, das gesellschaftliche Leben zu organisieren, als ihre Anhänger zu glauben scheinen.

3. Angenommen, dass die oben erwähnte Möglichkeit existiert, wie kann die hier erwähnte „goldene Regel" uns in die Lage versetzen, den Bereich der Gesetzgebung vom Bereich des Common Law zu unterscheiden? Was sind die allgemeinen Grenzen der Bereiche, die diesem Modell zufolge jeweils der Gesetzgebung und dem Common Law zugeordnet werden sollen?

Auf die dritte Frage möchte ich antworten, dass die in den vorhergehenden Seiten erwähnte „goldene Regel" nicht als eine Richtschnur dienen kann, um festzustellen, wann anstelle vom Common Law von der Gesetzgebung Gebrauch gemacht werden soll. Die „goldene Regel" hat nur eine negative Bedeutung; sie wirkt der

---

[82] Wolfenden Report, the Committee on Homosexual Offences and Prostitution (1959). Als Beispiel einer entgegengesetzten, „reaktionären" Sichtweise, können wir indes die „Maccabean lecture in jurisprudence" zitieren, die Hon. Sir Patrick Devlin im März 1959 an der British Academy vortrug und die Oxford University Press unter dem Titel *The Enforcement of Morals* veröffentlicht hat.

Unterdrückung individueller Freiheit so weit wie möglich entgegen, aber sie dient nicht der Gestaltung der Gesellschaft. Immerhin hilft sie uns, die Grenzen zu markieren, auf die ich mich im einführenden Kapitel bezog, als ich sagte, dass wir Gesetzgebung immer dann ablehnen sollten, wenn (a) sie lediglich als ein Mittel zur Unterdrückung von Minderheiten verwendet wird, um diese als Verlierer des Spiels zu behandeln und (b) es für Individuen möglich ist, ihre eigenen Ziele zu erreichen, ohne von der Entscheidung einer Gruppe abzuhängen und ohne tatsächlich irgendwelche anderen Menschen zu zwingen, irgendetwas zu tun, was sie ohne Zwang niemals täten.

Ein weiteres im einführenden Kapitel schon vorweggenommenes Kriterium, das aus der „goldenen Regel" resultiert, ist die Abwägung der vermuteten Vorteile des Gesetzgebungsverfahrens gegenüber anderen Verfahren der Herstellung von Recht. Alles, was nicht eindeutig für die Gesetzgebung geeignet ist, sollte im Bereich des Common Law verbleiben.[83] Ich würde zustimmen, dass der Versuch, auf diesen Grundlagen die Grenzen zwischen den Gebieten zu definieren, die jeweils der Gesetzgebung und dem Common Law zuzuordnen sind, in vielen Fällen wahrscheinlich sehr schwierig sein wird, aber die Schwierigkeiten sind kein guter Grund, den Versuch aufzugeben.

Wenn es indes möglich wäre, schon im Voraus alle Anwendungen der „goldenen Regel" auf die Definition der Grenzen zwischen den Gebieten des Common Law und der Gesetzgebung zu umreißen, und wenn darüber hinaus diese Anwendungen in diesem Buch dargestellt werden sollten, so würde ich mir selbst widersprechen, weil diese Zusammenstellung von Klauseln selbst die Form eines Gesetzes erhielte. Es wäre lächerlich, die Gesetzgebung anzugreifen und gleichzeitig den Entwurf eines eigenen Gesetzes zu präsentieren. Man sollte sich immer vergegenwärtigen, dass dem Standpunkt des Common Law oder des Juristenrechts zufolge die Anwendung von Regeln ein Prozess immerwährenden Wandels ist. Niemand kann diesen Prozess von sich aus und innerhalb der ihm gegebenen Zeit zum Abschluss bringen. Ich darf hinzufügen, dass jeder, meiner Meinung nach, andere Menschen daran hindern sollte, ebendies zu tun.

---

[83] Eine praktische Art der Verringerung des Anwendungsbereichs der Gesetzgebung könnte ein Rückgriff auf die Gesetzgebung selbst sein – zum Beispiel durch Einführung einer Klausel in die geschriebene Verfassung, deren Zweck es ist, die Gesetzgeber daran zu hindern, Statuten über bestimmte Arten von Angelegenheiten zu erlassen und / oder Einstimmigkeit oder qualifizierte Mehrheiten vorzuschreiben, bevor bestimmte Statuten in Kraft gesetzt werden können. Insbesondere die Vorschrift qualifizierter Mehrheiten könnte Gruppen innerhalb der Legislative daran hindern, andere Gruppen mittels Bestechung zur Opferung abweichender Minderheiten zu veranlassen, indem die Zustimmung dieser Minderheiten unverzichtbar für die Annahme des Gesetzes wird. Dieses Verfahren wurde von Professor James M. Buchanan auf einer Versammlung der Mont-Pèlerin-Gesellschaft in Oxford, England, im September 1959 vorgeschlagen.

4. Wer wird die Richter oder die Anwälte oder andere derartige Honoratioren ernennen?

Die vierte Frage – „Wer wird die Richter oder die Anwälte oder andere derartige Honoratioren ernennen?" – beinhaltet möglicherweise wie die vorhergehenden eine irreführende Andeutung. Man könnte sie so verstehen, dass das Verfahren zur Ernennung von Richtern und ähnlichem, wie auch das Verfahren der Definition von Grenzen zwischen den jeweiligen Bereichen der Gesetzgebung und des Common Law, von bestimmten, eindeutig festgelegten Personen zu einem bestimmten Zeitpunkt ausgeführt werden soll. Tatsächlich ist es ziemlich unwichtig, im Voraus festzusetzen, wer die Richter ernennen wird, denn in einem Sinn könnte das jeder tun, wie es zu einem gewissen Grad geschieht, wenn Menschen auf private Schlichter zugreifen, um ihre eigenen Streitereien beizulegen. Die Ernennung von Richtern durch die Obrigkeit geschieht im Großen und Ganzen nach denselben Kriterien, die der Mann auf der Straße anwenden würde. Denn die Ernennung von Richtern ist kein so spezielles Problem wie zum Beispiel die „Ernennung" von Physikern und Ärzten oder anderen gelehrten und erfahrenen Personen. In jeder Gesellschaft ist das Auftauchen von guten professionellen Menschen nur scheinbar offiziellen Ernennungen geschuldet, wenn überhaupt. Es gründet in Wirklichkeit auf einer weit verbreiteten Zustimmung der Kunden, der Kollegen und der Öffentlichkeit – einer Zustimmung, ohne die keine Ernennung wirklich effektiv ist. Natürlich können sich Menschen über den wahren Wert der als würdig erachteten Person täuschen, aber diese Schwierigkeit entsteht bei jeder Art von Auswahl. Schließlich ist es nicht von Bedeutung, wer die Richter ernennt, sondern wie die Richter arbeiten.

Schon im einführenden Kapitel habe ich auf die Möglichkeit hingewiesen, dass richterliches Recht einige Änderungen durchmachen kann, deren Wirkung die Wiedereinführung des Gesetzgebungsverfahrens in richterlicher Gestalt sein könnte. Dies scheint in erster Linie zu geschehen, wenn oberste Gerichtshöfe berechtigt sind, das letzte Wort in der Entscheidung über Fälle zu haben, die schon von untergeordneten Gerichtshöfen untersucht worden sind, und wenn darüber hinaus die Entscheidung der obersten Gerichtshöfe als bindender Präzedenzfall für alle ähnlichen Entscheidungen aller anderen Richter in der Zukunft aufgefasst wird. Wenn dies geschieht, ist die Position der Mitglieder der obersten Gerichtshöfe jener der Gesetzgeber einigermaßen ähnlich, obwohl keineswegs identisch.

Tatsächlich ist die Macht der obersten Gerichtshöfe in einem System des Common Law normalerweise größer als unter Rechtssystemen, deren Schwerpunkt die Gesetzgebung ist. Letztere versuchen, die „Konsistenz der richterlichen Entscheidung" über die bindende Kraft präzise formulierter Regeln zu erreichen. Ersteres führt die Aufgabe der Einführung und der Erhaltung dieser Konsistenz normalerweise über das Prinzip des Präzedenzfalles immer dann aus, wenn die Bildung einer einmütigen Meinung unter den Richtern oder Anwälten unwahrscheinlich ist. Tatsächlich basieren und basierten alle Systeme des Common Law irgendwie auf dem Prinzip des Präzedenzfalles (oder des „president", wie die englischen Juristen des Mittelalters zu sagen pflegten), obwohl dieses Prinzip nicht einfach mit dem des bindenden Präzedenzfalles in den Common Law Systemen gegenwärtiger angelsächsischer Länder zu verwechseln ist.

Heute führen sowohl die Gesetzgeber als auch die Richter der obersten Gerichte die Aufgabe aus, das Rechtssystem in einer Art von Schienen zu halten, und genau deswegen sind sowohl Gesetzgeber als auch die Richter der obersten Gerichtshöfe vermutlich in einer Lage, ihren eigenen persönlichen Willen einer großen Zahl von Andersdenkenden aufzuzwingen. Wenn wir jetzt einräumen, dass wir die Macht der Gesetzgeber einschränken müssen, um so viel wie möglich an individueller Freiheit, verstanden als Abwesenheit von Zwang, wiederherzustellen, und wenn wir ebenfalls einräumen, dass die „Konsistenz der richterlichen Entscheidung" genau dazu gedacht ist, Individuen in die Lage zu versetzen, ihre eigenen Zukunftspläne zu machen, dann kommen wir um den Verdacht nicht herum, dass die Errichtung eines Rechtssystems, das wiederum darauf hinauslaufen könnte, die Macht bestimmter Individuen wie der Richter in den obersten Gerichtshöfen zu stärken, eine trügerische Alternative wäre.

Glücklicherweise sind selbst oberste Gerichtshöfe nicht in der gleichen Position wie die Gesetzgeber. Schließlich können nicht nur die untergeordneten Gerichtshöfe, sondern auch die obersten Gerichtshöfe Entscheidungen nur fällen, wenn sie von den betroffenen Parteien darum gebeten werden; und obwohl oberste Gerichtshöfe in dieser Hinsicht in einer Lage sind, die sich von jener der untergeordneten Gerichtshöfe unterscheidet, sind sie daran gebunden, das Recht zu „interpretieren", statt es zu verkünden. Es stimmt, dass Interpretation immer dann zu Gesetzgebung oder, um es besser auszudrücken, zu einer versteckten Gesetzgebung führen kann, wenn Richter die Bedeutung existierender schriftlicher Gesetze strecken, um eine völlig neue Bedeutung zu erreichen, oder wenn sie ihre eigenen Präzedenzfälle auf irgendeine abrupte Art ins Gegenteil verkehren. Aber dies berechtigt sicherlich nicht zur Schlussfolgerung, dass oberste Gerichtshöfe in der gleichen Lage wie Gesetzgeber sind, die, wie Sir Carleton Kemp Allen sagen würde, „in einem Sinn neues Recht herstellen können, die dem Richter gänzlich unmöglich ist".[84]

Unter dem System „bindender" Präzedenzfälle könnten indes auch oberste Gerichtshöfe wie das House of Lords in Großbritannien an ihre eigenen Präzedenzfälle gebunden werden, und während die untergeordneten Gerichtshöfe offiziell

---

[84] Carleton Kemp Allen, *Law in the Making* (5. Aufl.; Oxford: at the Clarendon Press, 1951), S. 287.

an die Entscheidungen höherer Gerichtshöfe gebunden sind, „hat der bescheidens-
te juristische Beamte" (wie der oben erwähnte Autor richtigerweise sagt) „alleine
zu entscheiden, ob er in den bestimmten Umständen an jede gegebene Entscheidung [der übergeordneten Gerichtshöfe oder sogar des obersten Gerichtshofes]
gebunden ist oder nicht".[85] Offensichtlich führt das zu einem erheblichen Unterschied zwischen Richtern an obersten Gerichten und Gesetzgebern, wenn es um
die unerfreuliche Fähigkeit geht, einer großen Zahl anders denkender Menschen
den eigenen Willen aufzuzwingen. Freilich gibt es dabei einen großen Unterschied
zwischen verschiedenen obersten Gerichten. Jeder weiß, dass die Macht des Supreme Court der Vereinigten Staaten sehr viel weiter reicht als die des House
of Lords. Der offensichtliche Unterschied besteht in der Existenz einer geschriebenen Verfassung im amerikanischen System. Einige amerikanische Theoretiker
haben kürzlich darauf hingewiesen, dass die Rolle des Präzedenzfalles in einer
geschriebenen Verfassung eine ganz andere ist als im Case Law.[86]

„Zum Problem der Mehrdeutigkeit [d. h., in den Worten der Verfassung] und der
Tatsache, dass [ihre] Gestalter ein wachsendes Instrument beabsichtigt haben mögen, gibt es den Einfluss der Verehrung der Verfassung. Dieser Einfluss verleiht
dem Gerichtshof große Freiheiten. Er kann immer das zuvor Gesagte zurückziehen, um auf das geschriebene Dokument selbst zurückzugreifen. Damit besitzt
er eine größere Freiheit, als er ohne die Existenz eines solchen Dokuments hätte ... Durch Zulassung einer Berufung auf die Verfassung ist die Machtbefugnis
des Gerichtshofes tatsächlich größer ... Das mögliche Ergebnis hiervon kann in
einigen Bereichen alarmierend erscheinen."[87]

In solchen Fällen, wie der Autor weise hinzufügt (indem er Richter Frankfurter
vom Supreme Court der Vereinigten Staaten zitiert), „ist der äußerste Schutz bei
den Menschen selbst zu finden".

Tatsächlich könnte auch innerhalb der Justiz ein System der Checks and Balances
entwickelt werden, wie es in den Vereinigten Staaten zwischen den verschiedenen
Funktionen oder „Gewalten" der politischen Organisation existiert. Wenn ein an
Präzedenzfälle gebundener oberster Gerichtshof wie in Großbritannien ungeeignet erscheint, sich Veränderungen und neuen Anforderungen anzupassen, und
im Gegenteil angenommen wird, dass es einem obersten Gericht gestattet sein
muss, seine Präzedenzfälle zurückzuziehen und seine vorherige Interpretation des
geschriebenen Rechts, also der geschriebenen Verfassung zu verändern, genauso
wie dem Supreme Court der Vereinigten Staaten, dann könnten immer noch besondere Instrumente eingeführt werden, um die Macht oberster Gerichtshöfe und

---

[85] Ebd., S. 269.
[86] Vgl. z. B. F. H. Levi, *An Introduction to Legal Reasoning* (4. Aufl.; University of Chicago
Press, 1955), S. 41 ff.
[87] Ebd., S. 41 / 43.

den bindenden Charakter ihrer Entscheidungen zu beschränken. Zum Beispiel könnte bei Entscheidungen, die seit langem etablierte Präzedenzfälle ins Gegenteil wenden oder vorhergehende Interpretationen der Verfassung erheblich verändern, Einstimmigkeit verlangt werden. Man könnte auch andere Kontrollen ersinnen, aber es ist nicht meine Aufgabe, sie hier vorzuschlagen.

Was von den obersten Gerichten gesagt wurde, trifft noch offenkundiger auf die untergeordneten Gerichtshöfe und ordentlichen Richter im Allgemeinen zu. Nicht nur aufgrund ihrer psychologischen Einstellung gegenüber dem Recht, das sie normalerweise zu „entdecken" beabsichtigen, statt es zu „schaffen",[88] sondern auch und vor allem aufgrund ihrer fundamentalen Abhängigkeit von den in ihrem Prozess der Rechts-„Herstellung" betroffenen Parteien können sie nicht als Gesetzgeber begriffen werden. Kein Beharren darauf, dass dieses Verfahren der Rechtsherstellung durch persönliche Faktoren gestört wird, kann uns diese grundlegende Tatsache vergessen lassen. Einige Menschen haben sich sehr über die Tatsache aufgeregt, dass die privaten Gefühle und persönlichen Situationen der Richter möglicherweise ihre richterliche Funktion beeinträchtigen könnten. Man fragt sich, weshalb diese Menschen die entsprechende und viel wichtigere Tatsache ignorieren, dass private Gefühle und persönliche Situationen ebenso die Aktivitäten der Gesetzgeber und dadurch viel tiefgreifender die Aktivitäten aller Mitglieder der betroffenen Gesellschaft beeinträchtigen können. Wenn solche Beeinträchtigungen unvermeidlich sind, und wenn wir eine Wahl haben, scheint es mir viel vorteilhafter zu sein, jene zu bevorzugen, deren Wirkung nicht so weitreichend ist.

5. Wenn wir einräumen, dass der allgemeine Trend der gegenwärtigen Gesellschaft mehr gegen als für die individuelle Freiheit ist, wie können dann die erwähnten Honoratioren diesem Trend entgehen?

Es stellt sich also die Frage, ob Richter eher dem gegenwärtigen Trend gegen die individuelle Freiheit entgehen als Gesetzgeber. Ferner sollte im Falle der obersten Gerichte wiederum unterschieden werden zwischen solchen, die in der Lage sind, das Recht mittels Aufhebung ihrer vorhergehenden Präzedenzfallentscheidungen zu verändern, und solchen, die dazu nicht imstande sind. Es ist offensichtlich, dass die Richter der untergeordneten Gerichtshöfe unabhängig von ihrer persönlichen Einstellung gegenüber dem antiindividualistischen Trend weniger Spielraum ha-

---

[88] Wie Carleton Kemp Allen sagen würde: Nur in einem sekundären Sinn „machen" Richter Recht, so „wie ein Mann, der einen Baum in Holzscheite zerhackt, in gewissem Sinn die Holzscheite *gemacht* hat. ... Die Menschheit, mit all ihrem Talent und Erfindungsreichtum, ist in ihrer Kreativität von dem ihr gewährten physischen Material eingeschränkt. Auf ähnliche Weise ist die Kreativität der Gerichtshöfe von dem ihnen zur Verfügung stehenden rechtlichen Material eingeschränkt. Sie finden das Material und gestalten es. Der Gesetzgeber darf völlig neues Material herstellen." (Op. cit., S. 288.)

ben, dieser Strömung zu folgen, wenn sie sich damit im Gegensatz zur Meinung der übergeordneten Gerichtshöfe befinden. Die Richter der übergeordneten Gerichtshöfe sind darin wiederum entsprechend eingeschränkt, wenn sie ihre Präzedenzfallentscheidungen nicht nach Belieben aufheben können oder wenn Vorkehrungen wie die Bedingung der Einstimmigkeit dies erschweren.

Abgesehen davon – selbst wenn wir einräumen, dass Richter dem gegenwärtigen Trend gegen die individuelle Freiheit nicht entgehen können, entspricht es doch ganz einfach ihrer Rolle gegenüber den betroffenen Streitparteien, deren Argumente gegeneinander abzuwägen. Irgendeine A-priori-Weigerung, Argumente zuzulassen und abzuwägen, wäre jedenfalls in der westlichen Welt bei keinem Gericht vorstellbar. Die Streitparteien sind, was den Richter betrifft, *gleich* in dem Sinn, dass sie die Freiheit haben, Argumente und Beweise vorzulegen. Sie können weder wie Gruppen verstanden werden, in denen Minderheiten einer Mehrheit unterliegen, noch stellen alle Streitparteien mit ähnlichen Fällen, über die zu verschiedenen Zeiten verschiedene Richter urteilten, eine Gruppe in diesem Sinne dar. Natürlich können Argumente stärker oder schwächer sein, genau wie Käufer oder Verkäufer auf dem Markt stärker oder schwächer sein können, aber die Tatsache, dass jede Partei sie vorlegen kann, ist damit vergleichbar, dass jeder mit jedem anderen am Markt individuell zwecks Kauf oder Verkauf konkurrieren kann. Das gesamte Verfahren beinhaltet die grundsätzliche Möglichkeit eines Gleichgewichts in einem Sinn, der dem Gleichgewicht des Marktes sehr ähnlich ist, und vor allem eines Marktes, in dem Preise von den Schlichtern festgelegt werden dürfen, denen die betroffenen Parteien freiwillig das Recht dazu geben. Sicher gibt es Unterschiede zwischen der letzteren Art des Marktes und dem normalen Markt. Da die Parteien dem Schlichter das Recht gegeben haben, die Verhandlung durch Preisfixierung zu beenden, haben sie sich im Vorhinein dazu verpflichtet, zu diesen Preisen zu kaufen oder zu verkaufen, während es auf einem normalen Markt keine Verpflichtung gibt, solange man sich unter den betroffenen Parteien auf keinen Preis geeinigt hat.

In dieser Hinsicht ist die Lage der Parteien vor einem Richter zu einem gewissen Grad jener Lage ähnlich, in der sich Individuen befinden, die einer Gruppe angehören. Weder die bei einem Gerichtsverfahren unterlegene Partei noch die in einer Gruppe abweichende Minderheit ist jedoch in der Lage, die endgültige Entscheidung abzulehnen. Allerdings hat die Verpflichtung von Parteien vor einem Richter ganz bestimmte Grenzen, nicht nur was die endgültige Entscheidung betrifft, sondern auch im Hinblick auf das Verfahren, mit dem die Entscheidung erreicht wird. Ungeachtet sämtlicher Formalitäten und künstlicher Verfahrensregeln ist das zugrundeliegende Prinzip eines Urteils die Festlegung, welche der Parteien im Recht ist und welche im Unrecht und was ohne eine automatische Diskriminierung der Art auskommt, wie sie in Gruppenentscheidungen, beispielsweise durch Mehrheitsherrschaft, stattfindet.

Erinnerungen von Ludwig v. Mises

Mit Vorworten von Thorsten Pollath und Margit v. Mises
und einer Einleitung von Friedrich August von Hayek

2. Auflage

2014. XXII/112., kt. € 24,-. ISBN 978-3-8282-0581-9

Jungen aufstrebenden Ökonomen, die in den heute weitgehend staatlich besoldeten ökonomischen Wissenschaftsbetrieb drängen, bieten Mises' Erinnerungen einen wichtigen Orientierungs-und Reflexionspunkt. Was in den Erinnerungen durchdringt, formulierte Mises bereits eindrücklich in Nationalökonomie (1940): «Zu politischen Ideen und Doktrinen darf der Nationalökonom allenfalls auf Grund der Ergebnisse umfassender Denkarbeit gelangen; der Anfang wissenschaftlichen Denkens muss in der Abkehr von allen Bindungen an Programme und Parteien liegen. ... Wie die Naturforscher und Historiker damit anfangen mussten, sich von den Lehren der Bibel und der Dogmen zu befreien, so muss der Nationalökonom sich von den Parteilehren lösen. Das allein und nichts anderes ist der Sinn der Forderung voraussetzungsloser Forschung.»

Die Neuauflage von Mises' Erinnerungen wird hoffentlich einen großen Leserkreis finden und dazu beitragen, Mises' Leben und Werk bekannt zu machen – und so auch im deutschsprachigen Raum ein Wiederaufleben der Lehre der Österreichischen Schule der Nationalökonomie, vor allem in seiner «Misesianischen» Ausprägung, unterstützen.

Inhaltsverzeichnis

LUCIUS
α LUCIUS   Stuttgart

www.ingramcontent.com/pod-product-compliance
Lightning Source LLC
Chambersburg PA
CBHW061252220326
41599CB00028B/5626